안시성, 기록과 기억

안시성, 기록과 기억

초판 1쇄 발행 2023년 9월 18일

지은이 김정배 · 조영광 · 이성제 · 정호섭 · 이준성 · 백종오
펴낸이 주혜숙
펴낸곳 역사공간
등록 2003년 7월 22일 제6-510호
주소 04000 서울특별시 마포구 동교로19길 52-7 PS빌딩 4층
전화 02-725-8806
팩스 02-725-8801
이메일 jhs8807@hanmail.net

ISBN 979-11-5707-604-8 93910

안시성,
기록과
기억

김정배
조영광
이성제
정호섭
이준성
백종오

역사공간

책머리에

　중국 동북지역과 북한에 남아 있는 고구려 유적을 답사해 보면, 고구려 문화는 신라나 백제 문화와는 확연히 다른 대륙풍의 위엄을 강하게 표출하고 있음을 알 수 있다. 정제되지 않은 듯 다소 투박하지만 장대한 규모의 석성을 조망해 보면 당시 수·당과 대치하며 전쟁을 겪은 고구려의 국방력이 대국답다는 생각에 감탄을 하게 된다. 필자는 요동반도와 태자하 강변에 우뚝 서 있는 백암성의 위용을 볼 때마다 고구려 역사의 생생한 문화유산임을 보여 주는 것 같아 자랑스럽다. 그러면서 한편으로는 이 거대한 석성이 무력하게 당 태종군에게 넘어간 연유에 실망을 하며 고개를 젓게 된다.

　필자는 옛 역사의 교훈을 들어 '국가는 망해도 역사는 인멸될 수 없다'는 역사인식을 한시도 잊지 않고 있다. 중국의 동북공정으로 고구려, 발해 등 우리 북방의 역사가 중국사로 편입되는 상황을 목도하면서 국가의 힘, 국가를 위한 투철한 역사관이 시대의 요청이라고 거듭거듭 주장해 왔다. 특히 전쟁사를 보아도 역사는 민족보다 국가가 우선이어야 하고 이 사실은 고대사로부터 현대사에 이르기까지 필자의 일관된 종지이며 따라서 작금의 상황도 앞의 사실과 동일하다.

당 태종의 고구려 침략으로 야기된 요동의 안시성 전투는 크게 보면 고구려의 입장에서는 국가와 민족의 명운을 건 생사와 존망의 역사였다. 다소 좁게 본다면 고구려 역사가 함의하는 웅혼한 기질과 기상을 여지없이 과시한 전쟁 영웅담의 효시로 삼는 데 부족함이 없는 승리의 역사였다.

학교 교육과정이나 드라마, 영화 등의 콘텐츠를 통해서 많은 사람들이 안시성 전투에 대해 알고 있으나 고구려 멸망 이후 현재까지 안시성에 관한 연구서가 없다는 사실은 학계의 성찰을 요하는 문제였다. 다행스럽게도 동북공정 이후에 고구려 역사를 연구하는 신진 학자들이 새롭게 등장하고, 고구려 유적을 답사하는 기회가 때때로 열리면서 직접 현장조사를 실행하여 훌륭한 업적이 많이 축적되었다. 이에 따라 고구려사 각 분야의 걸출한 연구자들과 논의를 거쳐 '안시성'을 연구한 결과물을 묶어 하나의 책으로 출간하기로 하였다.

이 책에 실린 글들은 연구자들이 수차례 현장을 답사하여 확인하고 사료를 검토한 결과물이므로, 기왕의 안시성 관련 연구 성과를 넘어섰다고 생각한다. 이는 한국 고대사학계와 고고학계가 함께 노력하고 공들인 결실이기에 연구 성과 그대로 책으로 선보이기로 하였다. 그간에 중국학계에서도 안시성에 관한 다양한 견해가 나온 바 있으나 한국에서 간행된 이 책으로 더 다채로운 논의가 활발해지고 격조 높은 후속 연구가 나오길 기대한다.

이 책을 출간하면서 연구와 출판에 이르는 비용을 후원해 준 분들에게 고마움의 인사를 드린다. 안병철 회장과 안성환 대표께서 큰 도움을 주셨고 김입헌 회장과 송병욱 사장께서도 출판 비용을 지원해 주셨기에 깊은 후의에 거듭 감사를 드린다. 그리고 집필에 참여한 연구자들에게도 수고하였다는 인사를 전하고 싶다. 집필진은 안시성을 학계와 국민에게 제대로 알려야 한다는 학자로서의 의무감과 사명감으로 여러 차례의 회의에 참석하는 수고를 아끼지 않았으며, 양질의 원고를 집필하느라 최선을 다하였다. 그 열정과 헌신에 대하여 감사의 인사를 드린다.

끝으로, 출판시장이 녹록지 않은 시기에 안시성 연구를 위해 이 책을 쾌히 출판해 주신 역사공간 주혜숙 대표와 정성이 깃든 손길로 책의 무게를 한 단계 올려놓은 편집진에게 감사의 뜻을 전하고자 한다.

2023년 8월 김정배 쓰다

차례

고구려 안시성 관련 연구사

조영광

머리말

안시성 전역戰域은 645년 당 태종의 고구려 친정으로 시작된 제
1차 고구려-당 전쟁의 최후의 전장이었다. 안시성은 4세기 말 고구
려가 확보한 요동반도 지역의 중요한 교통 결절지에 위치한 고구려
의 산성이다. 그 명칭은 한漢이 설치한 요동군 안시현安市縣에서 유래
한 것으로 보이며, 위치 역시 해당 지역에서 크게 벗어나지 않았을
것으로 추정된다.

안시성주가 농성전을 펼치며 치른 제1차 고당 전쟁의 최후 전장
인 안시성 전역은 전쟁의 승패를 결정지은 계기이자 이후 당의 대규
모 도발을 방지하는 데 큰 역할을 하게 된다. 안시성 전역은 당은 물
론 역대 중국 황제 가운데 최고의 군주 중 하나로 통하는 당 태종의
침공을 맞아 고구려가 펼친 항전의 결정적 승리를 한 곳으로서 역사
적으로도 중요한 의미가 있다. 이와 같은 역사적 중요성을 반영하듯
현행 초·중·고 역사 교과서에 관련 내용이 모두 소개되어 있다.

이 글에서는 고구려의 안시성 관련 제 문제에 대해 주요 연구 성
과를 중심으로 정리해 보고자 한다. 우선 안시성의 위치 비정을 둘
러싼 지금까지의 논의를 중점적으로 다루고, 안시성 전역과 안시성
주 관련 문제에 대해서 집중적으로 살펴볼 것이다.

안시성의 위치 관련 기록과 연구 현황

고구려의 안시성이 정확히 어느 곳에 소재하였는지를 알려 주는 자료는 없다. 다만 두 가지 정황을 통해 그 위치를 비정할 수는 있는데, 첫째는 안시성 전역에서 당군의 행군 경로를 통한 유추이며, 둘째는 한대漢代 안시현의 소재지 확인을 통해 대략을 위치를 비정하는 것이다. 지금까지 제시된 안시성의 위치에 대한 견해는 북탕지北湯池, 봉황성鳳凰城, 요양遼陽, 평양 오석산烏石山, 영성자산성英城子山城, 해룡천산성海龍川山城, 고려성산성高麗城山城, 해성海城 시내 등 여덟 가지가 있다. 이 중에 북탕지설, 봉황성설, 요양설, 평양 오석산설 등은 주로 20세기 이전의 전근대 문헌에 기초해 안시성의 위치를 비정한 견해로, 최근 이에 동조하는 연구자는 거의 없다시피 하다.

근대 이후에 영성자산성설, 해룡천산성설, 고려성산성설, 해성시내설 등이 제기되어 본격적으로 고구려 안시성의 위치에 대한 갑론을박이 이루어지게 된다. 이 절에서는 지금까지 제기된 안시성의 위치에 대한 학설들을 간단히 살펴보고 각 주장의 핵심 논거와 문제점을 파악해 보고자 한다. 먼저 안시성 위치에 대한 전통적 주장부터 살펴보자.

1. 북탕지

북탕지는 요령성遼寧省 대석교시大石橋市 탕지진湯池鎭 소재 북탕지성 또는 영수구성英守溝城으로 비정된다.

영수구성 유적은 대석교시 탕지진 영수구촌英守溝村 북쪽 대청하
大淸河 좌안의 구릉에 위치하고 있다. 1963년 조사 당시 성터는 길이
200m의 정방형으로 보고되었고, 성내에서 회색토기편과 와편이 출
토되었다. 성의 북측에는 두 개의 돈대가 동·서로 병립해 있는데,
이는 건물터로 추정된다.

1981년 조사에서는 유물이 출토된 면적이 약 96m², 문화층의 두
께가 1.6m로, 회색토기편, 두파豆把 등이 조사되었다. 출토 유물의 양
은 매우 많았고, 채집된 표준 중에는 토기의 구연부와 건물의 장식
부도 있다. 성 주변의 후산後山, 곽정산郭頂山, 서산西山, 대타자과원大陀
子果園, 청룡산靑龍山, 전산前山 등에서는 모두 한대 고분군이 발견되었
다. 유물의 출토 양상을 통해 볼 때 대부분이 한대로 파악되며, 다른
시기의 것은 보이지 않는다. 발굴 보고에서는 이를 근거로 영수구성
이 한대에 건립되어 사용되었으며, 이후에는 연용되지 않은 것으로
파악하고 있다.[1]

북탕지성은 대석교시 탕지진 북탕지촌 마을 내 대청하 우안의 구
릉에 위치하고 있다. 성벽의 잔존 부분은 길이 약 30m, 너비 4m, 높
이 3.5m의 토축으로, 주민 궈칭산郭淸山의 사유지 내에 있다. 성벽은
판축이며 매층은 약 10cm의 두께이다. 성 유적에서는 주로 요대遼代
의 토기와 도자기 등이 출토되었다.[2]

---

1 閻萬章, 1984, 「漢代安市縣與高句麗安市城非一地考」, 『地名學硏究』 1984-1.
2 崔德文, 1992, 「遼代鐵州故址新探」, 『北方文物』 1992-2.

북탕지는 한의 안시현, 즉 요의 철주鐵州를 고구려 안시성으로 비정한 것이다. 관련 기록은 다음과 같다.

사료 1·1 철주는 건무군 자사부 소속이다. 본래 한의 안시현으로, 고구려가 안시성으로 삼았다. 당 태종이 공격하였으나 함락시키지 못하였고, 설인귀가 흰옷을 입고 성에 올랐다고 하는 곳이 곧 여기이다.[3]

사료 1·2 안시현은 폐지한 현으로 개평현蓋平縣 동북쪽 70리에 위치하는데, 한나라 때 설치했다. 당 태종이 공격하다 함락하지 못했고 설인귀가 흰 도포를 입고 올라간 성이 바로 이 성이다.[4]

사료 1·3 철주는 한나라 안시현이다. [개주蓋州] 성城과의 거리가 60리이며, 지금의 탕지湯池이다. … 탕지보湯池堡는 성 동북 60리에 위치하고 둘레가 120보이며 바로 고대 안시현이다. 서한西漢 때 설치하고 진晉나라 때 폐지했는데, 고구려의 안시성이다. 탕지 뒷거리에는 토성의 옛터가 아직 남아 있다.[5]

그런데 이 주장이 갖는 문제점이 있는데 요령성 대석교시 탕지진 북탕지촌 주민 주택지 대청하 좌안의 언덕에 위치한 북탕지성은 발굴 결과 시대가 한참 떨어지는 요대의 유적이라는 것이 확인되었다.

---

3 『遼史』地理志 卷38, 東京道 鐵州條, "鐵州, 建武軍刺史, 本漢安市縣高麗為安市城. 唐太宗攻之不下, 薛仁貴白衣登城即此".
4 『遼東志』卷1, 古迹 安市縣條.
5 『蓋平縣志』鐵州條·湯池堡條.

그리고 대석교시 탕지촌 동쪽 2.5km 지점에 소재한 영수구성은 야철 기지인 철성鐵城에 해당된다는 주장이 제기되었다.[6] 무엇보다도 한나라 안시현은 현재 요령성 해성시의 동남쪽 25km에 위치한 석목진析木鎭으로 비정되기 때문에 북탕지설은 성립되기가 어렵다.

2. 봉황성

요령성 봉성시鳳城市 봉성진鳳城鎭 소재 봉황산성鳳城山城을 안시성으로 보는 것으로 주로 조선시대 명으로 사행을 떠났던 이들이 오늘날 봉성시 부근을 지나며 그곳에 소재한 봉성산성을 안시성으로 보았던 데서 비롯된 것이다.[7] 봉황성을 안시성으로 비정한 대표적인 인물은 조선시대의 유몽인柳夢寅이다. 그는 1609년 명에 사신으로 가면서 봉성을 지나며 봉성산성을 안시성 전투의 현장으로 지목하였다.[8] 이후 조위한趙緯漢,[9] 유득공柳得恭[10] 등도 이를 따르게 되나, 이미 잘 알려진 문헌인 『대명일통지大明一統志』에 보이는 안시성의 위치가

---

6 崔艶茹, 1998,「對英守溝漢城址觀點的商榷」,『東北亞歷史地理研究』, 中州古籍出版社.

7 관련 논의는 김락기, 2013,「17~19세기 고구려 안시성 인식과 '城上拜'-「연행록」과 「문집」을 중심으로-」,『역사민속학』42에 잘 정리되어 있다.

8 유몽인은 '봉황산(鳳凰山)(『於于集後集』卷1, 朝天錄)'이라는 시를 지어 봉황산을 안시성과 연결 지어 묘사하였다는 점에서 그가 봉황산성을 안시성으로 인식한 근거로 본다(김락기, 2013, 앞의 글, 141~142쪽).

9 『玄谷集』卷5, "봉황성 혹은 안시성이라고 하며 혹은 거주성이라고 한다. 안시성은 양만춘이 지킨 곳이고, 거주는 개소문의 거점이다(鳳凰城或曰安市城, 或曰莒州城, 安市則楊萬春之所守, 莒州則蓋蘇文所據也)".

10 『冷齋集』卷3, 安市城, "주필산 앞 천자의 군대, 결국 고구려를 없애지 못하였구나. 지금도 안시성은 남아 있으니 양만춘의 이름을 부름이 가하도다(駐蹕山前老六師, 當時錯料下句麗, 至今安市城猶在, 梁萬春堪呼可兒)".

개주 동북 70리라는 기록과 배치되어 점차 그 주장이 탄핵된다.[11]

실제 봉성산성은 사서에 보이는 안시성처럼 요동성 부근이 아니라, 고구려의 압록강 최후 방어선에 위치한 곳으로 요동 지역의 끝자락에 위치하고 있다. 즉 지리적으로 고구려-당 전쟁기 안시성의 입지와 일치하지 않는다. 현재 대부분의 연구자는 봉성산성의 위치나 규모 등을 근거로 고구려의 오골성烏骨城으로 비정하고 있다.

3. 요양

중국 송대의 문헌인 『무경총요武經摠要』에는 안시성이 요양이라고 기재되어 있다.[12] 그리고 같은 송대의 『지리총고地理叢考』에도 같은 내용을 전한다.[13] 두 기록 모두 당시의 거란 동경, 즉 요양을 안시성이라 적기한 것이다. 그러나 요양은 한나라 때 요동군의 수현首縣인 양평襄平으로, 안시성이 있던 안시현이 아니다. 요양 지역은 전국 연 시기 요동군이 설치된 이래 요동 지역의 중심지였고, 고구려 역시 광개토왕 대에 후연後燕으로부터 이 지역을 빼앗아 요동성으로 개칭하고 요동반도 지배의 주요 거점 중 하나로 활용하였다. 따라서 요양 안시성설은 성립되기가 어렵다.[14]

---

11 이승수, 2006, 「燕行路上의 공간 탐색, 鳳凰山城-安市城說과 관련하여-」, 『정신문화연구』 29-2.
12 북번지리지(北番地理志)에 동경(요양)은 요동 안시성이라고 쓰여 있다(『武經總要』前集 卷22).
13 『地理叢考』(『永樂大典』 卷14385), "안동부(安東府)는 거란의 동경(東京)인데, 실은 안시이다".
14 張士尊, 2013, 「高句麗"安市城"地點再探」, 『鞍山師範學院學報』 15.

4. 평양 오석산

조선시대 명과 청으로 사행을 떠난 이들이 요동 지역을 지나며 그 행로에 있던 봉황산성을 주목하기 전까지는 평양 남쪽에 소재한 오석산에 고구려 안시성이 소재하였던 것으로 인식하였다. 『신증동국여지승람新增東國輿地勝覽』용강현龍岡縣조의 성곽 항목에는 안시성이 현의 치소에서 5리 떨어진 오석산에 소재하고 있으며, 매우 험하고 견고하였다고 전한다.[15] 해당 항목에는 석조 성곽의 존재와 1만 2천 5백 보의 둘레 길이, 내부에 있었던 10개의 샘까지 자세히 서술하고 있다.

그러나 해당 항목이 저술될 당시에도 이미 『대명일통지』에 서술된 안시폐현安市廢縣이자 고구려 안시성으로 비정되는 성이 개주위蓋州衛 동북쪽 70리 지역, 즉 탕지 일원에 소재하였다는 사실을 함께 기재하고 의문을 표시한 것으로 보아, 당시에도 안시성이 평양 일원에 있었다는 기록에 대하여 그다지 신뢰하지 않은 것으로 파악된다. 이는 『삼국사기』 지리지를 통해서도 방증되는데, 고려 중기에 저술된 『삼국사기』는 안시성의 정확한 위치를 비정하지는 못하였지만, 압록강 이북에 위치한 성임은 밝히고 있어 전통 시대에도 고구려 안시성이 적어도 압록강 이북에 있었다는 사실을 인지하고 있었음을 알 수가 있다.[16]

---

15 『新增東國輿地勝覽』卷52, 龍岡縣, "안시성은 오석산에 있다. 현치에서 5리 떨어진 거리이고, 험하고 견고하기로는 이에 비할 바가 없다. 석축이며, 둘레는 1만 2,580척이다. 내부에는 열 개의 샘이 흐르고 군사용 창고가 있다(安市城, 在烏石山. 距縣治五里, 險固無比. 石築, 周一萬二千五百八十尺. 內有十泉合流, 有軍倉)".

16 『三國史記』卷37, 地理4 百濟, "압록수 이북의 항복하지 않은 11성. 북부여성주는 본래

5. 영성자산성

안시성의 위치에 대한 위 네 견해는 주로 전근대 문헌에 근거하여 현재는 거의 받아들여지지 않는 반면, 지금부터 살펴볼 주장들은 근대 이후에 제기된 것으로, 그 신빙성에 대한 갑론을박이 여전히 진행 중이다.

먼저 가장 많은 연구자들의 지지를 받는 영성자산성설부터 살펴보자. 영성자산성은 요령성 해성시 팔리진八里鎭에 위치한 고구려 산성이다. 지리적으로 발해만 방면에서 수암岫巖 지역으로 통하는 교통로상에 위치하며, 평원 지대에서 산악 지대로 들어가는 입구에 있기 때문에 그 전략적 위치가 매우 중요하다. 1926년 발견된 이래 안시성으로 비정되고 있다. 산성의 지형은 동·북·남 3면이 비교적 높고, 서쪽면이 낮아 조그만 계곡이 형성되어 있다. 산 능선의 자연 지세를 따라 판축 기법으로 축조한 토축산성이다. 평면은 동-서를 장축으로 하는 타원형에 가까우며, 전체 길이는 2,472m이다.

성벽은 산 능선을 따라 흙으로 쌓았는데, 축조 방식은 무순撫順의 고이산성高爾山城과 마찬가지로, 기초는 돌로 쌓고 그 위에 토석으로 골격을 쌓은 위에 흙으로 다져 덮은 방식이다. 성의 구조는 본성本城

조리비서이다. 절성은 본래 무자홀이다. 풍부성은 본래 초파홀이다. 신성주는 본래구차홀 혹은 돈성이라고도 한다. 도성은 본래 파시홀이다. 대두산성은 본래 비달홀이다. 요동성주는 본래 오렬홀이다. 옥성주. 백석성. 다벌악주. 안시성은 옛날 안촌홀이다(鴨淥水以北未降十一城. 北扶餘城州, 本助利非西. 節城, 本蕪子忽. 豊夫城, 本肖巴忽. 新城州, 本仇次忽. 桃城, 本波尸忽. 大豆山城, 本非達忽. 遼東城州, 本烏列忽. 屋城州. 白石城. 多伐嶽州. 安市城, 舊安寸忽)".

과 외성外城으로 이루어진 복합식 산성인데, 외성은 본성의 서쪽에 접하여 구축되었다. 본성과 외성이 만나는 곳에는 치 형태의 각대角 臺가 시설되어 있다.

외성이 평지와 연결되는 부분에는 본래 성벽과 성문이 있었겠지만, 현재는 마을이 들어서서 파괴되었다. 성벽의 총 길이는 본성이 3km 정도이고, 외성과 합하면 총 4.5km 정도이다. 본성에는 성문이 동서남북에 각각 4개가 설치되어 있었는데, 평지와 연결된 서남문이 정문이다. 서남문지는 안쪽으로 들어간 옹문甕門의 형태이며, 문지 양쪽에는 높은 토벽이 판축의 기법으로 축조되어 있다. 서남문의 남쪽에는 계곡물이 흘러나가는 수구水口가 한 곳 있다.

서벽의 길이는 488m로 판축하였는데, 판축 토층은 평균 두께가 7cm이다. 서벽 계곡부에는 너비 40m 정도의 수문水門이 설치되어 있다. 여기서 100m 정도 북쪽에 이 성의 정문인 서문지가 있다. 서문지 남쪽 측벽은 흙으로 쌓아 올려 그 성체의 폭이 29.5m이고, 높이가 8m에 달한다. 남쪽 성벽의 높이는 12m이며, 상부 폭은 1.5m이다. 북벽은 해발 130~170m 선상에 축조되어 있는데 길이는 693m이다. 북문지는 북벽의 중간 부분에 위치하며 너비는 7m이다. 북문지 서쪽편의 성벽 기저부 폭은 4m이고 상부 폭은 1m이며, 북문지 동쪽편의 성벽 기저부 폭은 2~4m, 높이 3m, 상부 폭 1m이다.

동벽은 해발 160~170m 선상에 축조되어 있으며 길이는 302m이다. 동벽의 기저부 폭은 5.5m이고, 높이 3.3~5.0m, 상부 폭 1.5m 내외이다. 동문지가 확인되는데, 너비는 7m이다. 남벽은 해발 60~

150m 선상에 축조되어 있으며 길이는 920m이다. 성벽의 기저부 폭은 5.5m이고, 높이는 1~5m, 상부 폭은 1m이다. 동남 모서리에서 69m 거리에 남문지가 있는데, 너비는 4.5m이다. 이밖에 북벽의 서쪽 끝에서 초철하炒鐵河 쪽으로 뻗어 내린 능선에 외성이 축조되어 있는데, 길이는 500m에 달하며, 폭 4m, 높이 1~3m이다.

성벽을 따라 곳곳에 치와 각대가 설치되었으며, 성문과 치의 안쪽으로는 비교적 평탄한 대지가 구축되어 있다. 북문지 동편의 대지에는 건물지가 남아 있는데, 5세기 중엽의 고구려 기와편이 흩어져 있어 산성의 축조 시기를 짐작케 한다. 성안에는 계단상의 대지가 여러 곳에 시설되어 있으며, 서벽 안쪽의 경사면에는 장대將臺가 남아 있고, 5곳 이상의 건물지 초석도 확인된다. 성안에는 수뢰水牢라고 부르는 돌로 쌓은 유적지가 3곳이 있는데, 길림시吉林市 용담산성龍潭山城에 보이는 수뢰·한뢰旱牢라고 부르는 것과 유사하다. 성안에서는 고구려시대의 유물로 보이는 회색 승문전繩文塼, 홍색 승문와繩文瓦, 방격문와方格文瓦, 항아리甕·罐 등이 출토되었다. 그리고 요·금대의 화폐와 철제품도 출토되고 있다. 산성의 동남쪽 모서리 바깥으로는 인공적으로 쌓은 작은 토산이 있다.[17]

일찍이 1926년 일본학자 시마다島田好가 해성 남쪽의 영성자

---

17 이전복 저, 차용걸·김인경 역, 1994,『중국내의 고구려유적』, 학연문화사; 王禹浪·王宏北 編, 1994,『高句麗·渤海古城址硏究匯編』, 哈爾賓出版社; 田中俊明, 1995,『高句麗の歷史と遺蹟』, 中央公論社.

를 한·당 시기 안시성에 비정하였는데,[18] 중국학자 김육불金毓黻이 1935년 현지를 답사한 후 이에 동의하고, 그의 저서『동북통사東北通史』에서 언급한 이래 많은 학자가 따르고 있다. 김육불이 영성자산성을 안시성으로 비정한 근거는 다음과 같다.

사료 2 나는 민국 23년[1935] 겨울에 이 고성[해성 영성자산성]을 답사했다. 산성은 산세에 따라 성벽을 쌓았고 둘레의 길이는 10리가 되지 않으며 동쪽이 높고 서쪽이 낮다. 타원형으로 생겼고 서쪽에 성문이 있다. 성안에서 화살, 철가마 등 유물이 출토되었다. 성 위에 올라가 보니 산성 동북과 동남쪽에 산이 있고, 서남쪽에도 산이 있으며, 서북쪽에도 작은 산이 있는데 좀 멀리 있다. 태종이 이세적에게 명령하여 서령西嶺에 진을 치게 했고 장손무기는 북산에서 협곡으로 내려가고 태종 본인은 군사를 거느리고 북산에 올라갔다고 한다. 이 산이 바로 성 동북쪽에 있는 산인데 소위 주필산이다. 또 다리를 철거하라고 했는데 근처에 강이 있음을 말한다. 이 강은 바로 지금의 해성 남쪽 강이다. 이 같은 지세는 신구 양 당서 및 통감의 기록과 부합한다. 이 발견으로 안시성의 위치를 대체로 결정할 수 있다.[19]

김육불은 영성자산성의 지세가『신당서』,『구당서』및『자치통

---

18   島田好, 1927,「高句麗の安市城の位置に就て」,『歴史地理』49 - 1.
19   金毓黻, 1976,『東北通史』, 洪氏出版社.

감』의 기록과 부합한다는 데서 그 근거를 찾았다. 김육불이 기록과 부합한다고 본 안시성의 지세는 구체적으로 다음의 세 가지로 정리해 볼 수 있다.

첫째, 영성자산성의 동북쪽 산은 장손무기가 '북산'에서 협곡으로 내려갔다고 한 기록 및 태종 본인이 군사를 거느리고 '북산'에 올라갔다고 하는 기록과 부합한다. 여기서의 북산은 바로 이른바 '주필산'이다. 둘째, 영성자산성은 서남쪽과 서북쪽에 산이 있는데 이것은 태종이 이세적에게 명령하여 '서령'에 진을 치게 했다고 한 기록과 부합한다. 셋째, 영성자산성이 있는 해성시 남쪽에 강이 있는 것은 '다리'를 철거하라고 한 기록과 부합한다.

이와 같은 김육불의 주장과 달리 1994년 영성자산성을 조사한 안산시鞍山市박물관의 푸핀잉富品瑩과 해성시海城市박물관의 우훙콴吳洪寬은 영성자산성이 안시성이라는 결론을 내리지 않았다. 또한 2000년에 들어 왕융메이王咏梅는 안시성으로 비정할 만한 일곱 가지 필요조건을 제시하고, 영성자산성은 이 조건을 갖추지 못하고 있음을 다음과 같이 지적하였다.

기록에 따르면, 첫째, 안시성은 요동성(요양시)과 270여 리의 거리에 있다. 당군은 645년 6월 11일 정미丁未에 요동성을 출발해서 열흘 후인 6월 20일 병진丙辰에 안시성에 도착하였다고 한다. 그러나 현재 요양시에서 영성자산성까지의 거리는 175리(70km)에 불과해, 하루에 20km씩 행군하면 4일이면 충분히 도착할 수 있는 거리이다.

둘째, 안시성은 요동성 남쪽(또는 서남쪽), 건안성(개주시蓋州市 소재 고려성산성)의 동쪽(또는 동북쪽)에 위치해 있었음을 알 수 있다. 그러나 영성자산성은 요동성 서남쪽, 건안성의 북쪽에 있다.

셋째, 안시성은 10만의 군사와 말이 주둔할 수 있는 규모이고, 험준해서 공격하기 어려운 성이었다. 안시성은 연개소문의 정변 때에도 항복하지 않았으며, 고구려가 멸망한 후에도 3년 동안이나 당군과 맞서 항쟁할 정도로 견고한 성이었다. 그러나 영성자산성은 동쪽 성벽 302m, 서쪽 488m, 남쪽 920m, 북쪽 693m로 주위 길이 총합이 2,400m에 불과한 작은 규모의 성이며, 산성이 아니라 공격에 약한 토성이다. 여기에서 10만 명의 고구려 병사가 주둔하여 당의 100만 대군과 3개월 동안 혈전을 벌여 승리를 거두었다고 보기는 어렵다.

넷째, 안시성의 서남쪽에 산西嶺이 있고 남쪽에도 큰 산이 있으며, 북쪽에는 협곡이 있다. 그러나 영성자산성의 서쪽은 평지이고 산이 없다. 김육불이 말한 영성자산성 서남쪽의 산은 영성자산성과 떨어져 있고, 서령이란 이름도 없다. 또한 영성자산성의 북쪽은 지세가 광활하며 협곡이 없다.

다섯째, 안시성은 성의 북쪽 또는 동북쪽에 성 남쪽의 전장을 내려다볼 수 있는 높은 산이 있다. 그러나 영성자산성은 북쪽으로 멀리 산이 있기는 하지만 높지 않다. 멀고 높은 산에서 성을 내려다보면 군대를 지휘하기는 불가능하다. 또한 영성자산성은 동쪽에도 산이 없다.

여섯째, 안시성의 남쪽 또는 동남쪽에는 다리가 있는 하천이 있어야 한다. 그러나 김육불이 기록에 부합한다고 본 해성의 남쪽 강은 산성과 떨어져 있고, 다리도 없다.

일곱째, 안시성의 동남쪽 모퉁이에는 인공으로 쌓은 토산土山이 있어야 한다. 영성자산성의 동남쪽에 흙더미가 있지만 너비가 200m 도 되지 않으며 산등성이 중간이 동쪽 성벽의 토대를 이루고 있어 서, 인공 토산이 아니라 동쪽 성벽이 허물어진 흙더미임을 알 수 있 다. 이것을 당군이 60일 동안 50만 명의 인력을 동원해 완성했다는 토산으로 보기는 어렵다.[20]

위와 같은 비판은 영성자산성이 안시성이라는 기존의 통설을 깨 고 새로운 주장들이 나오게 되는 계기가 되었고, 영성자산성설을 지 지하는 쪽에서도 반드시 해명하여야 하는 과제로 남아 있다.

6. 고려성산성

고려성산성은 근래 제기된 안시성 후보지 중 한 곳이다. 해당 산 성은 개주시 동북 7km의 청석령진靑石嶺鎭 고려성자촌高麗城子村 동쪽 의 석성산石城山에 위치한다. 명칭은 청석령산성靑石嶺山城 혹은 고려 성산성이라고도 부른다. 석성산은 산세가 험준하고 해발 300m에 이르는데, 산성은 험준한 지형에 의지하여 축조되었기 때문에, 그 평면은 불규칙하다. 성벽 총 둘레는 5km 정도로, 동서 길이 1.5km, 남북 길이 1km의 포곡식 산성이다. 성벽은 돌로 쌓은 곳도 있고 흙 으로 쌓은 곳도 있다. 주로 남북 양면의 성벽은 산등성이를 따라 이

---

20   王咏梅, 2000, 「關於安市城址的考察與硏究」, 『北方文物』 2000-2.

편암尼片岩 석재를 사용하여 장방형으로 다듬어 성벽을 구축하였으며, 성벽의 안쪽에는 너비 5~6m 정도의 마도馬道가 시설되었다. 동서 양면의 성벽은 흙을 다져 쌓았는데, 현재 남아 있는 성벽의 높이는 3m, 두께는 5m 정도이다. 서북문에는 옹문의 흔적을 볼 수 있으며, 서문 역시 안으로 들어간 형태의 옹문 구조가 남아 있다. 서쪽 성벽의 두 문 사이에는 배수문이 하나 남아 있다.

성안에는 작은 개천이 흐르고 있으며, 비교적 넓은 평지가 펼쳐져 있다. 산성의 평지 한가운데에는 금전산金殿山이라고 불리는 산이 있는데 이 산 위에는 인공으로 만든 넓은 대지가 있으며, 이곳에서 고구려 시기의 토기편과 기와편이 발견되고 있다. 서쪽 성벽은 흙을 다져 쌓은 판축토성이다. 남문의 주위에는 토축으로 2개의 치稚를 설치하여 방어 능력을 높이고 있다. 남동부 성벽은 험준한 암벽을 이용하여 부분적으로 석축하였으며, 동부와 북부 성벽은 토축으로 구축하였다. 성안에는 작은 산이 있는데, 그곳에 건물지가 남아 있다. 또 우물 5곳과 저수지가 남아 있다. 성안은 상당히 넓은 편으로 여러 건물지가 있었을 것으로 짐작되는데, 현재 곳곳에서 기와편·토기편·마구·철촉 등이 출토된다. 성벽이 굽어지는 산 정상에서도 토기편들이 발견되는데, 각루角樓 유적으로 추정된다. 이 산성은 본래 고구려의 건안성으로 비정되었다.

그런데 왕위랑은 기존 건안성으로 비정되었던 고려성산성을 안시성이라 주장하였다. 그는 고려성산성이 둘레가 약 5km에 이르는 대형 산성으로, 서쪽 골짜기 입구를 제외하면 사방이 산등성이로 둘러싸여 있고 골짜기 입구 남북 양쪽에 해발 300m 전후의 노청산老靑山과 노경산老慶山이 있고, 두 산에서 동쪽으로 길게 뻗은 산줄기가 남북 양쪽에서 타원형을 이루며 산성을 감싸고 있는 천혜의 요새로 지리적 요건이 안시성에 부합한다고 보았다. 또한 성안에는 평탄한 대지가 있어 요하 유역 고구려산성 중 가장 넓어 많은 수의 인구가 농성할 만한 규모이며, 성안에서 수·당 시기의 고구려 유물 출토되어 안시성으로 볼 근거는 충분하다고 하였다.[21]

그러나 해당 주장의 가장 큰 문제점은 고구려-당 전쟁 시기 큰 전장 중 하나이며, 요동반도 남단에서 비사성卑沙城을 함락하고 북상한 장량군이 공격한 건안성을 비정할 곳이 마땅치 않다는 점이다. 건안성은 요하 하구에 위치한 성이며, 당 태종이 인지하고 있을 만큼 규모도 큰 성이었다는 점에서 고려성산성을 제외하면 그 후보지로 들어갈 곳이 마땅치 않다. 즉 고려성산성은 여러 면에서 안시성보다는 건안성으로 파악하기에 적합한 입지라는 것이다.

최근에는 고려성산성을 안시성으로 비정하는 것에 가장 큰 약점 중 하나였던 건안성의 위치를 그보다 남쪽에 위치한 적산산성赤山山城으로 비정하고, 고려성산성을 안시성으로 보아야 한다는 견해가 제출되어 주목된다.[22]

여기서 건안성으로 주장한 적산산성은 개주시에서 동남쪽으로

---

21 王禹浪, 2009, 「營口市靑石嶺鎭高句麗山城考察報告」, 『黑龍江民族叢刊』 2009-5.
22 王天姿, 2018, 「高句麗遼東安市城, 建安城聯句」, 延邊大學 博士學位論文.

45km 떨어진 나둔향羅屯鄉 귀자구촌貴子溝村 동쪽의 적산赤山에 위치
하고 있다. 석축의 성벽은 산세를 활용해 축조되었는데, 남벽은 약
1,300m 정도이고 문 하나가 있었으며, 성벽 위에 5개의 비교적 큰
평대平臺와 치의 흔적 등이 남아 있다. 동벽은 길이 약 500m로, 성문
터는 없다고 한다. 서벽은 약 460m로 성문 1개소가 있다. 북쪽은 깎
아 놓은 절벽과 같은 높고 험준한 지형으로 인해 따로 성벽을 구축
하지 않았다.

7. 해성 시내

기존 안시성 비정에 있어서 다수설의 위치에 있던 영성자산성이
갖는 여러 문제점으로 인해 안시성을 제3의 장소에 비정하려는 주
장들이 속속 제기된 가운데 비교적 신설 중 하나는 해성시내설이다.
장스준張士尊은 안시성이라는 명칭은 한나라의 안시현과 관련이 있
으므로 고구려의 안시성과 한나라의 안시현은 같은 지역에 있었으
리라 추정하였다. 안시현성은 한대의 현성 입지가 일반적으로 평지
에 위치하므로 평지성이었을 것이고, 이를 습용한 고구려의 안시성
또한 평지성이었을 것으로 보았다. 고구려의 성이 산성 중심이기는
하지만, 요동성과 같이 한대의 명칭을 그대로 이어온 성은 평지에
있었으므로, 그와 궤를 같이 하는 안시성 역시 평지에 건립되었을
공산이 크다는 것이다.

그러므로 산성인 영성자산성의 안시성설은 문제가 있고, 한의 안
시현성과 고구려의 안시성은 모두 평지인 오늘날 해성 시내에 있었

다고 보았다. 해성은 요하 평원과 요동 구릉의 결합부에 위치한 남
북 교통의 요지로, 한반도에서 요동으로 들어오는 교통상의 입구이
자 전략적 요충지이다. 고구려 때부터 해성하海城河 북쪽 조석산厝石山
서쪽에 성터가 있었는데, 이것이 요동군 안시현의 옛터이자 고구려
의 안시성이라는 것이다.

해성 시내가 안시성이라는 것은 안시성 전투 상황과도 맞아떨어
진다고 보았다. 안시성 전투는 15만에 이르는 고구려의 구원군, 그
에 맞서는 당군 역시 약 15만의 대규모 전투이므로 이를 모두 수용
할 만한 큰 전장은 해성 동쪽의 해성 하곡지만이 가능하다고 보았
다. 그리고 해성 시내 동남쪽에 있는 높이 약 50m의 토산(조석산)을
강하왕 이도종이 쌓아 올린 토산이고, 해성에서 석목斫木에 이르는
40여 리의 산곡이 당시 고연수 부대가 싸운 곳으로 추정하였다.[23] 그
러나 이 주장은 해성 시내에 고구려 성터로 볼 수 있는 유적이 없다
는 점에서 결정적 약점을 갖고 있다.[24] 또한 해성 시내는 기본적으로
평지 지형으로, 안시성의 지형과 입지를 묘사할 때 사용된 '안시성
은 지형이 험하다'라는 조건에도 부합되지 않으므로 문제가 있다.

8. 해룡천산성

영성자산성의 대안으로 제기된 주장 중 가장 큰 반향을 불러일으

---

23 張士尊, 2013, 앞의 글.
24 정호섭, 2020, 「고구려 안시성의 위치와 고구려 안시성주 전승의 추이」, 『고구려발해연
    구』 67, 40쪽.

킨 것은 해룡천산성설이다. 해룡천산성은 대석교시 주가진周家鎭 동
금사촌東金寺村 동쪽에 있는 해룡천산海龍川山에 위치한다. 해룡천산은
해발 663.5m로, 일찍이 '해성동남군수지산海城東南群首之山'이라는 평
가를 받을 정도로 산세가 험준한 편이다. 중국 연구자들이 조사한
바에 의하면, 산성은 높은 산으로 둘러싸였으며, 해룡천산의 주봉인
동북쪽 봉우리에서 서남쪽으로 내려오는 능선 위에 세워졌다. 성의
형태는 동서 방향이 약간 긴 불규칙한 장방형으로, 전체 둘레는 약
3km이다. 석축의 성벽은 산세를 따라 수축하였는데, 현재 육안으로
확인되는 잔존 성벽의 너비는 약 1m, 높이는 1~3m이다.

성문은 사방에 하나씩 설치되었던 것으로 보인다. 산성의 서문은
성 내의 수문 역할을 했던 골짜기 입구에 있었다. 서문 북쪽은 험준
하여 오르기 어려우며, 산등성이에 돌로 쌓은 담장이 있다. 서문 남
쪽에는 토석 혼축의 성벽을 쌓았다. 성벽은 산세를 따라 북쪽에서 남
쪽으로 가면서 점점 높아져 남쪽의 높은 산봉우리와 서로 이어진다.

남쪽 성벽은 동쪽에서 서쪽으로 이어지는 능선 위에 쌓았다. 능
선 북쪽은 성 내부이며, 남쪽은 깊은 계곡으로 매우 가파르다. 동벽
은 남북 산봉우리 사이의 능선 위에 자연석을 활용해 쌓았다. 동벽
중앙에 있는 동문에 난 좁은 산길은 산 아래 계곡으로 이어진다. 동
벽 바깥에는 깊은 계곡이 있으며, 산성 동북쪽의 봉우리는 지세가
매우 험한 편이다. 성안의 지형은 동고서저의 형세로 넓고 평탄하며
수원水源도 풍부한 편이다. 그리고 성내에서는 흔히 '연병장'으로 불
리는 인공적으로 다듬은 평탄 대지 3곳이 확인되었는데, 수습된 고

구려 시기의 붉은색 이질후포문와泥質厚布紋瓦는 이와 관련이 있는 것으로 보인다. 아울러 성안의 서북 모퉁이에서는 장대로 추정되는 전망대 2곳도 찾을 수 있다. 펑융첸馮永謙 등은 이 산성을 안시성으로 비정하였다.[25]

펑융첸 등이 『영구시문물지營口市文物志』를 편찬하며 해룡천산성을 안시성으로 비정한 후 영구시박물관 소속의 왕융메이는 이 주장을 더 구체화한다. 그는 다음과 같이 해룡천산성을 안시성으로 볼 수 있는 근거 일곱 가지를 제시하였다.

첫째, 안시성은 당 태종이 요동성(지금의 요양시)에서 10일간 행군한 거리만큼 떨어져 있으므로 요동성에서 약 270리 떨어진 거리에 있다고 보았는데, 해룡천산성 서문(정문)에서 탕지진을 지나 대석교시를 넘어 해성시를 거쳐 요양시까지 이르는 거리는 약 270여 리이므로 그에 부합한다.

둘째, 안시성은 요동성 남쪽, 건안성의 동쪽 또는 약간 동북쪽에 위치하는데, 해룡천산성은 그 방향과 일치한다.

셋째, 안시성은 10만의 군사와 말이 주둔할 수 있어야 하며, 험준해서 지키기 쉽고 공격하기 어려워야 하는데, 해룡천산성은 산세가 험하고 성 내부가 넓어서 10만의 군사와 말이 주둔 가능하다.

넷째, 안시성의 서남쪽에 산봉우리, 남쪽에도 큰 산, 북쪽에는 협곡이 있었는데, 해룡천산성은 성의 남쪽에 큰 산, 북쪽에 협곡이 있다.

---

25 馮永謙 主編, 1996, 「海龍川山山城(安市城)址」, 『營口市文物志』, 遼寧民族出版社, 53~55쪽.

다섯째, 성의 북쪽 또는 동북쪽에 성 남쪽의 전장을 내려다볼 수 있는 높은 산이 있어야 하는데, 해룡천산성의 동북쪽 모퉁이에 해발 663.5m의 산봉우리가 있다.

여섯째, 성의 남쪽 또는 동남쪽에 다리가 있는 하천이 있어야 하는데, 해룡천산성의 남쪽에 대청하 상류의 여러 하천이 있고 각 하천에 다리가 있다.

일곱째, 성의 동남쪽 모퉁이에 인공으로 쌓은 토산이 있었는데, 해룡천산성에서 몇 미터 떨어진 곳에 인공 토산이 있다.[26] 해룡천산성을 안시성으로 보는 이와 같은 견해에 대해 왕몐허우王綿厚도 긍정적 입장을 피력하였다.[27]

그러나 해룡천산성설은 곧바로 여러 연구자에 의해 이의가 제기되었다. 왕위량은 우선 해룡천산성의 위치가 사료에 보이는 안시성의 지리적 입지와 특징과 부합하지 않다고 하였다. 그리고 산성의 동남쪽 모퉁이에 동남쪽 성벽보다 높은 산봉우리가 있지만, 그것은 자연적으로 형성된 것으로 인공으로 쌓은 토산이 아니므로 이 역시 안시성에 해당하는 조건이 아니라는 것이다. 또한 산성의 형세는 전체적으로 동쪽이 높고 서쪽이 낮은데, 기록을 고려하면 서남쪽 모퉁이의 토산이 동남쪽 모퉁이에 쌓은 토산보다 높아야 하지만, 해룡천산성의 서남쪽 모퉁이에 있는 산언덕은 『신당서』 등에 기재된 '동남

---

26 王咏梅, 2000, 앞의 글.
27 王綿厚, 2002, 『高句麗古城研究』, 文物出版社.

쪽 모퉁이의 토산'과 부합하지 않다는 것이다.[28]

최근 정호섭도 해룡천산성을 안시성으로 비정하기에는 간선 교통로에서 너무 멀리 떨어져 있고, 왕융메이가 주장한 것처럼 요동성에서 안시성으로 행군한 기간이 10일이라고 해서 그것이 반드시 270리 거리라는 것을 증명해 주지 않음을 비판하였다. 고대의 군사 이동은 상황에 따라 변수가 많을 수밖에 없고, 실제 당 태종이 안시성에서 요동성으로 철수했을 때는 3일가량밖에 걸리지 않은 것을 볼 때 안시성은 해룡천산성보다 더 가까운, 오늘날 해성시 권역 안에서 찾아야 함을 역설하였다.[29]

그런데 이 주장이 갖는 가장 큰 문제점은 과연 '해룡천산성'이 실재하는가 하는 점이다. 국사편찬위원회에서는 2015~2016년 '한국 고대 문화 원류 조사' 사업을 진행하며 두 차례에 걸쳐 해룡천산성에 대한 현지 조사를 진행한 바가 있다.[30] 조사대는 1, 2차 조사 과정

---

28 王禹浪·劉冠櫻, 2009, 「大石橋市海龍川山城考察報告」, 『黑龍江民族叢刊』 2009-3.

29 정호섭, 2020, 앞의 글, 38~40쪽.

30 2016년 4월 4일에 행해진 제1차 조사대는 김정배 국사편찬위원회 위원장(현 휘문의 숙 이사장), 박남수 편사연구관, 전미희 편사연구관, 조영광 편사연구사(현 전남대 역사교육과 교수), 홍기승 편사연구사로 꾸려졌다. 조사대는 해룡천산성의 '남문지'로 알려진 곳을 시작으로 남·서·북사면을 등반하며 실사를 하였다. 그런데 가장 높은 위치인 북면(자연 절벽으로 이루어짐)까지 올랐으나 성벽의 흔적을 발견할 수가 없었다. 이에 성벽의 실재를 확인하기 위해 해룡천산성설을 제기한 왕융메이 등을 직접 인터뷰하였으나 본인들이 성벽을 실견하였다는 증언은 얻지 못하였다. 본인들 역시 해룡천산에 산성이 있다는 주장을 처음 제기한 별도의 문헌이 있으며, 이를 근거로 해룡천산성을 안시성으로 비정하였다고 주장하였다. 그러나 그들이 인용한 원본 문헌 또한 부재하였으며, 해당 문헌에서 인용하였다는 해룡천산성의 조감도 역시 잘못 그려진 것임을 해룡천산 등정 및 위성사진 관찰 후 재차 확인하였다. 이로 인해 해룡천산성의 실존 여부 확인이 가장 큰 과제가 되자 조사팀은 동북아역사재단과 협력하여 제2차 조사

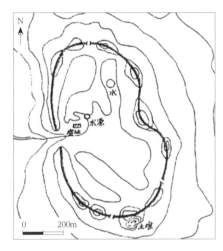

그림 1 안시성 지형도

馮永謙 主編, 1996, 『營口市文物志』

그림 2 대석교시 해룡천산성 지형도

구글 지도(google.com/maps) 활용

에서 해룡천산성이 존재한다고 알려진 해룡천산 일원에서 유의미한 성곽 흔적이나, 성곽이 존재할 만한 지리적 입지, 유사 구조물조차 확인하지 못하였다. 심지어 해룡천산성에 대한 첫 보고서를 작성한 영구시박물관 연구원인 왕융메이 등을 인터뷰한 결과, 그들 또한 해룡천 성곽을 직접 본 것이 아니라 옛 자료를 보고 그곳에 성이 있음을 알았다는 취지의 진술을 하였다.[31] 영구시박물관 직원들을 중심으로 제기되었던 해룡천산성설은 여전히 제대로 해명되지 못한 채로 남아 있다.

안시성 전역 및 안시성주 관련 연구 현황

안시성 전역은 크게 본성에서 벌어진 농성전과 그 전초전 양상을 띤 주필산駐蹕山 전투로 세분해 볼 수 있다. 당 태종이 이끌던 당의 침

(2016.11.6~10)를 실시하였다. 제2차 조사대는 동북아역사재단의 이성제 연구위원, 이정빈 연구위원(현 충북대 역사교육과 교수), 국사편찬위원회의 조영광 편사연구사, 이준성 편사연구사 및 역사고고학자인 백종오 교수(한국교통대)를 외부 전문가로 영입해 꾸려졌다. 하지만 조사 당일을 전후하여 현지에 눈보라가 몰아쳐 해룡천산 등반은 무산되었고, 입구와 산 아래에서 입지 조사에 그칠 수밖에 없었다. 당시 백종오 교수는 소위 '남문지'로 알려진 입구와 산 아래 일대에는 인공 축성 흔적이 보이지는 않는다고 하였다.

31 왕융메이 등이 해룡천산성을 실답사하지 않았음은 자신의 논문(「关于安市城址的考察與研究」, 『北方文物』 2000-2)을 쓰면서 펑융쳰 등이 저술한 『영구시문물지』를 근거로 하면서도 거기에 게재된 해룡천산성 지도(그림1)가 해룡천산의 실제 방위와 맞지 않는 형태로 그려졌다는 사실을 인지하지 못하였다는 것을 통해서도 알 수 있다.

공군 본진은 진공 루트에 따라 개모성蓋牟城, 요동성, 백암성白巖城 등을 차례로 함락하였고, 분견대인 장량의 수군은 요동반도 남단의 비사성을 함락하고 북진하여 건안성을 포위 압박하고 있었다. 이처럼 본군과 분견대 진공로의 합류 지점이자, 요동 지역에서 당시 고구려 수도인 평양으로 진격하기 위한 교통로의 분기점 상에 위치한 성이 안시성이었다. 현재 안시성 전투의 전개 및 결과와 관련된 사료와 주요 연구 성과들을 정리하고 있다.

당 태종의 고구려 공격과 안시성 전역을 전하고 있는 기록은『구당서舊唐書』,『신당서新唐書』,『자치통감資治通鑑』,『책부원귀冊府元龜』,『태평어람太平御覽』,『통전通典』,『당회요唐會要』,『옥해玉海』,『태평환우기太平寰宇記』 등이다.『통전』,『당회요』 등의 사료는 그 내용이『구당서』,『신당서』,『자치통감』과 유사하거나 상대적으로 소략한 편이다.[32]『신당서』와『자치통감』의 기록도『구당서』기록과 그 대략은 유사하다. 다만『구당서』와『신당서』본기의 내용은 소략하고 열전의 내용이 상대적으로 많은 사실을 전하고 있다. 이들 사서 중『자치통감』의 기록이 안시성 전투와 관련하여 그 내용이 가장 자세한 편이다.[33] 특히『삼국사기』는『자치통감』의 그것을 그대로 전재하였다

---

[32] 정호섭이 정리한 바에 의하면 안시성 전투와 관련한 기록은『舊唐書』,『新唐書』,『資治通鑑』이외에도『冊府元龜』117, 帝王部;『冊府元龜』453, 將帥部;『太平御覽』109, 皇王部34 唐太宗文皇帝;『太平御覽』783, 四夷部4 東夷4 高句麗;『玉海』194, 兵捷紀功碑銘附唐駐蹕山紀功破陣圖漢武臺紀功;『玉海』191, 兵捷露布3 唐遼東道行臺大摠管李勣俘高麗獻俘昭陵檄高麗含元殿數俘;『通典』186, 邊防2 東夷下 高句麗;『唐會要』95, 高句麗;『太平寰宇記』173, 四夷2 東夷2 高句麗;『三國史記』21, 高句麗本紀9 寶臧王上 등이 있다(정호섭, 2020, 앞의 글, 32쪽).

[33] 정호섭, 2020, 앞의 글, 36쪽.

고 보아도 좋을 만큼 유사하다.

안시성 전역의 전개 과정과 양상을 살펴보면, 645년 4월 1일 이적이 이끄는 육로군이 요하를 건넌 후 4월 5일 신성新城 침공을 필두로 고구려-당 전쟁이 개시되었다. 신성 주둔 고구려군과 이도종의 휘하 병력이 대치한 가운데 이도종의 일부 부대와 이적이 인솔하는 본대가 합세하여 개모성을 공격하였다. 4월 26일 개모성은 결국 당군에 떨어지게 된다. 이적의 군대와 별도로 장검이 지휘하는 부대가 4월 초 요하를 건너 건안성을 공격하여 수천에 달하는 고구려군을 참수하는 전과를 올렸다. 그리고 4월 말에는 장량의 수군이 요동반도 남단의 비사성을 공격하여 5월 2일에 이를 점령한다.

개모성을 함락한 이적과 이도종의 군대는 5월 들어 요동 지역의 대성이자 수 양제도 공략에 실패했던 요동성을 공격하기 위해 집결하고, 고구려의 4만 지원군이 요동성에 급파되면서 당과 고구려 간의 본격적인 전쟁이 시작되었다. 고구려군과 당군은 접전을 거듭하였으나 당 태종이 이끄는 본진이 요하를 건너 합류하여 요동성을 포위하면서 5월 하순 요동성이 함락되었다.

요동성 함락 후 당군의 다음 목표는 백암성이었다. 당이 요동성을 공격할 때 백암성 성주는 이미 투항 의사를 전했다. 그러나 약속을 이행하지 않고 지연하고 있던 사이, 당군의 주력이 5월 28일 백암성을 포위했다. 고구려 조정에서도 오골성 군사 1만 명을 백암성 구원을 위해 보냈으나 이르지 못하고 도중에 당군과 접전을 벌였다. 6월 1일 당 태종의 주력부대와 이적의 군대가 백암성 가까이 접근하자 성주 손벌음孫伐音, 孫代音이 항복하면서 백암성도 함락되었다. 이후 당군은 백암성에서 요동성으로 돌아와 휴식을 취하며 전열을 정비하고, 6월 11일 안시성을 향해 출발하였다.

645년 6월 11일 요동성을 출발한 당군은 10일 뒤인 6월 20일 안시성 북쪽 교외에 도착했다. 크게 보아 이때부터 당군이 안시성에서 철수를 시작한 9월 18일까지 3개월 남짓한 기간을 안시성 전역의 시기로 볼 수 있다. 그러나 엄밀하게 보면 안시성 전역은 다시 두 시기로 나누어 볼 수 있다. 첫 번째는 안시성 주위에서 고연수高延壽 등이 이끄는 고구려의 지원군과 당군이 전투를 벌인 이른바 '주필산' 전투이다. 두 번째는 이후 안시성에서 당군과 고구려군이 본격적으로 장기적인 공방전을 벌인 진정한 의미의 안시성 전투 시기이다. 주필산과 안시성에서의 전투 상황은 안시성의 위치 비정에 있어서 핵심적인 참고사항이 되는 만큼, 두 시기를 나누어 구체적으로 살펴볼 필요가 있다. 먼저, 안시성 전역의 전초전이라 할 수 있는 주필산 전투의 전개 과정이다.

6월 20일 안시성 교외에 도착한 당군은 안시성 북쪽 지역을 중심으로 포위 태세를 완료했다. 6월 21일에는 고연수와 고혜진高惠眞이 이끄는 고구려 지원군 15만 명이 안시성 동남쪽 근교 일대에 도착, 안시성 40리 지점까지 진군하였다. 당시 당 태종이 고연수의 고구려군대가 40리에 뻗쳐 있는 것을 보고 두려워하는 기색이 있었다는 기록이 『삼국사기』에 전하고 있다. 고연수 군대는 당군의 유인책에 휘말려 안시성 동남쪽 8리 지점까지 진출해 산을 의지해 진을 쳤다.

그리고 6월 22일 당군과 고연수군 사이에 일전이 벌어졌다.

기록에 보이는 당군의 전략은 다음과 같다. 먼저 이적의 군대가 서쪽 고개에 포진하였으며, 장손무기가 이끄는 병력이 산의 북쪽에서 협곡으로 나와 고구려군의 후방을 기습하고, 당 태종은 4천 명의 군사를 끌고 북쪽 산으로 올라가 있다가, 세 부대가 일제히 고구려군을 공격하는 형태였다. 이때 고연수 등이 이끈 고구려 지원군은 당군의 작전에 말려 대패하고 3만여 명이 전사하였다. 고연수는 안시성 동쪽으로 퇴각해 산악을 의지해 전열을 재정비한다.

당 태종은 다시 전군에 명령을 내려 안시성 동쪽으로 퇴각한 고구려 지원군을 포위 공격한다. 이때 장손무기는 [동쪽 강]의 교량을 끊어 고구려군의 퇴로를 차단하였다. 결국 고연수 등은 남은 군대 36,800명을 거느리고 항복하였다. 당 태종 이 전투의 승리를 기념하며 자신이 머물던 산을 주필산이라고 이름하였다.

이상에서 살펴본 바와 같이 안시성 본성 전투의 전초전으로 시작된 주필산 전투는 백암성이 당군에 함락되자, 적의 공격을 지척에 둔 안시성을 구원하기 위해 파견된 고구려 원군과 당군 사이에 벌어진 전투이다. 당시 고구려군의 지휘관은 북부 욕살 고연수와 남부 욕살 고혜진이었으며, 병력은 고구려군과 말갈병[34]으로 구성된 15만 대군이었다.[35]

---

34 이들 말갈병은 당시 고구려에 복속된 것으로 여겨지는 속말, 백산 말갈 등뿐만 아니라 흑수 말갈도 포함되어 있었던 것으로 보인다(『新唐書』卷235, 北狄 黑水靺鞨).

35 『新唐書』卷230, 列傳145 東夷 高麗, "당시 고구려의 북부 욕살 고연수, 남부 욕살 고혜

서영교는 안시성 전역에서 벌어진 주필산 전투에 대하여 전개 양상과 전투 정황, 결과 등에 대하여 자세히 논한 바가 있다.[36] 그는 안시성을 구원하기 위해 연개소문이 15만 대군을 보낸 것은 수도 평양 방위의 위험까지 감수한 비상조치였음을 강조하였다. 그러나 이처럼 국력을 기울여 출병한 안시성 원군이 주필산 전투에서 패배하자 사실상 국가 멸망의 위기가 닥쳤음을 역설하였다.

그런데 그는 이와 같은 누란의 위기 가운데 연개소문이 속말 말갈인을 사신으로 삼아 설연타薛延陀에 파견한 것에 주목하였다.[37] 이후 설연타 진주가한의 아들은 10만 병력을 이끌고 오르도스 지역에 위치한 당의 하주夏州를 공략하게 된다. 당은 양면 전선에서 두 개의 전쟁을 수행해야 할 상황에 처하자 안시성에 대한 예봉이 다소 꺾인 것으로 보았다. 설연타의 침입도 대비해야 하는 상황에서 안시성에 당군의 주력을 소모할 수는 없었던 당 태종은 설연타의 동태를 관찰할 시간을 벌기 위해 안시성 동남쪽에 인공 산을 쌓는 일종의 지연

진이 군사와 말갈의 무리 15만을 이끌고 와 도왔다(於是高麗北部傅薩高延壽·南部傅薩高惠眞引兵及靺鞨衆十五萬來援".

36 서영교, 2015, 「주필산 전투와 안시성」, 『동국사학』 58.

37 『舊唐書』卷199下, 北狄 鐵勒, "태종이 요동의 제성을 뽑고, 주진(駐陣)을 깨자, 고려 막리지가 은밀히 말갈을 시켜 [설연타의] 이남(夷男)을 많은 재물로 유혹했다. 이남은 감히 움직이지 못하고 갑자기 죽었다". 『新唐書』卷123, 諸夷蕃將 執失思力, "집필사력(執失思力)은 돌궐의 추장이다. … [태종이] 요동을 토벌하는데 이르러, 사력은 황제의 명으로 금산도(金山道)에 주둔하여 돌궐로서 설연타의 침공에 대비했다. 설연타 병사 10만이 하남을 노략질하자 사력이 약하게 보이게 하여 우물쭈물하는 태도를 보이자 적이 깊숙이 하주(夏州)까지 이르렀다. 이에 진을 정비하여 반격하고, 나아가 6백 리를 추격하였다. 그때 비가가한(毗伽可汗)이 죽어, 적북(磧北)에서 시위하고 돌아왔다".

작전을 펼친 것으로 이해하였다.[38] 이를 통해 시간을 벌고 본 전력의 손상을 최소화한 당 태종은 645년 9월 18일 안시성에서의 철군을 명하였고 그 이듬해까지 설연타와 전쟁을 벌인다. 안시성 전역을 단순히 고구려와 당 양자 간의 문제로만 묶어 두지 않고 국제 관계의 측면에서 분석하였다는 점에서 상당히 의미가 있는 연구 성과이다.

최근에는 주필산 전투에 투입된 고구려, 당 양 군의 병력 규모를 고찰한 연구도 나왔다. 문영철은 주필산 전투의 당군은 이세적이 이끈 1만 5천 명의 병력과 장손무기가 이끄는 1만 1천 명, 그리고 당 태종이 직접 통솔한 4천 명으로 구성된 총 3만 명이었으며, 고구려는 총 15만 명이 파견되었지만 전투에 직접 투입된 병력은 약 5~7만 명으로 추산하였다. 그리고 그 전장은 기록과 안시성으로 비정되는 영성자산성 주위의 지리 조건을 고려해, 영성자산성 동남쪽 약 3km 지점에 위치한 북철광업유한회사 일대로 보았다. 해당 지역이 동남쪽에서 영성자산성으로 나아가기 위한 협소한 길목이고, 주위에 여러 산줄기가 뻗어 있어 군사를 매복시키기에 적합한 지형이라고 보았기 때문이다.[39]

주필산 전투에 참여한 고구려와 당군의 규모를 당시 당의 군제와 연계해 분석하였다는 점에서 연구사적으로 의미가 있다. 그러나 한 가지 놓치고 있는 점은 당시의 전쟁이 당 제국의 최고 지배자인 태

38 서영교, 2015, 앞의 글.
39 문영철, 2021, 「645년 고구려군과 당군의 주필산 전투 고찰」, 『한국고대사연구』 102.

종이 직접 참여한 친정이라는 것이다. 그리고 결과적으로 당이 패배한 전쟁이었다. 당이 패한 전쟁의 동원 병력을 당의 입장에서 기록된 문헌을 전적으로 신뢰하여 논리를 전개하는 것은 사실을 왜곡할 우려가 있다. 조금 더 세밀한 정황 분석과 사료 비판을 통해 당시의 고구려, 당 양 군의 병력 규모를 추산해야 할 필요가 있어 보인다.

주필산 전투 기록에서 안시성의 위치와 입지에 관한 몇 가지 정보를 취할 수 있다. 먼저 주필산 전투에서 당군에 패배한 고연수의 군대가 안시성 동쪽의 산악으로 퇴각해 재정비할 때 장손무기는 고구려군의 퇴로를 차단하기 위해 동쪽 하천의 교량을 철거하였다는 사실에 주목할 필요가 있다. 이를 통해 안시성의 동쪽에는 산과 다리가 설치될 정도 규모의 하천이 있었음을 알 수 있다.

안시성에서 벌어진 전투는 645년 7월 5일에 시작된다. 주필산에서 고구려군을 완파한 당군은 곧바로 안시성을 공격하였다. 이 시점부터 당 태종이 철수를 시작하는 9월 18일까지 안시성에서는 고구려군과 당군 사이에 치열한 전투가 펼쳐진다.

7월 5일 당군은 진영을 안시성 동쪽 산으로 옮기고, 8월 10일 수월한 공격을 위하여 진영을 다시 남쪽으로 옮긴다. 안시성 내에 있던 10만여의 고구려군은 장기 농성전에 돌입한다. 당군은 공성 무기인 충차衝車, 석포石砲 등을 사용하여 안시성의 서쪽을 공격하였다. 이와 동시에 효율적 공성전 전개를 위해 안시성 동남쪽 모퉁이에 인공 토산을 쌓기 시작한다. 이 인공 토산은 60일 동안 50만 명에 이르는 인력을 동원하여 성의 내부를 내려다볼 수 있을 만큼 높이로 쌓아 올렸다.

그러나 이러한 노력에도 불구하고 당군은 끝내 안시성을 함락시키지 못하였고, 겨울이 다가오면서 당 태종은 결국 철수를 명한다. 이로써 당 태종의 고구려 침공은 실패로 돌아가게 되었다. 9월 18일 철수를 시작한 당군은 9월 말에서 10월에 이르러 요하를 건너 요서를 거쳐 본토로 귀환하였다. 그러나 이 과정에서 많은 병사가 동사하는 등 추가적인 대규모 전력 손실이 발생하였다. 당 태종은 결과적으로 실패로 끝난 고구려 원정에 대하여 깊이 후회하였다.

이처럼 645년 당 태종의 고구려 원정에서 안시성 전역은 전체 전쟁의 승패 여부를 판가름 지을 정도로 중요한 역할을 하였다. 안시성은 당 제국의 군주인 태종이 직접 지휘한 대군과 맞서 싸워 지켜낼 만큼 상당한 규모로 견고하게 축조되었을 것으로 파악된다.[40] 이것은 기록에서 확인되는 안시성의 입지와 군사, 지리적 중요성을 통해서도 확인할 수가 있다. 이러한 안시성 전역 관련 기록은 지형 지세, 상대적 위치, 입지, 추정 규모 등의 정보를 제공하고 있어 오늘날 안시성의 위치를 비정하는 데도 중요한 단서가 된다.

한편 『신당서』·『구당서』와 『자치통감』의 기록을 중심으로 이루어지던 문헌 연구에서 대상 문헌의 범위가 넓어지는 성과가 있었다. 우선 김정배는 『삼국사기』에 인용된 유공권柳公權 소설小說의 실체에 대해 만당晚唐시기에 저술된 『수당가화隋唐嘉話』라는 책에 기재된 것

---

40 '안시성은 10만 이상 인구의 수용이 가능하다'는 기록이 이를 방증한다.

임을 밝혔다.[41] 정호섭은 안시성 전투에 대한 조선과 중국 명대의 여러 저술에 대해 고찰하였다. 초점은 고구려 측 총지휘관인 안시성주 관련된 부분이다. 이러한 일련의 시도는 안시성 전투 관련 문헌 자료에 대한 인식의 지평을 크게 넓힌 의미 있는 성과이다.

645년 4월부터 시작된 당군의 고구려 침공은 성공적으로 진행되었으나 안시성 전투라는 단 한 번의 전투에 패함으로써 모두 수포가 되는 반전이 일어났다. 더구나 안시성 전역의 초반전이라 할 수 있는 주필산 전투에서 고구려의 주력군인 고연수, 고혜진의 15만 대군을 격파하는 전과를 올린 상태에서 안시성에 대한 공성전의 실패로 사실상 패배의 멍에를 짊어지고 본국으로 철군하게 되었다는 점에서 결과는 물론 내용 면에서도 가장 나쁜 성적표를 받아들게 된 것이다. 그만큼 안시성의 농성전과 그 지휘관의 역할이 중요하였고, 그것이 전체 전쟁의 승패까지 갈랐다는 점에서 의미가 크다.

그런데 안타깝게도 이처럼 중요한 안시성 전투의 주역이자 최악의 상황에서 최선의 반전을 일구어 낸 안시성주의 이름이 전하지 않는다. 여기에서는 안시성 전역을 기록한 한국의 중국 사서에서 전하는 안시성주 관련 기록과 조선 중기에 갑자기 등장하는 성주의 성명인 '양만춘' 관련 기록 및 주요 연구 성과를 정리해 보고자 한다.

645년 6월 안시성의 분전으로 당 태종의 고구려 원정은 그 끝을 맞이한다. 당시 세계 최강 제국이었던 당의 최고 영주로 추앙되는

---

41 김정배, 2007, 「『三國史記』 寶藏王紀 史論에 보이는 '柳公權 小說' 문제」, 『한국사학보』 26.

태종 이세민이 고구려의 일개 지방 성에 불과한 안시성을 함락하지 못하고 철수하게 된 것이다. 그리고 단순히 패배라는 결과보다 더 나쁜 것은 원정의 전개 과정, 특히 안시성 전역의 전투 상황이 지극히 안 좋았다는 것이다.

당 태종은 자신의 친정보다 30여 년 전에 있었던 수 양제의 실패를 거울삼아 상당히 치밀하게 준비하였고, 수가 사실상 실패했던 수륙 양동 작전도 성공적으로 수행하였다. 이를 방증하듯 수의 원정군이 함락하지 못한 요동성을 비롯한 비사성, 개모성, 백암성 등 요동 지역의 주요 성들을 줄줄이 깨뜨리고 그곳에 당의 지방기구를 설치하기도 하였다. 만약 안시성이 뚫렸다면 다음엔 압록강 이북 최후의 거점 성인 오골성도 함락되고 수도 평양으로의 직공도 가능하였을 것이다.

그러나 안시성주의 분전으로 안시성 점령에 실패한 당 태종은 결국 고구려에서 전 병력을 물렸고 전쟁은 당의 패배로 귀결되었다. 한국과 중국의 역사서는 당 태종에게 결정적 패배를 안긴 안시성주에 대하여 그 실명은 기록하지 않고 다만 안시성주가 능력이 뛰어나고 용감해 연개소문이 정변을 일으켰을 때도 그에 굴복하지 않자, 연개소문이 성을 공격하였으나 끝내 이기지 못하여 그대로 그의 지배를 인정하였다는 정도의 내용만 전한다.

안시성주의 이름이 실전되었다는 상황은 조선시대도 마찬가지였던 것 같다. 조선 중기의 심광세沈光世(1577~1624)도 기록에 보이는 성상배城上拜라는 구절을 따와 지은 시에서 안시성주의 이름이 전하지 않는다는 사실을 안타까워하였다. 그리고 속설에 전하는 당 태종이 이 전투에서 눈에 화살을 맞았다는 것을 중국의 사서가 직필하지 않았고, 『삼국사기』에도 전하지 않음을 적기하였다. 다만 그는 당시 『여사초麗史抄』[42] 같은 일부 문헌에 안시성의 성주가 양만춘梁萬春이라고 기록된 사실을 알고 있었지만, 그것이 사실인지는 알 수 없다고 하였다.[43]

그렇다면 국내 사서인 『삼국사기』는 물론 전투의 또 다른 당사자인 중국의 기록에도 보이지 않는 안시성주의 이름이 '양만춘'이었다는 사실이 퍼져나가게 된 원인은 무엇일까. 그에 대해서는 최근 새로이 진행된 연구가 있어 주목된다. 정호섭은 그동안 양만춘이라는 실명이 최초로 게재된 문헌으로 알려진 송준길(1606~1672)의 『동춘당선생별집同春堂先生別集』을 분석해 그것을 윤근수가 중국에서 듣고 왔다는 사실을 밝혀냈다.[44] 이러한 기록에 기반하여 조선시대 문헌을 검토해 보면 안시성주로 양만춘이 처음으로 기록된 문헌이 윤근수尹根壽의 『월정만필月汀漫筆』임을 밝혔다.[45]

이러한 안시성주가 양만춘이라는 조선시대의 인식은 이후 점점 퍼져나갔고, 김창흡金昌翕(1653~1722)은 양만춘의 성이 '梁'이 아니

---

42 이 문헌의 실체를 구체적으로 알 수는 없으나, 고구려사와 관련된 기록을 여러 문헌에서 선별·발췌한 것으로 왜란 이후부터 1617년 사이 누군가에 의해 만들어진 야사적 성격의 문헌으로 추측하기도 하였다(남재철, 2014, 「安市城主의 姓名 '양만춘' 考證(I)-姓名의 出處 樣相 檢討를 中心으로-」, 『동아시아고대학』 35, 142~143쪽).

43 『休翁集』 卷3, 海東樂府 城上拜.

44 이러한 주장의 시초는 이병도이다(이병도, 1986, 『국역 삼국사기』, 을유문화사).

45 정호섭, 2014, 「백암 박은식의 고구려사 서술에 대한 비판적 검토」, 『한국사학보』 54.

라 '楊'이라고 바로잡기도 하였다. 이후 중국 사행 길에 오른 여러 조선 지식인들은 안시성주의 이름을 양만춘楊萬春이라고 칭하였다.[46]

최근 정호섭은 안시성주의 실명이 양만춘으로 칭해지게 된 직접적 배경이 되는 문헌인 중국 명대의 소설류인 '당서연의', 곧 『당서지전통속연의唐書誌傳通俗演義』를 분석한 결과, 해당 문헌에 등장하는 인물들은 창작의 소산으로 이해할 수 있다고 하였다. 『당서지전통속연의』의 내용이 임진왜란 즈음에 조선으로 전해졌고, 그것에 대한 최초의 기록이 윤근수의 『월정만필』이라는 것이다. 관련 내용은 명나라 사람인 오종도吳宗道로부터 윤근수가 전해 들었고, 조선인 이시발이 직접 『당서지전통속연의』를 보고 거기에서 확인한 성주가 양만춘임을 윤근수에게 말한 것으로 추정하였다.

이와 같은 정황을 통해 『당서지전통속연의』를 처음으로 구해 본 것은 이시발이고, 양만춘 전승이 이후 지속된 것은 조선인 가운데 최초의 기록자인 윤근수 등 16세기와 17세기를 걸쳐 살았던 조선의 문인들에 의해 시작된 것이라고 파악하였다. 그리고 그 전거는 『당서지전통속연의』로, 문헌에 따라 태종동정기太宗東征記, 당서연의唐書衍義, 唐書演義, 중국소설中國小說 등으로 표현되었다고 하였다. 그는 『당서지전통속연의』의 성격에 대해 당서를 기본으로 한 연의식 소설로, 역사서에 보이지 않는 인물들은 작가에 의한 상상력의 산물임을 밝혔다. 그리고 양만춘의 성이 '梁'과 '楊'으로 나타나게 된 원인

---

46 김세호, 2014, 「연행을 통해 되살아난 안시성과 梁萬春/楊萬春」, 『한문문학』 31.

에 대해서는 원래 『당서지전통속연의』나 『월정만필』 등에서는 '梁萬
春'이었지만, 이러한 책을 직접 보지 못한 사람들이 중국의 흔한 성
인 '楊'으로 인식하면서 '楊萬春'이라 기록하게 된 것이 이후 문헌에
도 전승되었던 것이라고 하였다.[47]

맺음말

지금까지 안시성의 위치에 관한 여러 견해와 안시성 전역, 안시
성주 관련 자료와 연구 현황에 대하여 살펴보았다.

안시성의 위치에 대한 가장 유력한 주장은 20세기 초 김육불이
주장한 해성의 영성자산성설이었으나, 규모나 지형 지세 등의 문제
로 인해 지속적으로 회의론이 제기되었다. 그러한 가운데 1990년대
후반 영구시박물관 소속 연구원들이 제출한 일련의 논고로 대석교
소재 해룡천산성설이 갑작스레 부상하였다. 그러나 근래에 행해진
해룡천산 답사를 통해 해당 지역에 고구려 산성이 실재하였는지에
대한 의문이 제기되었고, 해룡천산성설이 갖고 있는 여러 문제점이
밝혀졌다.

국내 학계에서도 해룡천산성을 주목하였지만 현재까지 그 성벽
을 실견한 사람이 없다시피 하고, 최초의 보고자 역시 실제로 산성

---

47 정호섭, 앞의 글, 2020.

을 답사하지는 않았던 것으로 확인됨으로써 안시성 소재지에 대한
논의는 다시금 원점으로 돌아오게 되었다. 하지만 최근 개주의 고려
성산성이나 해성 시내 등이 새로운 대안으로 제시되고 있는 만큼,
향후 여러 가지 가능성을 열어 놓고 면밀한 현지 실사를 통해 안시
성의 위치를 비정토록 노력을 기할 필요가 있다.

안시성 전역에 관한 연구는 주필산 전투를 중심으로 연구가 이루
어졌고, 『삼국사기』의 사론史論에 인용된 유공권 소설의 실체를 밝혀
안시성 전역 관련 문헌 자료에 대한 인식의 지평이 넓어지기도 하였
다. 최근에는 전투 정황을 일자별로 고찰한 성과도 나와 그동안 제
대로 구명되지 못했던 안시성 전역의 자세한 상황이 복원되었다.

안시성주에 관한 연구는 주로 국문학계에서 관련 전근대 문헌을
언급하는 정도에 그쳤으나 근래 문헌 사학에서 안시성주의 실체와
관련 전승의 기원에 대한 연구가 제출되어 안시성주의 이름으로 알
려진 '양만춘'을 둘러싼 많은 의문이 해소되었다.

○ 안시성으로 비정되는 고구려 산성(중국 소재)

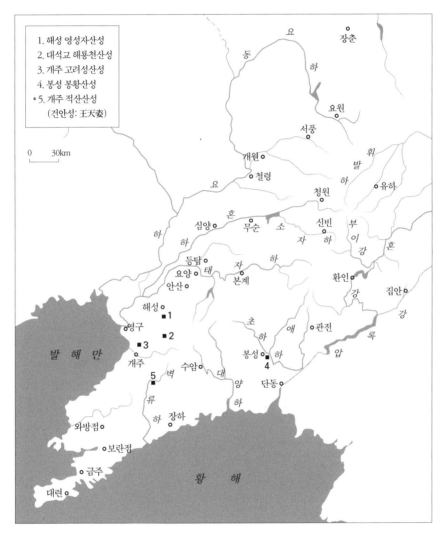

1. 해성 영성자산성
2. 대석교 해룡천산성
3. 개주 고려성산성
4. 봉성 봉황산성
*5. 개주 적산산성
   (건안성: 王天姿)

고구려의
대당방어 체제와
645년 전쟁

이성제

머리말

645년 4월 1일 이세적李世勣이 이끄는 당군이 요하遼河를 건너와 무순撫順의 현도성玄菟城을 급습하였다. 이때 당군의 요하 도하를 가로막은 고구려군은 없었고, 당군이 나타나자 현도성의 고구려군은 놀란 나머지 맞서 싸우지 못하였다. 당군의 요하 도하와 현도성 공략으로 이어진 일련의 사건은 전쟁이 당군의 전격적인 기습으로 일어났음을 보여 준다. 이후 안시성 공방전에 이르기까지 줄곧 당군의 공세가 이어졌다. 언뜻 보기에 고구려는 전쟁을 대비하지 않고 있었던 것처럼 여겨지기도 한다. 과연 당의 침공은 예상치 못한 일이었을까. 고구려가 이런 모습을 보이게 된 것에는 어떤 사정이 있었을까. 이런 의문에서 이 글에서는 고구려의 대당방어체제에 주목하여 양국 관계와 645년 전쟁에 대해 살펴보고자 한다.

양국 관계에 대한 그동안의 연구는 631년 당이 고구려가 쌓은 경관京觀을 파괴했던 것에 주목하여, 이 무렵부터 당의 위협이 가시화되기 시작했다고 보았다.[1] 자연히 그 이전에 전개된 고구려의 대

---

1 고구려의 대당외교를 다룬 연구로는 여호규, 2006, 「책봉호 수수(授受)를 통해 본 수·당의 동방정책과 삼국의 대응」, 『역사와 현실』 61; 丁善溶, 2008, 「隋·唐 초기 中國的 世界秩序의 변화과정과 삼국의 대응」, 『新羅史學報』 12; 김진한, 2009, 「榮留王代 高句麗의 對唐關係와 西北方情勢」, 『정신문화연구』 117; 방용철, 2011, 「고구려 榮留王代의 정치 동향과 對唐 관계」, 『大丘史學』 102; 윤성환, 2011, 「영류왕, 대당온건파로 꿰맞춰진 오류」, 『내일을 여는 역사』 44; 정원주, 2011, 「영류왕의 대외정책과 정국운영」, 『高句麗渤海硏究』 40; 방용철, 2015, 「연개소문의 집권과 고구려의 대외정책」, 『韓國古代史硏究』 80; 윤성환, 2018, 「624-642년 고구려의 대당(對唐) 외교와 정국동향」, 『東北亞歷

당외교는 우호관계의 수립이나 갈등 상황을 넘기려는 조치 차원에서 이해되었다. 이 때문에 고구려가 수말의 혼란 상황을 예의주시했으며 619년 대당외교에 나선 이래 629년까지 거의 매해 사절을 보냈던 사정에 대해서는 상대적으로 관심이 소홀하였다. 고구려는 615년까지 수의 집요하고도 엄청난 규모의 침공을 겪었었다. 고구려인들에게는 그 같은 위기의 재발은 피해야 한다는 공감대가 형성되어 있었을 것이다. 고구려가 당과의 관계를 연 것은 그 직후라는 점에서 이러한 의식을 염두에 두고 대당외교와 이에 대한 당의 입장을 살펴볼 필요가 있다.

고구려는 631년부터 장성長城을 쌓기 시작하여 당의 침입에 대비하였다. 16년간이라는 대역사였다는 점에서 이른바 '천리장성千里長城'은 고구려의 대당방어체제를 살피는 데 좋은 소재가 되지만, 그 실체를 둘러싸고 논란이 있어 왔다.[2] 또한 정작 당군의 침입에 대해

史論叢』59; 김강훈, 2020, 「618-629년 영류왕의 대외정책과 고구려-당·신라 관계의 변화」, 『高句麗渤海研究』66; 김강훈, 2021, 「고구려 영류왕 후기 대외정책의 변화와 연개소문의 정변」, 『歷史學報』249 등이 있다.

2　장성의 실체에 대해서는 세 가지 견해가 있다. 요하 동안(東岸)에 장벽을 세웠다는 평원토벽설은 '노변강(老邊崗)'이라는 토벽을 장성의 흔적이라고 본 것으로 李健才가 제기하였다(1987, 「東北地區中部的邊崗和延邊長城」, 『遼海文物學刊』1987-1). 申瀅植(1997, 「高句麗 千里長城의 研究」, 『白山學報』49)·余昊奎(2000, 「高句麗 千里長城의 經路와 築城背景」, 『國史館論叢』91), 田中俊明(1995, 『高句麗の歷史と遺跡』), 張福有·孫仁杰·遲勇(2010, 『高句麗千里長城』, 吉林人民出版社) 등이 이를 따르고 있다. 국경지대의 산성들을 연결하는 방어벽이라는 산성연결방어선설은 陳大爲(1989, 「遼寧省境內高句麗遺跡」, 『遼海文物學刊』1989-1)의 견해에서 출발하여 梁振晶(1994, 「高句麗千里長城考」, 『遼海文物學刊』1994-2)에 의해 내용이 구체화되었다. 한편 李成制는 현지 답사의 결과를 토대로 노변강을 성벽의 흔적으로 볼 수 없음을 지적하고 앞서의 두 설에 문제를 제기하였다. 아울러 산성에 의지한 방어전략이 대당전쟁기에도 유지되었다고 보

서는 역할을 하지 못했던 것으로 이해되기도 하였다. 16년의 공사 기간을 햇수로 셈해 보면, 장성은 646년에 완공된 것으로 645년의 전쟁이 끝나고 이듬해가 되어서야 완성이 된 것으로 보인다. 전후 고구려가 공사를 재개하여 이를 마쳤다는 것은 장성으로 대표되는 고구려의 방어체제가 당군을 상대로 상당한 역할을 했음을 알려 준다. 이러한 시각에서 대당방어체제를 살펴볼 것이다.

645년 전쟁에서 당군은 요동 방어선의 주축이 되는 요동성遼東城을 함락하였고, 주필산駐蹕山 전투에서는 15만의 고구려군을 격파하였다. 이 점에서 당군의 공세는 안시성 공방전까지 성공적으로 이어졌다는 것이 그간의 이해였다.[3] 그런데 연전연승에도 불구하고 당군의 작전 범위는 요동 서북부에 한정되고 있었다. 특히 중국 측 사서들이 불리했던 전황에 대해 언급하지 않았다는 『삼국사기』 사론史論의 언급도 있다는 것을 보면, 당군이 요동을 돌파하지 못하고 있던 상황이 의미하는 바를 살펴보아야 할 것이다. 그 상대가 고구려의 방어체제였다는 점에서 그 역할에 대해서도 고찰해 보고자 한다.

왔다(2014, 「高句麗 千里長城에 대한 기초적 검토-장성의 형태와 성격 논의를 중심으로-」, 『嶺南學』 25). 이러한 이해를 수용하여 임기환은 천리장성 축조란 요동반도 각지의 산성들에 대해 방어력을 강화하는 대규모 공사였다고 본다(「고구려 천리장성은 없다(2)」, 『매일경제』, 2019.11.14).

3 645년 전쟁과 관련해서는 徐仁漢, 1994, 『韓民族戰爭通史 Ⅰ-古代篇-』, 국방군사편찬연구소; 서영교, 2003, 「고구려의 대당전쟁(對唐戰爭)과 내륙아시아 제민족-安市城전투와 薛延陀-」, 『軍史』 49; 노태돈, 2009, 『삼국통일전쟁사』, 서울대학교출판부; 문영철, 2021, 「645년 고구려군과 당군의 주필산 전투 고찰」, 『韓國古代史研究』 102 등의 연구가 있다.

예정된 전쟁과 대당외교

이연李淵이 장안長安에서 수隋의 공제恭帝로부터 선양을 받아 나라를 세운 것은 618년의 일이다. 그리고 이해 9월 고구려에서는 왕제 건무建武가 영양왕嬰陽王의 뒤를 이어 국왕에 올랐다. 왕위에 오른 영류왕榮留王은 곧바로 당에 사절을 파견했던 것으로 보인다. 이듬해 2월 고구려 사신이 당에 이르렀던 것이다.[4] 이 무렵 당은 중원의 정세로 보면 수말의 혼란 속에서 각지에서 일어난 군웅의 하나에 불과하였다. 특히 619년 2월 무렵이라면 금성金城(현재의 감숙성甘肅省 난주蘭州)에 근거를 두고 장안을 위협해 왔던 설거薛擧 · 설인고薛仁杲 세력을 당이 이제 막 격멸했던 참이다.[5] 이런 당에 대해 고구려가 사절을 보냈다는 것은 수의 붕괴가 몰고 온 새로운 국제정세에 대해 경계심을 갖고 그 변화상을 주시하고 있었음을 보여 준다.[6]

고구려 사절이 또 다시 당에 이른 것은 621년이었고, 이로부터 고구려는 629년 9월까지 627년 한 해를 제외하고는 매해 당에 사자를 보냈다. 624년에는 두 차례나 사절을 파견하기도 하였다.[7] 이 시기 고구려는 당에 대해 밀도 높은 외교를 전개했던 것이다. 고구려가 적극적으로 대당외교에 나섰던 의도가 새로운 상대인 당과 우호

---

4 『三國史記』卷20, 榮留王2年.
5 『舊唐書』卷55, 薛擧 · 仁杲傳.
6 윤성환, 2011, 앞의 글, 282~283쪽; 李成制, 2021,「榮留王의 王權 강화와 淵蓋蘇文 政變－高乙德 일가의 官歷을 통해 본 영류왕대 政局」,『韓國古代史研究』104, 176~177쪽.
7 『三國史記』卷20, 榮留王.

적 관계를 수립하는 데 있었을 것임은 짐작하기 어렵지 않다. 622년 영류왕은 당 고조高祖의 제안을 받아들여 수와의 전쟁에서 사로잡은 포로 1만여 명을 당에 보냈으며, 624년에는 당에 역서曆書를 요청하였다. 그 이듬해에는 사절을 보내 불교와 도교道敎의 교법을 요청하기도 하였다. 여기에서 영류왕이 당에 요청했다는 역서는 매해의 달력인 책력冊曆이라기보다는 고조 초기에 왕조 창건에 따라 정삭正朔을 개정했다는 점에서 그 '무인력戊寅曆'[8]을 가리킨다고 보인다. 영류왕은 당에 우호적인 입장을 보이는 것에 머물지 않고 새로운 왕조의 정삭을 받들겠다는 저자세까지 보였던 것이다.

이러한 고구려의 대당외교에 대해 당은 어떠한 입장을 보였을까. 이와 관련하여 당의 초기 동방정책은 수 양제煬帝의 적극적인 대외정책과는 다른 것으로 이해되어 왔다. 즉 당은 고구려를 침공하기 위한 여건이 갖추어지기 전까지 현상 유지 정책을 추진하였고, 중원을 통일하고 돌궐을 격파한 뒤, 비로소 행동에 나서게 되었다는 것이다.[9] 622년 당 고조가 고구려와 수 전쟁에서 포로가 된 양국 병사들의 교환을 제의하면서 '화목을 언급하고 서로의 강역을 유지하면 좋을 것'[10]이라고 했던 것이나, 624년 삼국 국왕을 동시에 책봉冊封한 것은 당의 현상 유지 정책을 보여 주는 실례로 제시되었다.

---

8 金鐸民 主編, 2005, 『譯註 唐六典』中, 173쪽.
9 여호규, 2006, 앞의 글, 47~54쪽; 丁善溶, 2008, 앞의 글, 114~120쪽; 방용철, 2011, 앞의 글, 40쪽.
10 『三國史記』卷20, 榮留王5年; 『舊唐書』卷199上, 高句麗.

그런데 양국 관계에서 처음 등장한 현안은 포로의 교환이었고, 이를 고조가 먼저 제의하였다. 앞서 벌어졌던 전란을 수습하는 것이 양국 관계에서 시급한 과제였음을 알 수 있다. 고조의 제안에 대해 영류왕이 화답했다는 점에서 양국이 우호관계로 나아갈 수 있는 토대는 이로써 마련되었던 것으로 보인다. 그럼에도 양국이 책봉조공 관계를 맺게 된 것은 624년이었다. 이때에 이르러 당이 고구려 영류왕을 책봉했던 것이다.

사료 1·1 [무덕 4년, 621년 10월] 백제가 사신을 보내 과하마果下馬를 헌상하였다. 이달에 신라와 고구려 및 서역西域의 22국이 함께 사신을 보내 조공하였다.[11]

사료 1·2 [신라가] 사신을 보내 조공하였다. 고조가 친히 그를 노문勞問하였고, 통직산기시랑通直散騎侍郎 유문소庾文素를 보내 사신으로 가서 새서璽書와 화병풍畵屏風, 금채錦綵 300단段을 내려주도록 하였다.[12]

사료 1·3 [무덕] 7년[624] 춘정월 기유己酉, 고려왕 고무高武를 요동군 왕遼東郡王에, 백제왕 부여장扶餘璋을 대방군왕帶方郡王에, 신라왕 김진평金眞平을 낙랑군왕樂浪郡王에 책봉하였다.[13]

---

11 『冊府元龜』卷970, 外臣部 朝貢3, "百濟遣使獻果下馬. 是月, 新羅國句麗及西域二十二國, 並遣使朝貢".
12 『舊唐書』卷199上, 新羅, "武德四年, 遣使朝貢. 高祖親勞問之, 遣通直散騎侍郎庾文素往使焉, 賜以璽書及畵屏風·錦綵三百段".
13 『舊唐書』卷1. 『자치통감』에는 2월 정미일의 일로 기재.

당의 책봉은 고구려가 첫 사절을 보낸 619년으로부터 5년 만의 일이었다. 이로써 고구려는 당과 책봉조공 관계를 맺게 되었지만, 그 내용은 결코 바람직스럽지 않았다. 당은 고구려뿐 아니라 백제와 신라 국왕까지 한꺼번에 책봉하였다. 삼국의 국왕을 동시에 책봉함으로써 당은 고구려와의 관계를 여는 것보다는 삼국의 역관계에 관심을 갖고 있음을 드러냈다. 특히 이러한 당의 입장은 이미 621년 고조가 입조한 신라 사절을 대면하는 자리에서 직접 대화를 주고받았던 사건에서 보인 바 있었다.[14] 이때 당에 사절을 보낸 국가는 고구려를 비롯하여 25개국이었는데, 고조는 유독 신라 사절에게 친히 '노문勞問'하는 특례를 베풀었던 것이다. 그뿐만 아니라 신라에만 답방사를 보내었다.

고구려 등 25개국이 당에 사절을 보냈던 것은 군웅이 할거하던 중원의 형세가 당이 패권을 차지하는 방향으로 나아가고 있었기 때문이었다.[15] 이해 5월, 당은 하남河南을 차지하고 있던 왕세충王世充과 하북의 두건덕竇建德을 격파함으로써 중국 대륙의 통일에 한걸음 다가선 상태였다. 중원의 정세에서 당이 대세로 자리 잡은 것이 분명해지자, 인접한 각국들은 다투어 사절을 보냈던 것이다. 이러한 상황에서 당은 어째서 신라 사절만을 우대하고 관심을 보였던 것일까.

이와 관련하여 떠오르는 것은 신라가 수의 고구려 침공에 호응하

---

14 최희준, 2021, 「621년 나당수교와 그 전개 양상」, 『新羅史學報』 52, 64~71쪽.
15 최희준, 2021, 앞의 글, 60쪽.

여 실제 행동에 나섰었다는 사실이다. 백제가 수를 돕겠다고 하고는 고구려와 내통하는 이중적인 태도를 취했던 것과 달리, 신라는 수가 고구려를 침공하자 그 남변을 공격하여 500여 리의 영토를 차지했었다.[16] 그런 신라에 대해 당 고조가 후대했다는 것은 당의 동방정책이 신라를 끌어들인 수의 전략을 부정한다거나 그로 인해 생겨난 현재의 정세를 인정하는 것이 아니었음을 보여 준다. 당의 행동은 이제부터 신라에게 수를 대신해 줄 존재가 되겠다는 뜻을 드러낸 것이었다. 여기에 더해 답방사까지 보낸 당의 행동은 장안에 체류하고 있던 각국 사절, 특히 고구려 사절의 비상한 관심을 끌었을 것임에 틀림없다. 고구려로서는 얼마 전까지 상대한 수를 떠올리지 않을 수 없었다고 여겨진다. 629년까지 고구려가 당을 상대로 밀도 높은 외교를 전개하게 된 배경은 여기에 있었다고 보인다.

이렇게 당의 입장이 드러나자 625년 신라가 고구려의 조공 방해와 침략을,[17] 626년에는 백제가 고구려의 조공 방해를 당에 호소하였다.[18] 과거 수에게 그러했던 것처럼 신라와 백제는 고구려에 대한 견제와 압박을 당에게 요청하였다. 고구려로 보아서는 수가 무너진 지 10년도 되지 않은 시점에 벌써 과거의 위기 상황이 재현되기 시작했던 것이다. 이러한 상황에 대해 고구려와 당이 보인 반응은 626년 태종이 주자사朱子奢를 사자로 보내 삼국 간의 화해를 종용했

---

16 『三國史記』卷21, 寶藏王3年 正月.
17 『三國史記』卷4, 眞平王47年 11月.
18 『三國史記』卷27, 武王27年.

던 일에서 살필 수 있다.

사료 2 조서를 내려 원외산기시랑員外散騎侍郎 주자사를 보내 화해하
도록 하니, [고구려왕] 건무가 표문을 올려 사죄하면서 신라와 더불
어 [당] 사신과 대면하여 회맹會盟할 것을 청하였다.[19]

이 사건은 당이 삼국의 역관계에 적극 개입하려 했음을 보여 준
다.[20] 물론 당이 백제·신라의 조공을 방해한 고구려를 질책하는 대
신 삼국 간의 화해를 권했다는 점에서 공세적인 입장을 보인 것은
아니라고 볼 수도 있다.[21] 하지만 태종이 현무문玄武門의 정변으로 이
제 막 즉위했던 시기였음을 고려하면 그 같은 시점에서도 당이 행동
에 나섰다는 사실에 주목할 필요가 있다. 당은 삼국의 역관계에 개
입하겠다는 입장을 보이는 데 그치지 않고 행동에 나섰던 것이다.

이러한 당의 행동에 대해, 영류왕은 사죄의 표表를 올렸다. 이를
형식적 조치로 보는 이해도 있지만,[22] 화해의 방법으로 당이 회맹이
라는 구체적인 안까지 제시했다는 점에서 간단히 다룰 문제는 아니
었다고 보인다. 요구를 거부할 경우 당의 반발을 예상하기 어렵지

---

19 『舊唐書』卷199上. 이 기록은 무덕 7년의 기년 아래 보이고 있어, 고조의 지시인 듯 이
   해될 수 있다. 하지만『구당서』권189상의 주자서 열전에 태종이 그를 사자로 보내, 삼
   국을 순방했음이 보인다.
20 여호규, 2006, 앞의 글, 52쪽.
21 윤성환, 2018, 앞의 글, 14~16쪽.
22 여호규, 2006, 앞의 글, 52쪽.

않았다. 회맹의 동의는 고구려가 신라 방면에 대한 공세를 중단한다는 것[23]과 당이 주도하는 삼국관계를 인정한다는 것을 전제로 한다. 고구려는 신라에게 빼앗긴 실지의 회복을 포기해서라도 당과의 갈등을 피하려 했던 것이다. 이 시기 고구려가 대외전략의 주안점을 어디에 두고 있었는가를 보여 주는 대목이다.

백제와 신라를 끌어들여 고구려 견제에 이용한다는 당의 전략은 결코 새로운 것이 아니었다. 직전의 수가 그러하였다. 문제는 이러한 전략이 그것으로 그치지 않고 고구려에 대한 적대적 입장과 맞물려 고구려를 침공하는 데까지 이르렀다는 점이다. 수를 상대했던 경험으로 볼 때 당의 이러한 행보는 침공의 가능성을 보여 주는 것이었다. 즉 당의 침공 가능성을 상정하고 있었기 때문에 고구려는 당의 회맹 요구를 수용했던 것이다.

회맹을 열고자 했던 당의 시도는 무산되었지만, 국제정세는 당 중심으로 가파르게 변해갔다. 북방 유목세계에 군림하며 당을 압도해 왔던 동돌궐東突厥이 무너진 것이다. 이러한 정세 변화에 대해 고구려는 628년과 629년에 연이어 사절을 당에 보냈다. 특히 628년의 사절에 대해『삼국사기』는 당이 돌궐을 격파한 것을 축하하고 봉역도封域圖를 바쳤다고 하여,[24] 사행의 목적을 밝히고 있어 관심이 간다.

---

23 이때의 회맹에는 백제가 제외되어 있었으며, 회맹을 수용한 의도는 한강유역을 회복하려는 데 있었다고 보는 견해도 있으나(김강훈, 2020, 앞의 글, 96~97쪽), 그렇게 볼 수는 없다고 여겨진다.

24 『三國史記』卷20, 榮留王11年, "秋九月, 遣使入唐, 賀太宗擒突厥頡利可汗, 兼上封域圖".

물론 당이 힐리가한頡利可汗을 격파하고 포로로 잡은 것은 630년 이라는 점에서, 628년 9월의 일로 전하는 기록 내용에는 석연치 않은 점이 있다.[25] 628년과 630년 가운데 어느 해의 일인지 확정하기 어려운 것이다. 다만 봉역도를 바쳤다는 행위가 있었다는 사실 자체는 인정되어도 좋다고 본다. 그러면 봉역도 헌상이 의미하는 바는 무엇이었을까.[26]

이와 관련하여 돌궐 패망에 대해 그 휘하에 있던 유목세계의 여러 세력들이 보인 반응을 참고할 수 있다. 북방 유목세계에서 군림했던 돌궐의 패망은 그 지배 아래 있던 세력들에게 충격을 주었다. 당의 위세에 놀란 제 세력들은 천가한天可汗의 칭호를 태종에게 바치며 복종을 서약했던 것이다.[27] 이들이 천가한 칭호를 태종에게 바친 것은 당의 돌궐 격파라는 양국 관계의 변화에 따른 대응이었고, 고구려의 봉역도 헌상 역시 그러하였다. 이 점에서 봉역도는 자구 그

---

25 『冊府元龜』卷970, 外臣部 朝貢3과 『舊唐書』卷199上에는 힐리가한을 격파했다는 것만 다를 뿐, 『삼국사기』의 해당 내용이 거의 그대로 보인다. 반면 『신당서』권220에는 사건의 연대를 언급하지 않고 힐리가한을 사로잡았다고 표현하고 있다. 이 때문에 위 기사는 이들의 정보를 편의적으로 절충하는 과정에서 나온 오류가 있는 자료라고 보기도 한다(이강래, 2016, 「경험과 역사-고구려 멸망에 관한 고대적 사유를 단서로-」, 『韓國史研究』173, 356~357쪽).

26 양국의 우호관계를 위한 외교적 유화책으로 평가하는 견해(徐榮洙, 1987, 「三國時代 韓中外交의 展開와 性格」, 『古代韓中關係史의 研究』, 142쪽)와 함께 양국의 세력권을 명확히 분정하기 위한 조치로 보거나(임기환, 2006, 「7세기 동아시아 국제질서의 변동과 전쟁」, 『전쟁과 동북아의 국제질서』, 76쪽; 정원주, 2011, 앞의 글, 22쪽), 동돌궐을 견제하고 요서로 진출하지 않겠다는 뜻이라는 이해가 있다(김진한, 2009, 앞의 글, 326쪽; 윤성환, 2018, 앞의 글, 27쪽).

27 『舊唐書』卷3, 太宗下, "(貞觀四年) 夏四月丁酉, 御順天門, 軍吏執頡利以獻捷. 自是西北諸蕃咸請上尊號爲天可汗, 於是降璽書冊命其君長, 則兼稱之".

대로 '분봉된 강역의 도첩'으로, 고구려는 이를 바침으로써 당에 신
속해 있는 나라임을 애써 강조했다.

이렇게 볼 때 619년의 첫 번째 사절 파견으로부터 봉역도 헌상까
지 고구려의 대당외교는 저자세로 일관하였다는 점이 특징적이다.
봉역도 헌상이나 당이 개정한 정삭을 받들겠다고 한 데서 보여지는
고구려의 태도는 전례를 찾아보기 어려운 것이었다. 영류왕이 당의
회맹 개최 요구를 수용했던 것 역시 644년 연개소문이 신라 공격을
중단하라는 당의 요구를 거부했던 일[28]과 비교하면 현격한 입장의
차이가 있다. 이처럼 저자세로 일관했다는 점에서 이 시기 대당외교
를 전개한 고구려의 의도가 우호관계의 수립이나 갈등 상황을 넘기
려는 데 있었다고는 여길 수 없다.

고구려는 612년에서 3년간 이어진 수의 침입을 막아냈지만, 피
해 역시 적지 않았다. 615년 전역에서 양측의 상황을 설명하며 '고
구려 역시 극도로 피폐해져' 있었다는 수 측의 기록[29]이 이러한 상황
을 알려 준다. 특히 수의 침공은 유례없는 병력의 규모와 전례 없는
양제의 집요함에서 고구려인들에게 두려움을 주었다.[30] 그런 만큼
그와 같이 나라의 존망을 가를 위기의 재발은 피해야 한다는 공감
대가 형성되어 있었다고 여겨진다. 619년이라는 이른 시기에 사절
을 보낸 고구려의 대당외교 역시 이러한 의식에서 비롯되었다고 보

---

28 『三國史記』卷21, 寶藏王3年.
29 『隋書』卷81.
30 이강래, 2016, 앞의 글, 373쪽.

인다. 당의 우세가 확실해진 621년에야 비로소 대당외교에 나선 백
제·신라와는 차원을 달리하는 위기의식이었던 것이다.

그렇다면 619년 이후 추진된 고구려의 대당외교의 주안점도 여
기에 모아져 있었다고 보아야 하지 않을까. 즉 이 시기 대당외교는
전쟁의 재발을 막겠다는 의도 아래 추진되었다고 이해되는 것이다.
밀도 높은 외교에 더하여 고구려가 당에 대해 저자세로 일관했던 까
닭도 여기에 있다고 보인다. 하지만 당이 보인 반응으로 볼 때 전쟁
발발의 가능성은 높아져 갔고, 고구려는 이를 지연시키기 위해 총력
을 기울였던 것이다.

그러던 고구려는 629년 9월의 사절 파견을 끝으로 한동안 대당
외교에 나서지 않았다. 기록상 고구려 사자가 다시 당에 이르게 된
것은 640년의 일이다. 한편 대당외교의 중단과 함께 고구려는 천리
장성을 쌓기 시작하였다. 천리장성의 축조를 중심으로 이후 시기의
대당전략을 살펴보도록 하자.

천리장성 축조와 대당방어체제의 수립

다음 기록은 631년 태종이 장손사長孫師를 보내 고구려가 세운 경
관을 허물자, 영류왕이 당의 침공을 우려하여 장성 축조를 명하게
되었음을 전한다.

사료 3 [정관] 5년 조를 내려 광주도독부廣州都督府 사마司馬 장손사長孫師를 보내 수군 전사자들의 해골을 거두어 묻고, 고구려가 세운 경관을 허물도록 하였다. [고구려 왕] 건무는 [당이] 그 나라를 정벌할까 두려워하였다. 이에 장성을 쌓았으니 동북쪽 부여성扶餘城부터 서남으로 바다에까지 이르러 천리가 넘었다.[31]

이때부터 쌓기 시작한 장성은 16년의 긴 공사 기간을 거쳐 완성되었다.[32] 장성의 축조는 사료상 고구려가 대당관계에서 보인 거의 유일한 군사적 조치였다. 더욱이 16년간이라는 대역사 끝에 완성했다는 점에서 이후 고구려의 대당방어전략을 살피는 데 더할 나위 없는 소재가 된다.

그동안 고구려가 대당관계에서 보인 저자세와 달리, 장성의 축조는 강경한 입장을 드러낸 것이었다. 그런 만큼 고구려가 입장을 달리하게 되었던 배경은 어떤 것이었는지 궁금하다. 사료3이 전하는 바에 따르면 장성의 축조는 당이 경관을 철거한 데 따른 대응 조치였다.[33] 영류왕이 '당이 정벌해 올 것을 우려했다'는 언급에서 장성

---

31 『舊唐書』卷199上, 東夷 高麗, "五年, 詔遣廣州都督府司馬長孫師, 往瘞隋時戰士骸骨, 毀高麗所立京觀. 建武懼伐其國, 乃築長城, 東北自扶餘城, 西南至海, 千有餘里".

32 『三國史記』卷20, 榮留王14年, "唐遣廣州司馬長孫師, … 毀當時所立京觀. 春二月, 王動衆築長城, … 凡一十六年畢功".

33 『삼국사기』권20에는 영류왕이 장성 축조를 명한 것이 2월의 일로 전한다. 그 원인으로 지목된 경관의 파괴가 8월(『舊唐書』卷3)이라는 점에서, 장성 축조의 직접적 배경이라기보다는 이것으로 상징되는 당의 군사적 위협으로 고구려가 장성을 축조하게 되었다고 보기도 한다(余昊奎, 2000, 앞의 글, 176쪽). 하지만 사료3의 기록은 그 서술구조

축조가 전쟁 발발의 위기감에서 비롯되었음을 알 수 있다.

　여기서 고구려가 세웠다는 경관이란 수군 전사자의 해골을 쌓아 만든 무덤으로, 수와의 전쟁에서 거둔 승리를 기념하고 국민의 사기를 고양시키기 위해 만든 승전기념물이다.[34] 언뜻 보아서는 영류왕이 어느 대목에서 경관 철거를 당의 침공이 있을 것이라는 징후라고 여겼던 것인지 분명치 않다. 이와 관련하여 『책부원귀冊府元龜』에는 보다 자세한 내용이 전하고 있다. 이에 따르면 장손사의 경관 철거와는 별도로 당의 사자가 고구려에 와서 수군 전사자 해골을 수습하고 제사와 장례를 치를 것을 요구하였다.[35] 이해 2월에 태종이 전국에 명을 내려 각지의 모든 경관을 철거하도록 한 수예收瘞정책의 일환이었다.[36]

　당이 고구려의 전승기념물을 파괴했다는 것은 고구려가 수를 상대로 거둔 승리의 역사를 부정하는 행위였다. 또한 고구려에게 수군 전사자들의 제사와 장례를 치를 것을 요구해 왔다는 것은 도를 넘은 행동이었다. 더욱이 그것이 당 내지內地에 대한 수예정책과 짝하여 요구되었다는 점에서 고구려를 당혹케 했을 것이다. 태종은 그 지배 아래의 모든 군현에 내린 명령 그대로를 고구려에게도 따르라고 요

가 인과관계를 이루고 있음에서 적어도 『구당서』 동이전의 찬자는 경관 파괴라는 당의 행위를 결정적인 원인으로 여겼음을 알 수 있다.

34　千寬宇, 1982, 「人物로 본 韓國古代史」, 『高句麗-唐 戰爭』, 正音文化社, 245쪽.

35　『冊府元龜』 卷42, 帝王部 仁慈, "七月 甲辰, 遣廣州都督府司馬長孫師, 往收瘞隋時戰亡骸骨, 毀高麗所立京觀. 八月, 遣使於高麗 收隋戰亡骸骨, 設祭而葬之".

36　이정빈, 2018, 『고구려-수 전쟁』, 주류성, 245~246쪽.

구함으로써 고구려를 속국으로 대하였던 것이다.

　이 대목에서 고구려는 대당외교를 중단할 것을 결정했다고 보인다. 이러한 고구려의 입장 변화가 양국 관계를 악화시키고 나아가 개전의 빌미로 이어지게 될 것은 예상하기 어렵지 않았을 것이다. 당의 경관 철거로부터 고구려가 전쟁 발발의 위기감을 느끼게 된 과정은 대체로 이러하였다.

　당이 전국 각지의 모든 경관을 철거하고 전사자 유해 수습에 나섰다는 것은 수말의 혼란을 딛고 내정을 정비하는 단계로 들어섰음을 보여 준다. 마찬가지로 고구려 역시 수의 연이은 침공으로 입은 전쟁의 상흔을 어느 정도 수습했을 것이다. 대당외교를 통해 피해를 복구할 수 있는 시간을 확보했던 것이다. 이때에 들어서 장성 축조라는 대역사를 추진할 수 있었다는 점에서 그러하다. 어느덧 고구려는 당의 침략에 대비할 여력을 마련하게 되었던 것이다.

　천리장성이란 고구려의 동북방 부여성에서 시작하여 서남쪽으로 바다에 이르는 방어선이었다. 이 대당 방어선이 어떠한 형태를 띠었는가에 대해서는 몇 가지 설이 있다. 이들은 크게 보아 세 견해로 나눌 수 있는데 서부 국경지대에 배치되어 있던 산성들을 연결하는 방어벽을 세웠다는 '산성연결방어선설', 국경지대 산성들의 전면에 위치한 요하 동안東岸의 평원지대에 장벽을 세웠다는 '평원토벽설', 장벽을 별도로 쌓은 것이 아니라 기존의 산성들을 대대적으로 정비하여 마치 선상의 방어선과 같은 방어체제를 구축했다는 '산성방어강화설'이 그것이다.[37]

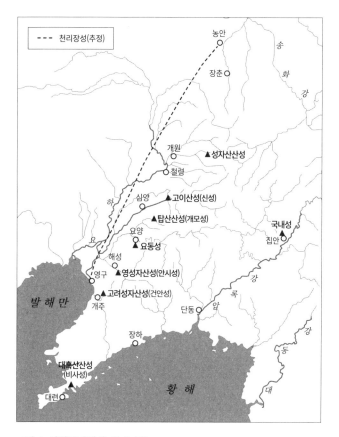

그림 1 평원토벽설의 천리장성

이들 견해에서 특징적인 것은 앞서의 두 이해가 모두 긴 장벽을 상정하고 있다는 점이다. 그러면서 이러한 장성은 산성방어선의 보조 시설이었기에 645년의 전쟁에서 그 모습을 보이지 않았다고 본

---

37 이 책 54쪽 주2 참조.

다는 점에서도 동일하다. 이에 따르면 장성이란 고구려가 16년간에 걸쳐 추진한 대역사였지만, 실제의 전쟁에서는 별 도움이 되지 못했던 셈이 된다.

그런데 『삼국사기』 권21의 "凡一十六年畢功"이란 표현에서 16년의 공사 기간을 햇수로 셈해 보면, 장성의 완공 시기는 646년이 된다. 즉 전쟁이 일어났던 645년까지 '천리장성의 대역사'는 아직 끝나지 않은 상태였고, 전쟁이 끝나고 이듬해가 되어서야 비로소 완성이 되었다. 앞서의 이해처럼 실전에서 별 도움이 되지 못했다면 고구려는 이 공사를 재개할 필요성을 느끼지 못했을 것이다. 전후 고구려가 공사를 재개하여 이를 마쳤다는 것은 그동안 축조한 장성이 실전에서 당군을 상대로 상당한 역할을 했음을 알려 준다. 무엇보다 전란의 피해 복구가 우선되었어야 할 이 시기에 고구려는 서둘러 장성의 완공에 힘을 쏟았다는 점에서 그렇다. 따라서 장성은 645년의 대당 전쟁에서 그 모습을 드러냈고, 기대한 역할을 다하였다는 관점에서 그 실체를 파악할 필요가 있다고 생각한다.

사료4-1과 사료4-2는 645년 당군의 침공으로 전쟁이 일어났을 때 그 선봉이 되었던 이세적 군의 침입 과정을 보여 준다. 여기에서 현도성에 들이닥치기까지 당군의 경로를 확인해 보자.

사료 4·1 이세적 군이 유성柳城을 출발하여, 크게 대형을 벌리며 회원진懷遠鎭에서 나오는 것처럼 하고는 군대를 숨겨 북쪽으로 용도甬道를 따라 가서 고구려가 알아차리지 못하도록 나갔다.[38]

사료 4-2 [645년] 4월 무술삭戊戌朔, 이[세]적이 군대를 이끌고 통정
진通定鎭으로부터 요하를 건너 현도성에 이르는 경로상의 봉수烽燧와
성보城堡를 모두 함락시켰다. 고구려가 크게 놀라 성읍마다 각자 성
문을 닫아걸고 감히 나오지 못하였다.[39]

유성柳城은 현재의 요령성 조양朝陽으로 수와 당이 동방 경략의 거
점으로 삼은 영주營州의 치소였다. 이곳을 출발한 이세적 군이 경유
할 듯 속였던 회원진懷遠鎭은 요령성 금주錦州 일대로 611년 수 양제
가 고구려 침공군의 군수 보급기지로 삼았던 곳이다.[40] 당군이 고구
려로 동진해 올 때 당연히 여기를 경유한다고 양측 모두가 여기고
있음을 역으로 이용하여 이세적 군은 그 움직임을 감추었다. 통정진
通定鎭은 현재의 신민新民으로 당군은 여기에서 요하를 건너 현도성
이 있던 무순에 나타났다. 이때 신민에서 요하를 건너 무순에 이르
는 경로에는 고구려가 국경지대에 세운 봉수와 성보들이 놓여 있었
고, 이세적 군은 이들을 차례로 제거하며 현도성까지 은밀하게 이를
수 있었다.

이처럼 위 기록은 침공 경로와 그 노선상에 놓여 있던 군사시설
을 살필 수 있는 흔치 않은 자료이다. 그러므로 고구려가 국경지대

---

38 『資治通鑑』卷197, 唐紀13 太宗 貞觀19年, "李世勣軍發柳城, 多張形勢, 若出懷遠鎭者, 而
潛師北趣甬道, 出高麗不意".

39 『冊府元龜』卷117, 帝王部 親征2 唐太宗 貞觀19年, "四月 戊戌朔 李勣師自通定濟遼水 至
玄菟所經烽戍皆下之. 高麗大駭 城邑各閉門不敢出".

40 『資治通鑑』卷181, 隋紀5 大業7年 12月 己未; 『資治通鑑』卷181, 隋紀5 大業8年 5月 壬午.

에 선상으로 마련해 둔 방어시설이 있다면 어디에선가 그 모습이 드러나야 하지만, 살필 수 있는 것은 봉수烽燧와 성보城堡 그리고 현도성 등의 성곽뿐이다. 특히 평원토벽설의 요하 동안에 세워져 있었다는 토축 장벽은 전혀 보이지 않는다. 고구려가 631년부터 쌓기 시작했다는 천리장성은 어떤 방어시설이었는가를 생각할 때 유의해 보아야 할 두 번째 문제이다.

천리장성을 연속한 한줄기의 긴 성벽이라고 할 때, 과연 이러한 장벽만으로 방어의 기능을 갖출 수 있었을까. 이러한 의문은 한漢이 흉노匈奴를 상대하기 위해 쌓았던 장성 유적과 방어체제에서 그 답을 찾을 수 있다. 한대 서북 변경지대였던 에치나額濟納와 소륵하疏勒河 유역에 남아 있는 이들 유적은 한줄기의 긴 성벽인 새塞와 함께 봉수들이 연이어 세워져 차단선을 이루며 그 후방으로 봉수들과 작은 성보들이 배치된 형태이다.[41] 전면의 새에서 침입자를 발견하고 조기에 경보를 올려 후방에 주둔하고 있던 병력이 출동하여 적을 막는 구조였던 것이다. 장성이라 하여 한줄기의 긴 성벽만으로 이루어진 것은 아니었던 셈이다.

천리장성이 산성방어선의 보조 시설이었다는 이해에도 의문이 든다. 이와 관련하여 당이 경기병輕騎兵의 기동력을 앞세운 전술로 침공해 올 것이어서 그 대비책으로 요하 동안에 장성을 쌓았다는 견해[42]는 당의 군사전략과 국제관계를 종합적으로 고려했다는 점에서

---

41 籾山明, 1999, 『漢帝國と邊境社會-長城の風景-』, 中公新書.
42 余昊奎, 2000, 앞의 글, 181~184쪽.

주목할 만하다. 회원진을 거쳐 요하를 건너는 경로를 줄곧 이용했던 수와 달리, 당이 길을 나누어 도하해 왔던 것이나 여러 전투에서 돌궐 기병의 활약이 보이는 것은 전대와 달라진 새로운 전술로 보인다. 하지만 이러한 당의 전술을 상대하기 위한 방책이 요하 동안에 장벽을 쌓아 적군의 도하를 저지하고 평원에서 회전한다는 것이었다는 판단에는 동의하기 어렵다.

고구려가 평원에서의 회전을 의도했다면 당군의 기동력에 맞설 경기병이나 쇠뇌부대 혹은 장창병長槍兵과 같은 대응 병종이 양성되어 있어야 하였다. 그럼에도 여러 전투의 장면에서 이들의 존재는 잘 보이지 않는다. 물론 태종과 이세적이 이끈 주력군과 고구려군 15만이 격돌한 주필산 전투는 평원에서의 회전이었다고 볼 수 있다.[43] 하지만 전투 과정을 보면 그것은 당군의 유인책에 말려든 결과였지 고구려군이 처음부터 회전을 염두에 두고 그 곳에 이른 것은 아니었다.

이러한 판단과 관련하여 중국 전국시대 이래 여러 왕조들이 장성을 축조하였지만, 명대에 들어서야 비로소 방어선으로 기능할 수 있었다는 점을 고려할 필요가 있다. 즉 이전까지의 장성은 보堡나 돈대墩臺에 부속하는 얇고 낮은 벽이어서 방어의 기능을 전혀 발휘하지 못하였다. 앞서 언급했던 한대 서북지방의 방어체제에서도 장벽의 역할을 하는 새는 침입을 막기보다는 경보를 올리는 데 주 기능이

---

43 『資治通鑑』卷198, 唐紀14 太宗 貞觀19年 4月 丁巳.

있었다. 그러던 장성은 명대에 와서 높고 두터운 방벽을 쌓아 이를
방어의 중심으로 삼고, 돈대나 보를 두어 병력을 배치함으로써 방어
선으로 제구실을 할 수 있었다.[44] 따라서 고구려가 요해처 위주의 선
택과 집중이 불가능한, 일렬로 쭉 늘어선 방벽으로 당군을 막아 내
려 했다고는 여길 수 없다.[45]

　그러면 고구려가 16년간의 공사를 통해 구축했던 방어선, '장성'
이란 어떤 것이었을까. 이제 장성이 645년의 전쟁에서 그 모습을 드
러냈으며 당군에 맞서 상당한 역할을 수행했다는 관점에서 살펴보
자. 이와 관련하여 출전에 앞서 태종이 수 양제의 고구려 침공전에
장수로 종군했던 정원숙鄭元璹에게 그 경험담을 묻자 그는 '동이[고
구려]는 수성을 잘하여 이를 공격하더라도 바로 함락할 수 없다'[46]고
하였다. 간결한 설명이지만 그의 설명에는 대군을 동원한 수의 맹공
이 성곽에 의지한 고구려군의 방어전술에 가로막혔던 상황이 잘 드
러나고 있다. 이 방어전술이 효과적임은 적군의 장수조차도 인정한
바였다.

　사정이 이러하다면 고구려가 자신들의 장기인 수성 대신 평원에
서의 회전으로 당을 상대했다거나, 방어 기능이 전무한 한줄기 토벽
을 전 전선에 걸쳐 쌓았다고 보기는 어렵다. 도리어 전무후무한 대

---

44 阪倉篤秀, 2000, 「余子俊と邊墻 -明代における[長城]修築の轉換點-」, 『關西學院創立
111週年記念論集』.

45 李成制, 2014, 앞의 글, 64쪽.

46 『資治通鑑』卷197, 唐紀13 太宗 貞觀18年 11月, "前宣州刺史鄭元璹, 已致仕, 上以其嘗從
隋煬帝伐高麗, 召詣行在, 問之, 對曰, 遼東道遠, 糧運難阻, 東夷善守城, 攻之不可猝下".

군으로 침공해 온 수군을 상대로 승리를 거두었다는 점에서, 당을 상대로 해서도 고구려는 성곽에 의지한 방어전술을 보다 강화하는 방향으로 방어전략을 수립했다고 생각된다. 이는 647년 고구려 재침을 놓고 당 조정에서 열린 회의에서 '고구려가 산에 의거하여 성을 쌓아 [공격해도] 바로 함락할 수 없다'[47]고 평가한 사실을 보아서도 그러하다. 645년의 전쟁을 치른 당은 고구려의 방어전술을 수대의 그것과 동일한 것으로 여기고 있었던 것이다.

물론 고구려의 대당 방어전략이 수를 상대로 했던 그때와 동일했다고는 여길 수 없다. 100만 대군의 침공이라는 초유의 사태를 경험한 결과, 거기에 대응하는 각종의 보완책이 모색되었을 것이다. 고구려는 611년 수장隋將 이경李景의 무려성武厲城 공략으로 요서遼西 동부지역을 상실하였고, 요하선에서 수 양제의 침공군을 맞았다.[48] 이러한 서부 변경의 후퇴와 관련하여 요하선에 대한 방비가 필요하였다. 이세적 군의 침입 과정에 보이는 요하에서 현도성까지의 구간에 늘어서 있던 봉수와 성보들이 그 대비책의 일환이었다고 여겨진다.[49]

또한 방어선 강화의 예로는 요령성 심양瀋陽에 있는 석대자산성石

47 『資治通鑑』卷198, 唐紀14 太宗 貞觀21年 2月, "上將復伐高麗, 朝議以爲, 高麗依山爲城, 攻之不可猝拔, 前大駕親征, 國人不得耕種, 所克之城, 悉收其穀, 繼以早災, 民太半乏食. 今若數遣偏師, 更迭擾其疆場, 使彼疲於奔命, 釋耒入堡, 數年之間, 千里蕭條, 則人心自離, 鴨綠之北, 可不戰而取矣".

48 李成制, 2013, 「高句麗의 西部 國境線과 武厲邏」, 『大丘史學』113.

49 李成制, 2014, 앞의 글, 68~69쪽.

臺子山城을 들 수 있다. 이 성은 1980년대 후반 이래 20여 년간 체계적으로 조사되었고, 그 보고서가 간행된 바 있다.[50] 그 성벽은 바깥쪽 석축石築 성벽과 안쪽 토축土築 성벽으로 이루어졌는데, 토벽에서 나온 수대 오수전五銖錢을 근거로 조사자들은 그 축조 시기를 천리장성이 축조되던 시기라고 보고 있다.[51] 이 토벽은 이전 시기에 쌓은 바깥쪽 성벽과는 별도로 631년 이후 안쪽에 추가되었다는 것이다.

이 성은 동남쪽으로 19km의 거리에 있는 고이산성高爾山城에 비해 소형에 해당한다. 신성新城으로 비정되는 고이산성이 고구려 서북방의 중진重鎭이라는 점에서 석대자산성은 그 전방에 위치한 전초기지일 가능성이 높다.[52] 석대자산성은 신성과 같이 방어선의 주축이 되는 성은 아니었던 셈이다. 그럼에도 이곳에서 631년 이후의 특정 시기에 성벽의 보강 작업이 있었다는 것은 이러한 이중 삼중의 성벽 강화가 방어선 전면의 몇몇 주요 성곽만이 아니라 고구려 서변의 방어선을 이루고 있는 성곽들 거의 모두에서 전개되었을 가능성을 보여 준다.[53] 이른바 장성의 축조는 대당 방어선을 구성하고 있는

50 遼寧省文物考古研究所, 2012, 『石臺子山城』 上·下, 文物出版社.
51 遼寧省文物考古研究所·瀋陽市文物考古工作隊, 1998, 「遼陽沈陽市石臺子高句麗山城第一次發掘間報」, 『考古』 1998-10.
52 동북아역사재단 편, 2020a, 『중국 소재 고구려 유적과 유물 IX(석대자산성)』, 24~25쪽.
53 이와 관련하여 임기환은 요령성 와방점(瓦房店) 득리사산성(得利寺山城) 서벽에서 보축과 옹성(甕城)이 추가된 현상을 지목하였고, 득리사산성의 동편으로 남마권자산성(南馬圈子山城)이 짝을 이룬다는 것과 이 같은 현상을 장하 성산산성과 후성산산성의 관계에서도 찾을 수 있음을 들었다(이 책 54쪽 주2 참조). 축성 시기를 특정할 수 없다는 한계가 있지만 가능성은 충분해 보인다. 같은 맥락에서 고이산성이 주성인 동성(東城)에 서성을 추가로 구축하였고(田村晃一, 1988, 「高句麗の城郭について」, 『百濟文化』

각지 성곽들의 방어력을 강화하기 위한 대대적인 공사였던 것이다.

기존 성곽의 보강 작업과 함께, 새로운 축성도 병행되었던 것으로 보인다. 요동반도 남부의 장하莊河에서 이를 찾아볼 수 있다. 장하 성산산성城山山城은 협하夾河를 사이에 두고 후성산산성(협하산성)과 짝을 이루고 있는데 두 성곽 간의 거리가 1.5km로 매우 가까운 편이다.[54] 성산산성에서는 건물지에서 고구려 기와가 나왔다는 점에서 이곳이 일대의 중심지였음을 알 수 있다. 두 성은 산등성이를 따라 석축했다는 점에서 축성 방식과 입지면에서 동일하다고 볼 수 있다. 하지만 후성산산성은 성벽에서 가공하지 않은 성돌을 사용한 구간들이 보이며[55] 축조 당시의 작업 현장이 그대로 남아 있는 곳도 있어 급하게 축조되었음을 알 수 있다.[56]

성벽 축조가 마무리가 되지 않은 채 남겨진 상황이 어떤 것이었는지 현재로선 알 수가 없다. 다만 축성을 서둘러야 했던 상황과 관련하여 당군의 침공이 예상되어 고구려가 대대적인 방어선 정비를 전개하고 있던 631년 이후의 상황이 가장 적당해 보인다. 그렇다면 성산산성이 있음에도 근접한 곳에 또 하나의 성곽을 추가하게 된 연유

18: 陳大爲, 1992,「撫順高爾山城結構布局辨析」,『遼海文物學刊』1992-2), 서풍(西豐) 성자산성(城子山城)의 서문 바깥으로 외위성(外圍城)이 별도로 구축되어 있다는 점(周向永·趙守利·邢傑, 1993,「西豐城子山山城」,『遼海文物學刊』1993-2) 등도 이 시기에 이루어진 공사일 가능성이 있다.

54 大連市文物考古研究所, 2006,「大連城山山城 2005年 調査報告」,『東北史地』2006-4; 동북아역사재단 편, 2020b,『중국 소재 고구려 유적과 유물 Ⅶ(요동반도-태자하 유역)』.

55 大連市文物考古研究所, 2006, 앞의 글, 75쪽.

56 양시은, 2016,『高句麗城 研究』, 진인진, 45쪽.

를 성산산성의 방어력 강화만으로 설명하기는 곤란하다고 생각한다.

장하 지역은 요동반도 남단의 중간에 위치하여 대당 방어의 최전 선으로부터는 후방에 해당하기 때문이다. 성산산성이 지역의 중심 지이자 방어거점이라 할 때, 성안에 수용할 수 있는 주민의 수는 한 정되었을 것이지만 전선의 후방에 위치한다는 점에서 그동안 큰 문 제는 아니었을지도 모른다. 하지만 631년 무렵부터 고구려가 대규 모 토목공사를 추진했다는 것은 이들이 당의 침공을 전면적이고 거 대한 규모일 것으로 예상했음을 알려 준다. 그런 만큼 전선의 후방 지역에서도 영내의 주민과 양곡 등 물자를 적으로부터 보호하기 위 한 별도의 성곽이 필요하였을 것이다.

앞에서 살핀 647년 당 조정의 회의 내용에는 고구려의 방어전략 에 이어서 645년 전쟁을 되새기며 '[그때 요동의] 고구려인들이 농사 를 짓지 못했으며 [우리 군은] 함락한 성에서 저들이 [모아 둔] 양곡 을 모두 거둬들였습니다. … 이제 소규모 부대를 자주 보내 … [고구 려인들이] 입보入堡케 하면 … 압록강 이북의 땅은 싸우지 않고서 얻 을 수 있을 것입니다'라는 언급이 보인다.[57] 이 기록을 통해 고구려 의 대당 방어전략이 성곽의 방어력 강화와 더불어 적이 들어올 것으 로 예상되는 지역의 주민과 물자를 미리 성안으로 들여 농성한다는 일종의 청야淸野 전술을 주 내용으로 삼고 있었음을 알 수 있다.

이러한 방어전략은 대수 전쟁의 경험에서 비롯된 것으로 보인다.

---

57 이 책 75쪽 주47 참조.

613년 수 양제는 전해의 실패를 되새겨 침공군을 나누어 여러 곳의 고구려 성을 공격하였고, 고구려는 위기에 몰렸었다.[58] 때마침 일어 난 양현감楊玄感의 난으로 위기는 해소되었지만, 침공군이 길을 나누 어 여러 곳을 공격해 온 전술은 충분히 위협적이었다. 당군의 침공 을 예상한다면 이러한 문제점에 대비할 필요가 있었다. 이때 봉성鳳 城의 오골성烏骨城에도 이중 삼중의 방어력 강화가 이루어졌을 것으 로 생각한다. 전선에서 떨어진 압록강 북쪽의 성이지만 613년 설세 웅薛世雄 군의 공격을 받았었다는 점에서 그러하다. 그 결과 최전선 뿐 아니라 그 후방의 일정 지역까지 방어시설의 보강과 입보처를 세 우는 전면적인 방어체제가 마련되었다고 여겨진다. 이렇게 볼 때 부 여성에서 바다까지의 천여 리란 서부 국경의 전 구간이라는 의미를 전달하기 위한 수사적 표현이라 할 수 있다. 16년간의 장기적이고 도 대대적인 공사가 필요했던 까닭은 여기에 있었던 것이다.

645년 당의 침공과 안시성 전투

고구려가 당과 마주한 최전선뿐 아니라 그 후방의 일정 지역까지

---

58 『隋書』 卷81, "九年, 帝復親征之. 乃勅諸軍以便宜從事, 諸將分道攻城, 賊勢日蹙. 會楊玄感 作亂, 反書至, 帝大懼, 即日六軍並還". 이와 관련하여 왕인공(王仁恭)은 부여도(扶餘道) 로 나와 신성(新城)을 공략했으며, 설세웅(薛世雄)은 답돈도(踏頓道)로 나와 오골성(烏 骨城)에 이르렀다가 양현감의 난으로 퇴각했다(『隋書』 卷65).

방어시설을 보강하고 입보처를 세운 것은 당의 침공을 막으려는 의
도에서였다. 이와 관련하여 사료5는 641년 무렵 고구려인들이 요동
일대에 구축하고 있던 방어체제가 당의 침략 의도를 억제하는 데 효
과적인 방책이라고 여기고 있었음을 보여 준다.

사료 5 당 태종이 우리 태자의 입조入朝에 대해 직방낭중職方郎中 진대
덕陳大德을 보내 답례케 하니, 진대덕이 우리 경내에 들어와 지나는
성읍城邑마다 그 성주에게 예물을 후하게 주며 말하기를 '내가 산수
를 좋아하여 이곳의 경치 좋은 곳을 보고 싶다'고 하였다. 성주들이
인도해 주어 두루 돌아다녔다. 이로 인해 그는 [지나친 성읍의] 자세
한 상황을 알 수 있었다. … 영류왕은 군대의 위세를 성대하게 펼쳐
놓고 사자를 접견하였다. 진대덕이 명을 받고 사절로 나와 우리의
허실을 엿보았지만 우리는 그것을 알지 못하였다.[59]

위 기록은 그동안 진대덕陳大德의 사행을 통해 당이 고구려의 허
실을 탐지했음을 전하는 자료로 주목되어 왔다. 『삼국사기』 찬자가
이 부분을 강조하여 고구려가 그 진의를 알아차리지 못했다는 해석
을 덧붙였기 때문이다. 과연 그러했을까. 진대덕의 본직인 직방낭중
職方郎中은 병부兵部 소속으로 내외의 지리·풍속 관계 정보를 다루는

---

59 『三國史記』 卷20, 榮留王24年, "帝以我太子入朝, 遣職方郎中陳大德荅勞. 大德入境, 所至城
邑, 以綾綺厚餉官守者曰, 吾雅好山水, 此有勝處, 吾欲觀之. 守者喜導之, 遊歷無所不至. 由是
悉得其纖曲. … 王盛陳兵衛, 引見使者. 大德因奉使, 覘國虛實, 吾人不知".

직방의 장관이었다.[60] 그 본직으로 보아 그가 사신의 역할을 빌어 군
사적 가치가 높은 정보를 얻으려 할 것임을 고구려는 충분히 예상할
수 있었다고 생각한다.[61] 즉 진대덕이 정보 수집 활동을 할 수 있었
던 것은 고구려 측에서 그러한 여지를 주었기에 가능하였다.

그가 귀국 후 보고한 '봉사고려기奉使高麗記'의 일문逸文 13조가 『한
원翰苑』에 남아 있는데,[62] 여기에는 요동성·신성·건안성建安城·오골
성 등 요동 방어의 주요 거점이 되고 있던 성곽들과 요하·압록강에
대한 정보가 들어가 있다. 이들은 고구려 서부의 주요 거점과 하천
이라는 점에서 631년 이래 구축되고 있던 새로운 방어체제의 핵심
이기도 하였다.

고구려의 의도는 영류왕이 군대의 위세를 성대히 펼쳐 놓고 진
대덕 일행을 접견했다는 대목에서 보다 확실히 드러난다. 군대를 대
대적으로 배치해 놓고 사자를 맞이한 모습은 사절에 대한 일반적인
접대 방식이라 보기 어렵다. 영류왕은 고구려의 군사적 대비 상황을
과시함으로써 고구려가 결코 만만치 않은 상대라는 점을 당에게 주
지시키려 했던 것이다.[63]

---

60 金鐸民 主編, 2003, 『譯註 唐六典』上, 530~531쪽.

61 진대덕은 640년 고구려 태자 환권(桓權)이 당에 들어갔을 때, 유성(柳城)에 마중 나온
바 있었다(『冊府元龜』卷974, 外臣部19 褒異1). 환권의 체류로부터 답사(答使)까지 이
어진 그의 역할을 고구려가 파악할 수 있는 기회는 충분하였다.

62 吉田光男, 1977, 「『翰苑』註所引『高麗記』について」, 『朝鮮學報』85, 17~21쪽.

63 고구려가 태자를 당에 보냈던 것은 이듬해 선포된 태종의 태산 봉선과 관련이 있었다
(김강훈, 2021, 앞의 글, 91~97쪽). 639년 대당외교를 재개하면서 고구려는 당과의 관
계가 개선되기기를 바랐고, 당의 요구에 응해 태산 봉선에의 참여도 추진했다고 여겨

그러나 고구려의 의도와 달리, 당은 고구려 침공의 의지를 버리
지 않았다. 도리어 이 과정에서 파악된 새로운 방어체제를 토대로
대응 전략을 마련했던 것이다. 귀국한 진대덕의 보고를 받은 태종은
기뻐하며 '군사 수만을 내어 요동을 공격하면 여러 성이 이를 구원
할 것이다. [이때] 수군으로 동래東萊로부터 바다를 건너 평양平壤을
향해 가면 [항복시키기] 쉬울 것이다'[64]라고 했다는 기록이 이를 보
여 준다.

642년 영류왕은 연개소문에게 장성의 역役을 감독하라는 명을
내렸다.[65] 진대덕의 답방 과정에서 보인 바와 같이 대당 관계의 개선
을 자신하고 있었기에 내정에 변화를 시도했던 것이다. 그러나 이해
10월 연개소문이 정변을 일으켜 영류왕을 시해하였고, 고구려를 침
공하려던 당에게는 더할 나위없는 기회가 되었다.

연개소문의 정변이 당 조정에 보고된 것은 이해 11월 정사丁巳
(5일)였다.[66] 정변의 소식이 곧바로 알려졌다는 것에서 당이 고구려
의 동향을 주시하고 있었음을 보여 준다. 고구려를 공격하자는 상주
上奏도 바로 이어졌다.[67] 정변으로 집권한 연개소문도 혼란을 틈타 당
이 침공해 올 수 있다는 점에 우려했던 것으로 보인다.

진다. 이러한 관계 변화의 움직임 속에서 고구려는 군사적 대비 상황을 당에 과시했던
것이다.

64 『新唐書』卷220, 高麗傳.
65 『三國史記』卷20, 榮留王25年.
66 『資治通鑑』卷196, 唐紀12 太宗 貞觀16年 11月 丁巳.
67 『資治通鑑』卷196, 唐紀12 太宗 貞觀16年 11月.

사료 6 [태종이 거란·말갈을 동원하여 고구려를 공격하는 방안을 제시하니] 장손무기長孫無忌가 말하기를 '연개소문이 죄가 크다는 것을 스스로 알고 대국大國의 정토征討를 우려하여 방어를 삼엄하게 하고 있습니다. 폐하께서 조금만 참고 있으면 그는 스스로 안전하다고 여겨 틀림없이 다시 교만하고 풀어져 더욱 그 악행을 맘대로 할 것이니, 그런 뒤에 토벌해도 늦지 않습니다' 하니 태종이 좋다고 하고 사신을 보내 부절符節을 가지고 예를 갖추어 책봉의 칙서를 내리도록 하였다.[68]

643년 윤6월의 위 기록에서 당시 고구려가 당의 침공에 대비하는 조치를 취하고 있었음을 알 수 있다. 이에 당은 고구려를 안심케한 뒤 공격에 나서기로 입장을 정하고, 일단 새로 즉위한 보장왕寶藏王을 책봉하였다. 642년 말, 영류왕의 죽음에 대해 태종이 거애擧哀하고 고구려에 300단의 폐백과 함께 사자를 보내 조제弔祭하게 했던 것과는[69] 달라진 입장을 보였던 것이다.

이러한 당의 기만 전략에 연개소문은 상황을 오판했던 것으로 보인다. 643~644년의 시기에 고구려는 남방으로는 신라 공격에 나섰고,[70] 요서 방면으로는 거란契丹·해奚·습霫·말갈靺鞨 등을 공격하였

---

68 『三國史記』卷21, 寶藏王2年, "長孫無忌曰, 蘇文自知罪大, 畏大國之討, 嚴設守備. 陛下姑爲之隱忍, 彼得以自安, 必更驕惰, 愈肆其惡, 然後討之, 未晚也. 帝曰善, 遣使持節備禮冊命".

69 『三國史記』卷20, 榮留王24年 11月.

70 『三國史記』卷21, 寶藏王3年.

다.[71] 신라에 대한 공세와 짝하였다는 점에서 후자의 경우는 고구려와 당 사이에 개재된 세력에 대한 영향력을 회복하기 위한 공세였다.[72] 또한 645년 백암성白巖城의 항복을 받은 뒤 당 태종이 '정변이 일어나자 안시성주安市城主가 성을 지키고 불복하여 연개소문이 이를 공격하였으나 함락시킬 수 없어 그에 주었다'[73]고 한 언급은 연개소문이 그의 집권에 반하는 세력들에 대해 숙청을 전개했음을 보여 준다. 당이 침공하지 않을 듯 보이자, 연개소문은 긴장을 풀고 다른 현안에 몰두했던 것이다. 반면 당은 644년 2월 1일에 이미 고구려 침공을 결정하고[74] 침공에 필요한 제반 준비에 들어가 있었다.[75]

644년 11월 태종은 낙양洛陽에서 장량張亮에게 4만여 명의 병력으로 평양도행군平壤道行軍을 이끌고 바다를 건너 평양으로, 이세적에게 보기步騎 6만과 항호降胡 병력으로 구성된 요동도행군遼東道行軍을 이

---

71 『冊府元龜』卷357, 將帥部 立功, "張儉 … 後爲檢校營州都督府事. 營州所管契丹·奚·霫·靺鞨諸蕃, 皆隣接境粟末靺鞨最近. 高麗引衆數千, 來寇, 儉率鎭兵及諸蕃首領邀擊之, 斬獲畧盡". 장검은 642년 11월 영주도독(營州都督)으로 모습을 보였으나 면직되어 백의(白衣)로서 직임을 수행하였다(『新唐書』卷111, 「坐事免 詔白衣領職」). 고구려의 공세를 요격했던 것은 이때의 일이 되며 이 공으로 영주도독에 재임명되어 전쟁에 나섰다. 양국 관계로 보아 643년의 보장왕 책봉 이후 644년 추7월 사이의 일로 보인다.

72 이를 선제공격으로 판단하는 이해가 있으나(尹秉模, 2009, 「고구려의 對唐戰爭과 遼西 및 동몽골 진출」, 『몽골학』27, 40~44쪽; 방용철, 2015, 앞의 글, 172~173쪽), 양국 사이에 개재(介在)해 있던 거란 등에 대한 군사행동으로 당을 상대로 한 것이라고 볼 수는 없다.

73 『三國史記』卷21, 寶藏王4年.

74 『資治通鑑』卷197, 唐紀13 太宗 貞觀18年(644) 2月.

75 공격군의 보급 계획이 644년 추7월에 마련되어 하북(河北)과 하남(河南)으로부터의 징발, 운송을 추진하였다(『資治通鑑』卷197).

끌고 요동으로 진격하도록 명하였다.[76] 그 자신은 645년 2월 6군六軍을 이끌고 요동으로 향하였다.

앞에서 본 바와 같이 당군은 손쉽게 요하를 건넜고 전황은 고구려에 불리하게 전개되었다. 개모성蓋牟城을 시작으로 요동방어선의 중추라고 할 요동성遼東城이 함락되었고, 백암성과 비사성卑沙城이 그 뒤를 이었다. 개전 이래 석 달간 연전연패한 고구려군은 6월 22일에 벌어진 주필산 전투에서 15만 대군을 투입하고도 대패하였다.[77] 이어진 안시성 전투에서 60여 일에 걸친 성민의 분전 끝에 고구려는 가까스로 당군을 물리칠 수 있었다. 645년 전쟁에서 당군은 시종일관 승기를 잡고 있었던 듯이 보인다. 하지만 이렇게 이해하기에 앞서 이 전쟁에 관해 남아 있는 거의 모든 기록은 당 측의 것이어서 그 실제적 모습을 그려내기 어렵다는 지적[78]에도 주의를 기울여야 한다.

당의 전격적인 기습에 고구려는 기민하게 대처하지 못하였다. 적을 처음 맞닥뜨린 현도성과 인근이 성문을 닫아걸 뿐 맞아 싸우지 못했고, 개모성은 외부의 도움 없이 항전하다가 함락되었던 것이다. 조직적인 대처라고 할 원병이 처음 모습을 드러낸 것은 개전한 지 한 달이 되는 요동성 공방전에서였다. 그마저도 요동성과 연계되지 못한 채 이세적 군에게 패하고 후퇴하였다. 예상되는 침공로가 아닌

---

76 『資治通鑑』卷197, 唐紀13 太宗 貞觀18年 11月 甲午.
77 『資治通鑑』卷198, 唐紀14 太宗 貞觀19年 6月 戊午.
78 노태돈, 2009, 앞의 책, 95쪽. 『삼국사기』사론에서 중국 측 사서들이 당군에 불리했던 전투 양상을 일부러 기재하지 않았다고 한 지적(『三國史記』卷22, 寶藏王8年 4月)도 참고가 된다.

우회 돌파로 기습하고 이세적 군과 별도로 공격군을 나누어 여러 곳을 동시에 타격한 당의 전략이 성공을 거두었던 것이다.

그런데 이러한 절묘한 전략과 연전연승에도 불구하고 당군은 요동반도를 벗어나지 못하고 있었다. 주필산 전투로 셈하면 개전한 지석 달이 되는데 이때까지 당군의 작전 범위는 위에서 열거한 몇 개의 성이며 그마저도 모두 차지한 것은 아니었다. 신성·건안성처럼 당군의 공격을 견뎌 내고 이후의 항전에서 활약한 성들이 보이는 것이다. 지도를 놓고 보면 당군의 진격은 3개월이 지난 시점에서도 여전히 요동 서북부에 한정되어 있음을 알 수 있는데, 이러한 상황은 10월 퇴각할 때까지 그다지 변하지 않았다. 이를 고구려 영토를 차근차근 점령하려는 방책의 결과였다[79]고 여길 수도 있지만, 평양도행군의 존재로 보아 그렇게 보기는 어렵다.

태종은 요동 공략군과는 별도로 장량의 평양도행군을 편성, 평양으로 진격토록 명하였다. 5월 2일 요동반도 남단의 비사성을 함락한 장량이 병력을 따로 내서 압록강鴨綠水으로 보내 무력을 과시했다는 것이나[80] 이 무렵 평양 남쪽에서 신라군 5만이 임진강臨津江을 건너 수구성水口城을 공략한 것은[81] 그 작전의 일환이었다. 이해 초 태종이 신라 선덕여왕善德女王에게 조서를 보내 '당군이 수륙으로 함께 진격

79 노태돈, 2009, 앞의 책, 100쪽.
80 『資治通鑑』卷197, 唐紀13 太宗 貞觀19年 5月, "分遣總管丘孝忠等曜兵於鴨綠水".
81 『舊唐書』卷199, 新羅, "太宗將親伐高麗, 詔新羅纂集士馬, 應接大軍. 新羅遣大臣領兵五萬人, 入高麗南界, 攻水口城, 降之";『三國史記』卷5, 善德王 14年 5月.

하여 평양을 곧장 나아갈 것이고 4월 초순에 개전할 것이니 준비했다가 장량의 지휘를 받으라[82] 한 것으로 보아, 계획대로라면 장량의 군은 5월 무렵 신라군과 연결하기 위해 남진하고 있어야 한다. 그러던 장량의 군은 남진하는 대신 반도를 북상하여 7월 5일에는 개주蓋州의 건안성을 공격하였고, 안시성 공방전이 한창이던 9월에는 사성沙城(비사성)에 주둔하고 있었다. 당초의 계획에 차질이 생겼음을 엿볼 수 있는 대목이다.

　수륙으로 함께 진격하여 곧장 평양으로 나아간다는 계획에 따르면, 요동공략군도 평양도행군과 보조를 맞추기 위해 남하해야 한다. 그러나 6월이 되도록 요동공략군이 요동을 벗어나지 못했다는 것은 고구려가 요동 일대에 구축해 두었던 방어체제 때문이라고 여겨진다. 그 실례를 건안성이 보여 준다. 개전 초기 영주도독營州都督 장검張儉의 공격을 받았으나 버텨낸[83] 건안성이 7월 장량의 공격도 견뎠던 것이다. 고구려의 방어체제가 제 역할을 하고 있었음은 다음 장손무기의 말에서도 볼 수 있다.

　사료 7　지금 건안·신성의 적군은 무리가 10만 명인데, 만일 우리가

82　『文館詞林』卷664,「貞觀年中撫慰新羅王詔一首」, "並水陸俱進, 直指賊庭. 計四月上旬之內, 當入高麗之境. … 宜與左驍衛長史任義方相知, 早令纂集應行兵馬, 並宜受張亮等處分".

83　『資治通鑑』卷197, 唐紀13 太宗 貞觀19年 4月, "營州都督張儉將胡兵爲前鋒, 進渡遼水, 趨建安城, 破高麗兵, 斬首數千級". 장검의 군은 요동도행군 소속이었다(『新唐書』卷200). 요동 공략군은 신성과 요동성, 건안성을 교두보로 삼은 뒤 남진하겠다는 계획이었던 것으로 보인다.

오골성으로 향하면 모두 우리의 뒤를 쫓을 것이니 먼저 안시성을 격파하고 건안성을 취하는 것만 못합니다. 그런 뒤에 [평양성으로] 곧장 달려가는 것이 만전의 방책입니다.[84]

안시성을 함락할 수 없었던 당군은 이곳을 버려 두고 압록강 북쪽 오골성으로 이동하려 하였다. 이때 장손무기는 건안·신성의 고구려군 10만 병력이 당군을 뒤쫓을 것임을 이유로 반대하였다. 여기에서 건안·신성의 10만이란 '건안성은 병력이 적다'[85]라는 언급을 통해 이 두 성에 주둔하고 있던 병력만이 아니라 이들로 대표되는 요동방어망의 고구려군으로 해석된다. 즉 요동방어망은 요동을 조기에 돌파하려던 태종의 계획을 무산시켰을 뿐 아니라 이후의 작전에도 차질을 주었던 것이다.

6월 22일 주필산 전투가 벌어진 배경에는 이러한 사정이 있었다. 요동을 돌파하지 못하고 있던 당군은 답답한 전황을 바꿀 승부처가 필요하였던 것이다. 반면 고연수高延壽·고혜진高惠眞이 지휘한 고구려군의 출격은 요동 방어체제와 연계된 것이었다. 성곽에 의지한 방어전을 위해서는 공성하는 적을 견제하고 저들의 보급을 차단할 외부의 병력도 중요하였다. 요동성·백암성 전투가 벌어지자, 출동했

---

84 『資治通鑑』卷198, 唐紀14 太宗 貞觀19年 9月, "今建安·新城之虜, 衆有十萬, 若向烏骨, 皆躡吾後. 不如先破安市, 取建安, 然後長驅而進, 此萬全之策也".

85 『新唐書』卷220, 高麗, "建安悖險絶粟多而士少".

던 신성·국내성國內城의 보기 4만이나 오골성 1만여 병력[86]이 바로 이러한 별동대였다. 주필산 전투에 앞서 고정의高正義가 '[맞서] 싸우지 않으면서 날짜를 끌다가, 날랜 병사를 나누어 보내 그 군량 운송을 끊으면'[87] 승리를 거둘 수 있다고 한 것은 새로운 것이라기보다 631년 이래 수립된 요동 방어체제와 별동대의 운용방침을 함축적으로 표현한 것이라 여겨진다.

그러나 요동성·백암성에 출동한 고구려군은 적과 대치하는 대신 정면 승부에 나섬으로써 방어전에 차질을 주었고, 두 성은 함락되었다. 주필산 전투에 나선 고연수·고혜진의 고구려군도 똑같은 행동을 보였다. 고정의와 같은 숙장宿將 대신 자신의 휘하 장수에게[88] 15만 대군을 지휘케 했다는 점에서 이러한 전술의 변화는 당시 집권자였던 연개소문의 명령에 따른 것이라고 생각한다. 연개소문의 집권은 대당전쟁의 수행에도 걸림돌이 되고 있었던 것이다.

주필산 전투의 결과, 당군은 승기를 잡을 수 있었다. 이와 관련하여 '군영마다 참호와 보루를 만들지 않고 척후를 세우기만 했고, 군량을 운송할 때 한 명의 기병이 나르더라도 [고구려군은] 약탈하지 못하였다'[89]는 상황에 관심이 간다. 당군이 진영을 방비하는 데 척후

---

86 『新唐書』卷220, 高麗, "高麗發新城·國內城, 騎四萬救遼東"; 『資治通鑑』卷197, "烏骨城 遣兵萬餘白巖聲援".

87 『舊唐書』卷199上, 高麗, "今爲計者, 莫若頓兵不戰, 曠日持久, 分遣驍雄, 斷其饋運, 不過旬日, 軍糧必盡, 求戰不得, 欲歸無路, 此不戰而取勝也".

88 노태돈, 2009, 앞의 책, 92~93쪽.

89 『新唐書』卷220, 高麗, "帝每營不作塹壘, 謹斥候而已, 而士運糧, 雖單騎, 虜不敢鈔".

만으로 충분할 정도로 고구려의 공세가 사라졌던 것이다. 당군의 보급을 차단하기 위한 조그마한 시도조차 없을 정도로 고구려의 항전 의지는 꺾여 있었다.

이러한 비관적 상황 아래 안시성의 항전이 전개되었다. 당군이 성의 동쪽으로 군영을 옮긴 7월 5일부터 태종이 철군을 결정한 9월 18일까지 안시성은 당군의 거센 공격을 막아냈다.[90] 고립무원인 채로 중과부적의 당군을 상대하여 거둔 값진 승리였다. 안시성 공략에 나선 태종의 의도는 승세를 타고 안시성을 함락한 뒤 요동을 돌파하여 평양성으로 나아가는 것이었다. 철군 직전까지 평양도행군이 요동반도 남단의 비사성에 주둔하고 있었다는 것이 이를 말해 준다. 안시성의 항전은 이러한 당군의 추가 공세를 가로막았던 것이다.

여기에 더하여 안시성의 결사항전으로 당군의 공세가 지체되면서 고구려군은 주필산 패전을 수습하고 반격에 나설 기회를 얻을 수 있었다. 앞서 살핀 신성·건안성의 10만 병력 관련 기사로부터 패전 직후 사라졌던 고구려군의 공세와 항전 의지가 되살아났음을 확인할 수 있는 것이다. 고구려의 요동 방어체제가 회복되어 감에 따라 당군이 남진하여 고구려의 중심부를 강타하겠다는 목표는 이미 실현이 불가능해졌다. 당군으로서는 요동에 어렵게 마련한 교두보들을 유지하기 위해서라도 안시성을 반드시 함락해야 하였다. 그러나 그마저도 무너지던 토산에까지 기어오른 안시성민의 결사항전으로

---

90 『資治通鑑』卷198;『舊唐書』卷199上;『新唐書』卷200;『三國史記』卷21.

수포로 돌아갔다. 그 결과 당군은 전쟁을 이어가지 못하고 전면적으로 퇴각해야 하였다. 나아가 안시성은 요동 방어체제의 일부가 되는 성곽이라는 점에서, 그 승리는 631년 이래 고구려가 기울인 노력의 성과이기도 하였다.

맺음말

이 글에서는 영류왕대 추진된 대당외교와 대당방어체제에 대해 검토하고, 645년 전쟁으로 이어진 전개 과정과 그 성과를 살펴보았다.

고구려는 수의 침공과 같은 위기를 또 다시 겪을 수 없다는 판단 아래 대당외교를 전개하였다. 고구려가 밀도 높은 외교를 펼쳤던 것은 전쟁의 재발을 막기 위해서였다. 그러나 중원에서 패권을 차지한 당이 적대감을 드러냄에 따라 고구려의 위기의식도 커져갔다. 당이 수와 같은 행보를 보이기 시작하면서 전쟁 발발의 가능성은 높아져 갔고, 고구려는 그 시기를 늦추고자 당의 회맹 요구를 수용하거나 봉역도를 헌상하는 등 총력을 기울였다. 대당외교를 통해 대수 전쟁의 상흔을 수습하고 침략에 대비할 여력을 마련하려 했던 것이다.

631년부터 고구려는 대당외교를 중단하고 당의 침공에 대비하는 방어체제를 세우기 시작하였다. 646년까지 16년 동안 고구려가 전력을 쏟았던 이 대역사는 대수 전쟁의 경험을 토대로 성곽에 의지한 방어전술을 더욱 강화하는 것이었다. 우선 통정진에서 요하를 건너 무순의 현도성에 이르는 경로에는 봉수와 성보들이 세워졌다. 요하선에 대한 방비책이었다. 석대자산성의 발굴 조사에서는 이 시기에 실시된 성벽의 보강작업이 확인되었다. 이중 삼중의 성벽 강화 작업이 신성과 같은 방어선의 전면을 이루는 주요 성곽만이 아니라 방어선을 이루는 각지의 거의 모든 성곽들에 있었을 가능성을 보여 주는 것이다.

장하 성산산성과 후성산산성의 관계는 기존 성곽의 보강 작업과 함께 새로운 축성도 병행하였음을 보여 준다. 최전선으로부터는 후방에 해당하는 지역이지만 영내의 주민과 양곡 등 물자를 성안으로 수용하려 했으며 고구려가 당의 침공을 전면적이고 거대한 규모일 것이라고 예상하였던 것이다. 613년 수군이 군대를 나누어 여러 곳을 한꺼번에 공략해 왔을 때 고구려가 위기에 몰렸던 경험에서 나온 대책이었다. 그 결과 최전선뿐 아니라 요동반도 내륙의 일정 지역까지 방어시설의 보강과 입보처를 세우는 전면적인 방어체제가 마련되었다.

642년 연개소문이 정변을 일으켜 집권하자, 당은 침공해 올 뜻이 없는 듯 속이며 침공에 필요한 제반 준비를 서둘렀다. 645년 4월 당군은 예상되는 침공로가 아닌 우회 돌파로 기습하였고, 공격군을 나누어 여러 곳을 동시에 타격하였다. 이러한 전격적인 기습으로 당은 요동성·개모성 등을 함락하였지만, 고구려의 요동 방어선을 돌파하지는 못하였다. 태종의 공격 계획에 따르면 당군은 수륙으로 진격하며 평양을 향해야 했지만, 6월이 되도록 요동을 벗어나지 못하고 있었다. 요동 일대의 방어체제가 당의 공세를 막아내고 이후의 작전에도 차질을 주었던 것이다.

주필산 전투에서 고구려군은 연개소문의 명에 따라 정면 승부에 나섰다가 대패하였다. 패배의 결과, 당군은 고착되어 있던 전황에서 승기를 잡게 되었고 고구려군의 항전 의지는 꺾였다. 이러한 비관적 상황 아래 안시성의 항전이 전개되었다. 60여 일의 결사항전 끝에 안시성민은 고립무원인 채로 중과부적의 당군을 상대로 승리를 거두었다. 안시성의 항전으로 고구려군은 주필산 패전을 수습하고 반격에 나설 기회를 얻을 수 있었다. 신성·건안성의 10만 병력 관련 기록은 패전 직후 사라졌던 고구려군의 공세와 항전 의지가 되살아났음을 보여 준다. 한편 안시성은 요동 방어체제의 일부가 되는 성곽이라는 점에서, 그 승리는 631년 이래 고구려가 기울인 노력의 성과이기도 하였다.

안시성의 위치와 안시성주 전승의 추이

머리말

고구려의 안시성은 요하 부근에 위치하면서 당군의 침략을 일차적으로 받았던 군사적 요충지 가운데 하나였다. 요하 방면의 가장 중요한 거점성이었던 요동성이 함락된 후 당군은 백암성을 공격하여 항복을 받았고, 이어 안시성과 건안성이 다음 목표였다. 645년 당 태종이 친정親征한 고구려 원정에서 당시 많은 성이 함락당했음에도 불구하고 안시성은 굳건히 방어되면서 당군이 철군하게 된 계기가 되기도 하였다. 고구려가 당 태종의 친정을 물리친 대표적인 성이라는 점 때문에 안시성과 안시성주에 관한 관심은 오래전부터 지속되어 왔다. 그러나 현재 안시성의 위치가 어디인지, 안시성주는 누구였는지는 명확하지 않은 실정이다.

다만 안시성의 위치에 대해서는 많은 사료에 보이는 단편적인 기록을 통해 그 위치를 추정하고 있다. 이를 기반으로 하여 이미 오래전부터 많은 설들이 제기된 바 있다. 전통 시대 사서에서는 북탕지성설北湯池城說,[1] 요양시설遼陽市說,[2] 봉황산성설鳳凰山城說[3] 등이 거론

---

1 『遼史』 地理志 卷38, 東京道 鐵州條, 『遼東志』 卷1, 古迹 安市縣條 등에 근거하여 한(漢)의 안시현을 이곳으로 비정한 것이다. 이 성은 요대(遼代)의 성으로 확인된 바 있다(崔德文, 1992, 「遼代鐵州故址新探」, 『北方文物』 1992-2).

2 송(宋)대 『武經總要』 前集 卷22, 『地理叢考』 등에 근거한 것이다.

3 15세기 이후 조선시대의 일반적 인식이었고, 특히 명(明)과 청(淸)을 오가는 조선의 사행에서 봉황산성을 안시성으로 인식했음이 여러 문집, 연행록 등에 나타나고 있다. 물론 여기에 이의를 제기한 몇몇 기록도 동시에 확인되지만, 이러한 기록들은 『大明一統志』에 근거한 것일 뿐이다. 이와 관련한 자세한 사항은 다음 글을 참고할 수 있다(이승

되었고, 20세기 후반부터는 영수구성설英守溝城說,[4] 영성자산성설英城
子山城說,[5] 해룡천산성설海龍川山城說[6] 등이, 최근에는 건안성建安城으로
지목되기도 했던 고려성자산성설高麗城子山城說[7]과 해성시설海城市說[8]도
제기되고 있다. 이 가운데 영성자산성설이 1970년대부터 제시되어
온 가장 유력한 학설이었는데, 21세기에 들어와 고구려 산성에 대
한 고고학적 조사가 진행되면서 조건의 부합성이 떨어진다고 비판
받기도 하였다. 이에 대한 대안으로 해룡천산성설이 언급되었으나,
이 역시도 한계가 지적되어 근래에는 건안성으로 지목되기도 하였
던 고려성자산성설과 함께 해성시설도 제기된 것이다. 이러한 논란
이 주로 중국 측 연구자들에 의해 지속되어 왔는데, 국내에서 이를
전면적으로 다룬 연구가 없다는 사실은 안시성에 관한 관심을 감안
하면 다소 의외의 점이다. 이 글에서는 일차적으로 여러 문헌에 기
록된 안시성 전투의 전개 과정을 면밀하게 살펴보고자 한다. 아울러

수, 2006, 「燕行路上의 공간 탐색, 鳳凰山城 -安市城說과 관련하여-」, 『정신문화연구』
29-2; 김락기, 2013, 「17~19세기 고구려 안시성 인식과 '城上拜'-「연행록」과 「문집」을
중심으로-」, 『역사민속학』 42; 김세호, 2014, 「연행을 통해 되살아난 安市城과 梁萬春/
楊萬春」, 『漢文學報』 31).

4 閻萬章, 1984, 「漢代安市縣與高句麗安市城非一地考」, 『地名學研究』 1984-1; 崔艶茹,
   1998, 「對英守溝漢城址觀點的商榷」, 『東北亞歷史地理研究』, 中州古籍出版社.

5 金毓黻이 가장 먼저 제기한 바 있는데, 이후 유력한 설로 거론되어 왔다(島田好, 1927,
   「高句麗の安市城の位置に就て」, 『歷史地理』 49-1; 金毓黻, 1976, 『東北通史』, 洪氏出版).

6 馮永謙 主編, 1996, 『營口市文物志』, 遼寧民族出版社; 王咏梅, 2000, 「关于安市城址的考察
   與研究」, 『北方文物』 2000-2; 王綿厚, 2002, 『高句麗古城研究』, 文物出版社.

7 王禹浪, 2009, 「營口市青石岭鎮高句麗山城考察報告」, 『黑龍江民族叢刊』 2009-5; 王天姿,
   2018, 「高句麗遼東安市城, 建安城研究」, 延邊大學 博士學位論文.

8 張士尊, 2013, 「高句麗 "安市城" 地点再探」, 『鞍山師範學院學報』 15.

문헌상의 기록을 토대로 안시성 위치를 충족시키는 여러 조건에 대해서도 재검토해 보고 안시성의 위치에 대해 그 범위를 대략적으로 한정해 보고자 한다.

한편 안시성과 안시성주와 관련하여 조선시대의 문헌 기록에 많이 등장한다. 우리 측 기록 가운데 조선시대의 사서나 문헌에서는 안시성주를 '梁萬春' 혹은 '楊萬春'으로 거론하고 있다. 이와 관련하여 조선시대에 왜 안시성과 안시성주가 관심의 대상이 되었는지를 밝히는 사학사적인 검토는 있었다.[9] 그렇지만 안시성주 양만춘에 대한 전승은 중국의 여러 사서에서도 발견할 수 없고, 『삼국사기』나 『삼국유사』 등 고려시대의 기록에서도 찾아볼 수 없다. 안시성주로 양만춘의 이름은 명대의 소설이나 조선시대의 여러 문헌 기록 등에서 전하고 있다. 안시성주 양만춘이라는 전거가 무엇인지 확실하지는 않지만, 현재까지 확인할 수 있는 가장 빠른 기록은 국내 문헌의 경우에는 윤근수의 『월정만필月汀漫筆』이다.[10] 이어 조선시대 문헌 기록에 등장하는 양만춘에 대한 성명의 출처 양상을 고증하는 연구도

---

9 한명기, 2006, 「조선시대 韓中 지식인의 高句麗 인식-고구려의 '强盛'과 조선의 고구려 계승 인식을 중심으로-」, 『한국문화』 38; 허태용, 2006a, 「임진왜란의 경험과 고구려사 인식의 강화」, 『歷史學報』 190; 허태용, 2006b, 「17세기 후반 중화회복 의식의 전개와 역사인식의 변화」, 『韓國史硏究』 134; 김락기, 2013, 「17~19세기 고구려 안시성 인식과 '城上拜'」, 『역사민속학』 42.

10 정호섭, 2013, 「백암 박은식의 고구려사 서술」, 『백암 박은식의 고대사 서술』, 백암 박은식 서거 88주년기념 학술회의; 정호섭, 2014, 「백암 박은식의 고구려사 서술에 대한 비판적 검토」, 『한국사학보』 54.

이루어져 그 전거에 대한 확인이 대략적으로 이루어진 바도 있다.[11] 다만 안시성주가 양만춘으로 기록된 것이 어떤 전거에서 작성된 것인지를 분명하게 파악할 수 없었기에 조선시대에 여러 기록에서도 안시성주로 양만춘이 의문시되기도 하고, 반대로 양만춘이 안시성주로 고착화되기도 하는 등 여러 가지 다른 양상을 보이고 있다. 그리고 조선시대의 문헌들에서 밝힌 전거도 명확하지 않고 때로는 오류도 있는 듯하다. 따라서 조선시대의 문헌 기록에 나타난 안시성주 양만춘에 대한 인식의 추이를 보다 상세하게 검토해 보고자 한다.

이 글에서는 이러한 상황과 문제의식에 기반하여 기존 연구에서 나타난 문제점을 문헌 기록을 통해 비판적으로 살펴보고 이를 통해 고구려 안시성의 위치와 안시성주에 대한 전승의 추이를 상세하게 밝혀 보고자 한다.

안시성 전투와 안시성의 위치

안시성은 고당高唐 전쟁이 벌어진 공간으로 천산산맥 북부 지역이자 요하 부근에 있었던 고구려의 교통의 요충지이면서 군사 전략적으로 중요한 산성이라고 할 수 있다. 이미 오래전부터 안시성

11 　남재철, 2014, 「安市城主의 姓名 '양만춘' 考證(I)-姓名의 出處 樣相 檢討를 中心으로-」, 『동아시아고대학』 35.

에 대해서는 많은 관심이 있었지만, 안시성의 위치를 명확하게 밝히지 못하고 있는 실정이다. 특히 중국 역사상 3대 황제 가운데 한 사람으로 추앙받고 있는 당 태종이 645년에 친정한 전쟁에서 수개월 동안 공격을 막아낸 성이었고, 중국 및 국내의 여러 문헌에서 언급할 정도로 역사적 근거도 명확한 편이다. 그럼에도 불구하고 안시성의 위치에 대한 논란이 지속되고 그 위치를 확정하지 못하는 현실은 다소 의외의 점이기도 한 것이다. 앞서 언급한 바와 같이 그동안 안시성으로 거론됐던 여러 성이 있지만, 문헌 기록상의 내용을 통해 유추할 수 있는 조건들을 모두 충족시키는 성은 확정되지 못하고 있다.

　안시성의 위치 비정에 있어 가장 중요한 것은 문헌 기록과 실제 성의 모습과의 합치 여부이다. 그 합치 여부에 앞서 가장 먼저 안시성에 관한 문헌 기록부터 비판적으로 살펴볼 필요가 있다. 당 태종의 고구려 공격과 안시성 전투를 전하고 있는 기록은 『구당서舊唐書』, 『신당서新唐書』, 『자치통감資治通鑑』, 『책부원귀冊府元龜』, 『태평어람太平御覽』, 『통전通典』, 『당회요唐會要』, 『옥해玉海』, 『태평환우기太平寰宇記』 등이다. 『통전』, 『당회요』 등의 사료는 그 내용이 『구당서』, 『신당서』, 『자치통감』과 유사하거나 상대적으로 소략한 편이다.[12] 여기에 중국

12　안시성 전투와 관련한 기록은 『舊唐書』, 『新唐書』, 『資治通鑑』 외에도 『冊府元龜』 卷117, 帝王部; 『冊府元龜』 卷453, 將帥部; 『太平御覽』 卷109, 皇王部; 『太平御覽』 卷34, 唐太宗文皇帝; 『太平御覽』 卷783, 四夷部4 東夷4 高句驪; 『玉海』 卷194, 兵捷紀功碑銘附 唐駐蹕山紀功破陣圖漢武臺紀功; 『玉海』 卷191, 兵捷露布3 唐遼東道行臺大摠管李勣俘高麗獻俘昭陵檄高麗含元殿數俘; 『通典』 卷186, 邊防2 東夷下 高句麗; 『唐會要』 卷95, 高句麗; 『太平寰宇記』 卷173, 四夷2 東夷2 高勾驪; 『三國史記』 卷21, 高句麗本紀9 寶臧王上 등에 보인다.

정사를 기반으로 하였지만 거기서 기재되지 않았던 다른 내용을 추가 기술하였거나 국내 전승을 일부 기록하고 있는 『삼국사기』도 있다.[13] 이처럼 다양한 기록들이 있지만 그 내용은 대동소이하며 일부 세부적인 내용상 약간의 차이도 발견된다. 하지만 전체적으로 보면 안시성 전투에 대한 복원은 어느 정도 가능한 편이다.

사료 1·1 6월 병진일(20) 군사가 안시성에 이르렀다.

[6월] 정사일(21) 고구려의 별장 고연수·고혜진이 병사 15만을 이끌고 와서 안시성을 구원하고, 왕사에게 맞섰다. 이적이 병사를 이끌고 떨쳐 공격하자, 황제가 높은 봉우리에서 군대를 이끌고 그곳에 다가갔다. 고구려가 크게 무너져 죽이고 사로잡은 것을 모두 기록할 수 없었다. 연수 등이 그 무리를 이끌고 항복하여 그로 인하여 황제가 행차한 산을 이름 지어 주필산이라고 하고, 돌에 새겨 공을 기록하였다. 천하에 대포大酺 2일을 하사하였다.

가을 7월에 이적이 군대를 진격시켜 안시성을 공격하였다. 9월에 이를 때까지 이기지 못하니, 이에 군대를 되돌렸다.

겨울 10월 병진일(21) 임유관臨渝關으로 들어가니 황태자가 정주로

---

13 『삼국사기』사론에 인용된 유공권의 소설과 관련하여 이에 대한 문제를 밝힌 연구가 있다. 이에 의하면 유속의 『수당가화』라는 책에 『삼국사기』사론에 실린 내용이 제일 먼저 나타나고 있다고 한다. 김부식이 이 책을 보지 못하고 이 기록을 담고 있는 후대인이 유공권의 이름을 빌려 출간한 '유공권 소설'을 참고하여 사론에 인용한 것이라고 한다(김정배, 2007, 「三國史記 寶藏王紀 史論에 보이는 '柳公權 小說' 문제」, 『한국사학보』 26).

부터 마중 나와 알현하였다.[14]

사료 1-2 거가車駕가 안시성 북쪽으로 진주하여 진영을 벌려 놓고 군사를 보내 공격하였다.

고구려 북부 욕살傉薩 고연수와 남부 욕살 고혜정이 고구려·말갈의 무리 15만 명을 이끌고 와서 안시성을 구원하였다. 적 가운데 연로하고 경험이 많은 대로對盧가 있어 연수에게 "내가 듣건대, 중국이 크게 어지러우면 영웅이 한꺼번에 나란히 일어난다고 한다. 진왕秦王은 무덕이 뛰어나서 이르는 곳마다 상대할 적이 없으므로, 마침내 천하를 평정하고 황제의 자리에 군림하니, 북이北夷가 항복을 청하고 서융西戎이 충성을 바쳤다. 오늘날 국력을 기울여 와서 맹장猛將과 예졸銳卒이 다 이곳에 몰려 있으니, 그 기세는 당해낼 수가 없다. 지금의 계책으로는 싸움하지 말고 군사를 돈좌시켜 지구전으로 날짜를 끄는 한편, 날쌔고 용감한 장병을 뽑아 보내어 그들의 보급로를 차단하는 것보다 더 좋은 방법이 없다. 열흘이 못되어 반드시 군량이 떨어져 싸우려 하여도 싸울 수 없고, 돌아가고자 하여도 길이 없게 되므로, 이것은 싸우지 않고도 승리를 거두는 길이 된다"라고 하였으나, 연수는 듣지 않고 군사를 이끌고 곧장 진격하였다.

태종은 밤에 여러 장수들을 불러 몸소 지휘를 하였다. 이적李勣을 보내 보병·기병 1만 5천 명을 거느리고 성 서쪽 산고개에 진을 치게 하였다. 장손무기長孫無忌는 우진달牛進達 등 정예병 1만 1천 명을 거

14 『舊唐書』卷3, 本紀3 太宗下.

느리고 기습병으로 만들어 산의 북쪽에서 협곡으로 나와 그 뒤를 공격하게 하였다. 태종 자신은 보병·기병 4천 명을 거느리고 고각鼓角을 숨기고 정기旌旗를 눕힌 채 적의 진영 북쪽 높은 봉우리에 올라가기로 하였다. 여러 군에 명하여 고각 소리가 들리면 일제히 돌격하도록 하였다. 이어 해당 관부로 하여금 조당朝堂 곁에 항복받을 막사受降幕를 치게 하고, "내일 오시午時에 이곳에서 오랑캐의 항복을 받게 될 것이다"라고 하였다. 마침내 군사를 거느리고 진군하였다.

이튿날 연수가 이적의 군사만 보고 출전하려 하였다. 태종은 멀리 무기의 군사가 먼지를 일으키는 것을 바라보고, 고각을 동시에 울리고 기치를 일제히 들게 하였다. 적의 무리가 크게 두려워하여 군사를 나누어 방어하고자 하였으나, 그 진영은 이미 어지러워졌다. 이적이 보병 1만 명에게 장창을 들려 공격하니, 연수의 무리는 패전하였다. 무기가 군사를 놓아 그 후미를 치고, 태종이 또 산에서 내려와 군사를 이끌고 들이닥치자, 적들은 크게 무너져 참수가 만여 급이나 되었다.

연수 등은 남은 무리를 거느리고 산에 의지하여 굳게 지켰다. 이에 무기·[이]적 등에게 명하여 군사를 이끌고 포위하게 하고, 동쪽 천東川의 다리를 철거하여 퇴각로를 차단하였다.

태종은 말고삐를 잡고 천천히 가 적의 영루營壘를 보면서 신하들에게, "고구려가 나라를 기울여서 온 것은 존망이 달려 있어서인데, [대장기를] 한번 흔들자 패전하고 말았으니, [이는] 하늘이 우리를 도운 것이다"라고 하였다. 이어 말에서 내려 하늘에 두 번 절하며 사례하였다.

연수와 혜진이 15만 6천 8백 명을 거느리고 항복을 청해 오자, 태종은 원문轅門으로 인도하여 들였다. 연수 등은 무릎으로 기어 앞에 나아가 절을 하고 명을 청하였다. 태종은 녹살 이하 추장 3천 5백 명을 가려내어 군직을 주어서 내지로 옮겼다. 말갈 사람 3천 3백 명은 모두 구덩이에 파묻고, 나머지 무리는 평양으로 돌려보냈다. 노획물은 말이 3만 필, 소가 5만 두, 명광갑明光甲이 5천 벌이고, 기타의 기계器械들도 이에 맞먹었다.

고구려국이 크게 놀라서 후황성后黃城 및 은성銀城이 저절로 함락되니, 수백 리에 인가의 연기가 끊겼다. 이어서 거동하였던 산을 주필산이라 이름하고, 장군으로 하여금 파진도破陳圖를 작성하게 하고, 중서시랑 허경종許敬宗에게 명하여 글을 지어 돌에 새겨 그 공적을 기록하게 하였다.

고연수에게는 홍려경을, 고혜진에게는 사농경을 제수하였다.

8월에 안시성 동쪽으로 진영을 옮겼다.

이적이 드디어 안시[성]를 공격하였는데, 연수 등 항복한 무리를 옹위하여 성 밑에 진을 치고 그들을 불러내었다. 성안 사람들은 꼼짝도 하지 않고 굳게 지키며, 태종의 깃발을 볼 때마다 반드시 성에 올라가 북치고 소리 지르며 저항하였다. 태종이 [이를 보고] 매우 노여워하자, 이적은, "[성을] 함락하는 날에 남자는 다 죽여 버리기 바랍니다"라고 하였다. 성안에서 이 말을 듣고 사람들이 모두 죽음을 무릅쓰고 싸웠다.

이에 강하왕 도종道宗을 시켜 토산을 쌓아 성의 동남쪽 모퉁이를 공격하였다. 고구려도 비성埤城에다 치첩雉堞을 증설하여 저항하였다.

이적이 그 서쪽을 공격하여 포석과 당차로 성루와 치첩을 무너뜨렸다. 성에서는 그것이 무너지는 대로 곧 목책을 세웠다.

도종이 나뭇가지로 흙덩이를 쌓아 올려 토산을 만들고, 그 중간에 다섯 갈래의 길을 내어 나무를 걸치고 그 위를 흙으로 덮었다. 밤낮을 쉬지 않으며 [쌓아] 점점 성으로 육박하였다.

도종은 과의도위 부복애傅伏愛를 보내어 대병隊兵을 거느리고 산정에서 적을 방어하게 하였는데, 토산이 자연 높아져서 그 성을 밀어내니 성이 무너졌다. 마침 복애가 사사로이 소관 부서를 떠나 있었으므로, 고구려 군사 1백 명이 무너진 성 틈으로 싸움을 벌였다. 드디어 토산을 점거하여 참호를 파서 [길을] 끊은 다음, 불을 놓고 방패를 들어 쳐서 방어를 굳혔다. 이에 태종은 크게 노하여 복애의 목을 베어 [전군에] 돌렸다. 모든 장수들에게 명하여 성을 쳐부수게 하였으나, 사흘 동안 싸워도 이기지 못하였다.[15]

위 『구당서』 기록들을 보면 당 태종이 요동성에서 출발하여 안시성에 도착한 것은 645년 6월 20일이었다. 6월 11일에 요동성을 출발한 당군은 6월 20일 안시성 북쪽에 도착한 후 안시성 전투를 철수하는 9월 18일 이전까지 3개월 정도 전개되었다. 안시성에 도착하

---

15 『舊唐書』卷199上, 列傳149上 高麗.

자마자 당군은 안시성을 바로 공격하였으나 아무런 성과를 달성하지 못하였다. 다음 날인 6월 21일부터 전투는 안시성에 대한 직접적인 공격이 아니라 안시성을 구원하기 위해 파견된 고연수, 고혜진이 이끄는 고구려군과의 안시성 외곽에서의 전투였다. 이것이 소위 주필산 전투이다. 주필산 전투가 종료된 이후부터 약간의 소강 기간을 거쳐 7월부터 9월 18일 이전까지에 걸쳐 안시성을 당군이 직접 공격하는 전투가 전개되었다. 따라서 안시성 전투는 엄밀하게 말하면 당나라 본진이 도착하자마자 안시성을 공격한 1차 전투와 고구려의 안시성 구원병이 안시성 외곽에서 벌인 2차 전투(주필산 전투), 그리고 7월부터 다시 안시성을 직접 공격한 3차 전투로 나누어 살펴볼 수 있다. 안시성의 위치도 이러한 점이 고려된 상태에서 검토되어야 한다.

　『신당서』와 『자치통감』의 기록도 『구당서』 기록과 그 대략은 유사하다. 『구당서』와 마찬가지로 『신당서』 본기의 내용은 소략하고 열전의 내용이 상대적으로 많은 사실을 전하고 있다. 다만 『구당서』와는 일부 기록이 추가된 것이 있고, 내용상 약간의 차이도 있기도 하다. 그러므로 『구당서』 기록뿐만 아니라 『신당서』와 『자치통감』 등에서 보이는 각 사료상 차이가 있는 부분까지도 고려해야 할 필요는 있다.

사료 2·1　[6월] 기미일(23) 고구려를 안시성 동남쪽 산에서 크게 패배시켰다. 좌무위장군 왕군악王君愕이 그곳에서 죽었다.[16]

사료 2-2 어떤 대대로大對盧가 [고]연수에게, "내가 들으니 중국이 어지러우면 영웅들이 모두 일어난다고 한다. 진왕은 총명하고 용감하여 무너지지 않는 적이 없고 싸움에 상대할 적이 없으므로, 드디어 천하를 평정하고 황제의 자리에 군림하니, 북적北狄이나 서융에서 신하를 칭하지 않은 것이 없었다. 지금은 온 나라를 쓸어 와서 신하·장군이 모두 몰려 있으니, 그 예봉은 [우리와] 비교할 수 없다. 지금으로서는 군사를 돈좌시켜 날짜를 끄는 한편, 몰래 기습병을 보내어 그들의 보급로를 끊는 것보다 더 나은 계책이 없다. 한 달이 못되어 군량이 떨어져 싸우려 하여도 싸울 수 없고, 돌아가려 하여도 길이 없게 되니, 그때 탈취할 수 있을 것이다"라는 계책을 세워 주었으나, 연수는 듣지 않고 군사를 이끌고 안시[성]에서 40리 떨어진 곳에 주둔하였다.[17]

사료 2-3 [6월] 정미일(11) 거가車駕가 요동을 출발하였다. 황제上는 오히려 그가 머뭇거리며 오지 않을 것을 염려하여 좌위대장군 아사나사이阿史那社爾에게 돌궐 기병 1천 명을 거느리고 그를 유인하도록 하였다. 군대가 비로소 교전하자 거짓으로 달아나니, 고려 [장수]가 서로 말하길, "상대하기 쉽구나"라고 하며 다투어 진격하여 승세를 타니, 안시성 동남 8리까지 이르러 산에 의지하여 진을 쳤다.

가을 7월 신미일(5) 황제가 안시성 동쪽 고개로 군영을 옮겼다.

[8월] 병오일(10) 군영을 안시성 남쪽으로 옮겼다. 황제는 요하 밖

---

16 『新唐書』卷2, 本紀2 太宗, "己未 大敗高麗於安市城東南山 左武衛將軍王君愕死之".
17 『新唐書』卷220, 列傳145 東夷 高麗.

에 있으면서 대체로 군영을 설치하였다. 다만 척후만을 밝혀 두고 참호나 보루를 만들지 않았다. 고구려는 끝내 감히 남와서 노략질하지 못하여 군사들도 혼자서 중국에서처럼 야숙野宿을 하였다.

황제가 백암[성]에서 이기자 이세적李世勣에게 말하길, "내가 듣기로 안시성은 험하고 군사도 정예이며 그 성주도 재주와 용기가 있어서, 막리지가 반란하였을 때에도 성을 지키면서 복종하지 않으니 막리지가 이를 공격하였으나 함락시킬 수 없어서 인하여 그에게 주었다고 한다. 건안성은 병사가 약하고 양식도 적어서, 만약 그들이 생각하지 못한 곳으로 나가서 이를 공격하면 반드시 이길 것이다. 공은 먼저 건안성을 공격할 수 있을 것이고, 건안성이 함락되면 안시성은 우리 뱃속에 있게 된다. 이것은 병법에서 이른바 '성에는 공격하지 않아야 하는 곳도 있다'라는 것이다"라고 하였다. 대답하기를, "건안성은 남쪽에 있고 안시성은 북쪽에 있으며 우리 군량은 모두 요동에 있는데, 지금 안시성을 넘어서 건안성을 공격하다가 만약 고구려군이 우리들의 양도糧道를 끊게 된다면 장차 어찌하겠습니까? 먼저 안시성을 공격하는 것만 같지 못합니다. 안시성이 함락되면 북을 울리며 가서 건안성을 취할 뿐입니다"라고 하였다. 황제가 말하길, "공을 장수로 삼았으니 어찌 공의 계책을 쓰지 않겠는가? 내 일을 그르치지 말라"라고 하였다.

토산을 쌓는 일을 밤낮으로 쉬지 않아서 모두 60일이나 되었는데, 공력을 들인 것은 50만이었고, 토산 꼭대기에서 성까지는 몇 장 정도 떨어져 있어서 내려가서 성안으로 들어가게 하였다.

황제는 요동이 일찍 추워져서 풀이 마르고 물이 얼어 군사와 말이 오래 머물기 어렵고, 또한 양식이 거의 바닥나 간다고 생각하였다.

[9월] 계미일(18) 칙명을 내려 회군하였다.

먼저 요주·개주 두 개 주의 호구를 뽑아 요하를 건너게 하고, 안시성 아래에서 병력을 시위하고 돌아섰다. 성안에서는 모두 자취를 감추고 나오지 않았으나, 성주가 성에 올라 예의를 갖추었다. 황제는 그가 성을 굳게 지킨 것을 가상하게 여겨 비단 100일을 주어 군주를 섬긴 것을 격려하였다. 이세적과 강하왕 도종에게 명하여 보병과 기병 4만 명을 거느리고 후군後軍이 되도록 하였다.

[9월] 을유일(20) 요동에 이르렀다.

[9월] 병술일(21) 요수를 건넜다. 요택遼澤은 진흙벌판이어서 수레와 말이 통행하지 못하자, 장손무기에게 1만 명을 거느리고 풀을 잘라서 길을 메우며, 물이 깊은 곳에는 수레를 교량으로 삼으라고 명령하였다. 황제는 스스로 나무를 말의 안장걸이에 묶어서 일을 도왔다.

대체로 고구려를 정벌하면서 현도·횡산·개모·마미·요동·백암·비사·맥곡·은산·후황의 10성을 함락시키고, 요주·개주·암주 3주의 호구를 옮겨서 중국에 들어온 자가 7만 명이었다.[18] 신성·건안·주필의 세 큰 전투에서 참수한 것이 4만여 급이었고, 전사로서 죽

---

18 고이(考異)에 전한다. "실록(實錄)에서 위 내용을 전하기를 '3주의 호구를 옮겨 내지로 들어간 자가 전후로 7만 명이다'라고 한다. 아래에 계축일(18) 조서에 전하기를 '획득한 호가 10만이고 구는 18만이다'라고 한다. 아마도 아울러 옮기지 않은 자를 말하였을 뿐일 것이다".

은 자가 거의 2천 명이었으며, 전마로서 죽은 것은 10에 7~8마리
였다.

황제는 성공할 수 없었기 때문에 깊이 후회하고 탄식하며 말하기를,
"위징魏徵이 만약 있었다면 나로 하여금 이번 원정을 하지 않게 하였
을 것이다"라고 하였다. 역마를 달려서 위징에게 소뢰少牢로 제사 지
내도록 명령하고 만들었던 비를 다시 세우게 하며, 그의 처자를 불
러서 행재소로 오게 하여 그들을 위로하고 물품을 하사하였다.

[10월] 병오일(11) 영주에 이르러 조서를 내려 요동에서 전사한 사
졸들의 해골을 모두 유성柳城의 동남쪽에 모아 놓게 하고, 유사에
게 명령하여 태뢰太牢의 제사를 마련하게 하였다. 황제는 스스로 글
을 지어서 그들에게 제사 지냈는데, 곡을 하게 되자 애도함을 극진
히 하였다. 그 부모들이 이 소식을 듣고 말하기를, "내 아이가 죽어
서 천자가 그에게 곡을 하였다니, 죽었다 하여 어찌 한스러워하겠는
가?"라고 하였다. 황제가 설인귀薛仁貴에게 말하길, "짐의 여러 장수
들은 모두 늙어서, 신진의 날래고 용감한 사람을 얻어서 그를 거느
렸으면 하고 생각하였는데 경만한 사람이 없었다. 짐이 요동을 얻은
것은 기뻐하지 않아도 경을 얻은 것은 기뻐한다"라고 하였다.[19]

『구당서』와 『신당서』의 기록과 비교하면 『자치통감』의 기록은
안시성 전투와 관련하여 그 내용이 가장 자세한 편이다. 특히 안시

---

19 『資治通鑑』卷198, 唐紀14 太宗 下之上.

성 전투를 마감하는 기록들이 주목되는데, 안시성의 위치를 파악하는 것도 이러한 기록에 대한 검토가 중요하다. 기존에는 주목하지 않은 사실들 가운데 특히 주목해야 할 것은 9월 18일에 안시성에서 군사를 돌렸고, 9월 20일에 요동에 이르렀다는 사실이다. 기존 연구에서는 요동성에서 안시성까지 진군하는 데 10일 가까운 시간이 걸린 점에 주목하였고, 철군한 상황은 주목하지 않았다.

한편 중국 측 기록과 비교하면 『삼국사기』는 일부 국내 전승의 기록이 추가되었을 뿐 기본적으로 위 세 사서를 종합한 것으로 볼 수 있다. 특히 여타 기록보다는 『자치통감』 기록이 대폭 전거로 활용되었던 것으로 보인다. 그것은 『자치통감』 기록이 『구당서』, 『신당서』 본기나 열전에 없는 내용도 많아 상대적으로 상세하기 때문이었을 것이다. 이상의 중국과 국내 사서에 기록된 내용을 종합하여 안시성 전투에 대한 정보를 종합하면 다음과 같은 내용을 추출 해낼 수 있다.

앞서 언급한 바와 같이 안시성 전투를 1차 전투와 2차 전투, 3차 전투로 나누어 살펴본다면 1차 전투는 645년 6월 20일에 당군이 안시성에 도착하자마자 벌인 전투라고 하겠다. 이 전투는 당군의 선제공격이라는 의미가 있으나, 고구려 구원군이 도착하면서 곧바로 중단되었던 것으로 보인다.[20] 2차 전투는 6월 21일부터 고구려 구원병

---

20 6월 20일의 상황은 『구당서』, 『신당서』 본기에는 안시성에 당군이 도착하여 주둔한 것으로 기록하고 있다. 『구당서』 열전 동이 고려조에는 "車駕進次安市城北 列營進兵以攻之"라고 하여 공격한 것으로 기록하고 있다. 『자치통감』, 『책부원귀』 등에도 당군이 안

들과 벌인 소위 '주필산 전투'라고 하겠다. 당 태종이 이끄는 당군이 안시성을 공격한 다음 날 안시성을 구원하기 위해 파견된 고연수와 고혜진이 이끄는 고구려 구원병이 6월 21일에 안시성 동남쪽 근교에 도착하였고 안시성 40리 지점에까지 이르렀다. 이후 고구려군은 당군의 유인책에 이끌려서 안시성 동남쪽 8리 지점에 산을 의지해 진을 쳤다고 한다. 그리고 6월 22일에는 본격적인 전투가 벌어졌다. 주필산 전투의 상황을 보면 이적李勣의 군대가 서쪽 고개에 포진하고, 장손무기長孫無忌의 정예병이 산의 북쪽에서 협곡으로 나와 고구려군의 후미를 쳤으며, 당 태종은 4천 명의 군사를 거느리고 북쪽 산으로 올라가 있다가 3개로 나눈 군대가 고구려군을 공격하자 고구려군은 크게 패하여 안시성 동쪽으로 퇴각했다는 것이다. 이어 당군이 안시성 동쪽으로 퇴각한 고구려군을 포위하여 공격했고, 동쪽에 있었던 강의 다리를 끊어 고구려군의 퇴로마저 차단했다고 한다. 결국 고구려군은 당군에 다음 날인 6월 23일에 항복하면서 고구려 구원병은 안시성을 구원하지 못하였다.

여기서 안시성의 위치와 관련해서 살펴볼 것은 안시성 외곽의 상황이다. 일단 당군이 안시성 북쪽에 진을 친 상황이 주목되기에 당의 대군이 안시성 북쪽에 진을 칠 수 있는 조건이 되어야 한다. 아울

시성에 도착한 후 성을 공격한 것으로 기록하고 있다(『資治通鑑』卷198, 唐紀14 太宗 下之上, "丙辰 至安市城 進兵攻之"; 『冊府元龜』卷117, 帝王部117 親征2, "丙辰 次於安市城北 列營進兵以攻之"). 이렇듯 성을 공격하였는지에 대한 기록이 서로 차이가 있어서 명확하지는 않지만, 선제공격이 있었던 것으로 볼 수 있을 듯하다. 따라서 이를 인정한다면 안시성 1차 전투라고 할 수 있을 것이다.

러 안시성 외곽에서 벌어진 것으로 보이는 주필산 전투에는 서쪽 고개, 산 북쪽 협곡, 동쪽 강의 다리 등의 지형적 조건이 나타나고 있다. 따라서 안시성 주변의 이러한 지형적 조건들도 안시성의 위치를 비정함에 있어 같이 살펴보아야 할 내용이다. 안시성의 동쪽에 산이 있고, 그 산은 북쪽에서 이어지는 협곡이 있으며, 동쪽에 다리가 있는 하천이 있었음을 알 수 있는 것이다. 그렇다고 해서 이러한 조건들이 모두 안시성 그 자체의 입지 조건은 아니다. 그동안 일부 연구들에서 이러한 지형 조건이 마치 안시성의 입지 조건인 것처럼 이해한 것은 잘못이다. 이것은 어디까지나 주필산 전투와 관련한 조건들이다. 주필산은 원래는 육산六山이었으나, 당 태종과 관련하여 주필산으로 이름이 바뀌었다.[21]

3차 전투라고 할 수 있는 안시성 전투는 645년 7월 5일부터 본격적으로 시작되었던 것으로 보인다. 주필산 전투에서 승리한 당군은 9월 18일 이전까지 고구려군과 치열한 접전을 벌였다. 7월 5일 당군은 안시성 동쪽 산으로 진영을 옮겼다가, 8월 10일 다시 공격을 위하여 진영을 남쪽으로 옮겼다. 안시성에 있었던 고구려군은 당군을 맞아 한 차례의 야간 기습전을 제외하고는 수성전을 전개하였다. 당군은 안시성의 서벽을 충차衝車와 석포石砲로 공격하기도 하였고, 성의 동남쪽 모퉁이에 토산을 쌓았다. 인공으로 쌓아 올린 토산은 60일 동안 50만 명을 동원하였고, 성안을 내려다볼 수 있을 만큼

---

21 『舊唐書』卷189上, 列傳139上 儒學上 敬播.

안시성의 동남쪽 성벽보다 높이 쌓아 올렸던 것으로 보인다. 토산이 무너지면서 고구려군이 그 토산을 장악하게 되고 당군이 토산을 탈환하지 못하는 상황에서 추위가 다가오자 당군은 결국 철수하게 되었다.[22]

문헌 기록을 자세히 살펴보면 안시성 위치와 관련한 여러 조건을 추측할 수 있다. 먼저 대략적 위치 관계를 보면 안시성은 건안성보다는 북쪽에 있고, 요동성보다는 남쪽에 존재해야 한다. 세부적인 지형상 안시성 동남쪽에는 산이 존재해야 하고, 성 남쪽에는 대군이 진을 칠 수 있어야 하며, 서쪽은 공성전을 전개할 수 있는 어느 정도의 평탄한 지형을 갖추어야 한다. 아울러 동남쪽 모퉁이에는 인공 토산이 존재하거나 그 흔적이 있어야 한다. 이것이 안시성이 위치한 입지 조건이다. 그러나 인공 토산의 경우 645년부터 후일 고구려 부흥 운동기에도 사용한 기록이 보이기 때문에[23] 고구려가 무너진 토산을 그대로 둔 채 안시성을 사용했을지는 의문이다. 고구려의 입장에서는 당군이 쌓은 인공 토산이 무너지면서 안시성 성벽도 훼손된 상태였기에 이를 보수하였을 것으로 생각된다. 당군이 재차 공격해 올지 모르는 상황에서 적에게 유리할 수 있는 인공적 지형물을 그대로 놓아 두었다고 생각하기는 어렵다. 고구려의 입장에서는 토산을

---

22 안시성 전투와 관련하여 고구려 연개소문과 설연타가 연결된 상황이 영향을 주었던 것으로 파악하기도 한다(서영교, 2015, 「주필산 전투와 안시성」, 『동국사학』 58).

23 『資治通鑑』 卷202, 唐紀18 高宗, "秋七月乙未朔 高侃破高麗餘衆於安市城". 이 사건이 있은 해는 671년으로 고구려 부흥군이 안시성에 주둔하다가 당에 의해 격파당한 것이다. 따라서 당군이 물러간 645년부터 671년까지 안시성의 상황에 대한 고려가 필요하다.

쌓은 흙을 이용하여 안시성 성벽을 보강하였거나 혹은 토산을 새로운 성벽으로 활용하였을 개연성이 높다. 이런 정황을 생각하면 안시성의 조건으로 동남쪽 모퉁이에 반드시 토산이 그대로 남아 있어야만 하는 것은 아니다.

또 하나 살펴보아야 할 문제는 당군이 요동성에서 안시성으로 진군할 때와 당군이 요동성으로 철군할 때의 상황이다. 당군이 요동성에서 안시성으로 진군을 시작한 것은 6월 11일이었고, 안시성에 도착한 것은 6월 20일이었기에 10일 가까운 시간이 걸렸다. 이와 같은 시간 때문에 요동성에서 안시성 사이의 거리를 비교적 멀게 인식한 경향이 있다.[24] 고대사회에서 대규모 병력과 식량, 그리고 공성무기 등을 운반한 정황을 보면 하루 진군한 거리는 길지 않았을 것으로 보인다. 특히 당군이 안시성으로부터 철군을 시작한 9월 18일부터 요동遼東에 도착한 것이 9월 20일이었다. 여기서 요동은 요동성을 가리키는 것으로 보인다. 그것은 『자치통감』에는 요동성에서 출발할 때도 요동이라고 썼고, 안시성에서 요동성으로 이동한 상황에서도 요동이라고 기록한다. 요동성에서 안시성으로 출발할 때나 안시성으로 되돌아올 때에 모두 요동이라고 표현한 것은 요동성 이외에 다른 것은 생각하기 어렵다. 요동성에서 안시성으로 가는 길로 진군했던 당군은 철군도 동일한 길을 이용했던 것이다. 요동성에 이른

---

24 요동성에서 안시성까지의 거리를 270리로 보기도 하였는데(王咏梅, 2000, 앞의 글), 이것은 사료적 근거가 전혀 없는 것이다.

다음 날에 당군이 요하를 건너고 있는 점도 이를 뒷받침한다.

태종은 철군하면서 이적과 도종道宗으로 하여금 보기 4만 명을 이끌고 후군을 맡게 하였다고 한다. 혹여 쫓아올지도 모르는 고구려군을 경계하면서 철군하였다. 따라서 그 철군 속도가 매우 빨랐을 것으로 보기는 어렵다. 당군은 안시성에서 시위한 후 불과 2일 내지는 3일 사이 안시성에서 요동성까지 도착하였는데, 전쟁과 관련한 물자가 소모된 상황을 고려하더라도 3일 미만의 기간 동안 요동성까지 철군한 것이 된다. 이 때문에 요동성과 안시성 사이의 거리는 철군할 때의 상황을 더 주목해야 한다. 비록 전쟁과 직접적으로 관련한 것은 아니지만, 평상시의 행정체계와 관련한 내용도 참고가 되는데, 『당육전唐六典』에서 규정하고 있는 행정行程은 육로의 경우에 말은 하루에 70리를 가고, 도보나 나귀로는 50리, 수레는 30리를 간다고 하였다. 대체로 고대사회의 전쟁에서 병력의 하루 동안 이동 거리는 30리 정도이고, 무장한 기병도 말을 타고 이동하였다고 하여도 하루에 60리 정도 이동이 가능하다고 한다.[25] 이러한 점을 참고하면 두 성 사이의 거리는 2~3일 사이를 행군했다고 했을 때 대략 최소 20여 km에서 최대 90여 km 범위 안에 있는 셈이다. 당군이 철군할 때 일정한 시위도 하였고, 보병도 다수를 점했다는 점에서는 꼬박 3일 동안 행군한 것으로 보기는 어려워 90km보다는 가까운 거리였을 것으로 짐작된다. 그러나 당시 철군하면서 공성무기 등을 가

---

25 김주성, 2011, 「7세기 삼국 고대 전투 모습의 재현」, 『軍史』 81.

지고 가지 않았을 것으로 예측되는 상황이나 2박 3일간의 급박했던 철군 등을 고려한다면 하루에 최대 30km 정도는 갈 수 있었을지도 모를 일이다.

이러한 점은 안시성의 위치를 비정할 때 반드시 고려해야 한다. 따라서 전통시대 사서에서 거론되었던 북탕지성설, 요양시설, 봉황산성설 등은 거리상으로나 여러 역사적 정황상으로 안시성이 될 수 없는 것은 자명하다. 구글 지도상으로 보면 직선거리만으로 산정하였을 때 요양시의 요동성지에서 안산시鞍山市까지가 약 24km이고, 해성시海城市까지가 약 60km이며, 대석교시大石橋市까지는 약 90km, 개주시蓋州市까지는 약 120km이다. 당시 도로가 직선거리로 계산할 수 없는 상황임을 감안하면 거리는 이보다는 더 늘어날 것이다. 거리상으로 보면 안시성의 위치는 안산시에서 해성시 일대를 약간 넘어서는 범위에 해당할 수 있다. 반면 대석교시나 개주시 인근의 영수구성, 해룡천산성, 북탕지성, 고려성자산성 등은 거리상으로 볼 때 해당할 가능성은 거의 없다. 특히 영수구성과 북탕지성은 고구려성으로 확인된 바도 없다. 이러한 정황들을 종합하면 안시성의 위치는 요동성에서 대략 60~70km 내외에 있는 성이어야만 한다. 당시 2박 3일간의 급박했던 철군 등을 고려한다면 당군은 하루에 30km 정도의 최대치로 산정할 경우 90km 내외는 이동이 가능하였을 것으로 볼 수 있다.

또 한 가지 검토해 볼 것은 『자치통감』과 『책부원귀』에는 당 태종과 신하들이 7월 초에 작전회의를 할 때, "비사성에 있는 장량張亮

의 군대를 부르면 2일만 자고 도착할 수 있다"는 내용이다.[26] 장량은 개전 초에 수군으로 비사성을 함락시켰지만, 이때 장량은 비사성에 있었던 것이 아니라 건안성 인근에 머물고 있었다. 당시 당군 지휘부는 건안성을 공격하고 있던 장검張儉의 군대를 안시성으로 불러들이고 장량으로 하여금 이를 대신하도록 하였다. 사료에 기록된 바대로라면 비사성에서 안시성까지는 2~3일 만에 올 수 있는 거리는 아니지만, 여러 정황을 고려해서 보면 건안성에서 안시성까지는 2일만 자고 도착할 수 있는 거리이다. 즉 건안성으로 비정되고 있는 개주시 고려성자산성에서 2~3일 행군하는 거리에 안시성이 있었던 것이다. 해성시에서 개주시까지의 직선거리가 대략 60km인 점을 고려하면 영성자산성이 거리상으로 가장 부합하는 것이다.

기존의 연구에서 거론되었던 대부분의 성의 위치는 이러한 거리를 따져 보았을 때 범위를 벗어나는 성이 많기 때문에 결국 기존에 제기된 학설 가운데 조건에 부합한 것은 해성 인근의 해성시내설과 영성자산성설뿐이다. 해성 시내는 요동성으로부터 직선거리로 약 60km 지점에 위치한다. 해성은 요하 평원과 요동 구릉 결합부에 있는 남북 교통의 중요한 지점인 점은 분명하다. 해성시는 한대漢代의 안시현安市縣으로 비정되고 있는 곳으로『한서漢書』지리지에 "안시현은 본래 요동군에 예속되었다" 혹은 "요수遼水는 서쪽으로 안시

---

26 『資治通鑑』卷198, 唐紀14 太宗 下之上, "張亮兵在沙城 召之 信宿可至";『冊府元龜』卷991, 外臣部36 備禦4, "張亮水軍 在卑涉城 召之 信宿相會".

현을 거쳐서 바다로 들어간다"라고 기록된 것처럼[27] 요동군의 속현이었고, 요수가 지나는 지점으로 되어 있다. 『진서晉書』와 『위서魏書』에도 요동군의 속현으로 안시가 보인다.[28] 그러나 안시현의 위치를 이러한 기록만으로 정확하게 고증하는 것은 사실상 불가능하다. 현재 해성시 일대가 한대의 안시현이라는 것이 통설이긴 하지만 그것은 영성자산성을 안시성으로 비정하고서 그에 기반해 추측한 것으로 명확하다고 볼 수는 없다. 고구려가 요동을 점령한 뒤 한대의 안시현 일대에 안시성을 쌓았던 것으로 보는 것은 순리적이다. 그것은 안시현과 안시성이 완전히 다른 지역이기보다는 대체로 동일 지역이었을 개연성이 높을 것이다. 문제는 해성 시내에 안시성 전투를 벌인 만한 입지 조건을 갖춘 고구려성의 흔적이 확인되는지 여부이다. 그러나 현재로선 해성 시내에 어떤 특별한 유적을 확인할 수 없기 때문에 이곳도 안시성이 위치하기는 어렵다.

한편 영성자산성은 해성시 동남쪽으로 8km에 위치하고 있기 때문에 이곳은 요동성에서 약 70km 내외의 거리이다. 직선거리가 아

---

27 『漢書』卷28下, 地理志8下 遼東郡, "遼東郡 秦置 屬幽州 戶五萬五千九百七十二 口二十七萬二千五百三十九 縣十八 襄平 有牧師官 莽曰昌平 新昌 無慮 西部都尉治 望平 大遼水出塞外 南至安市入海 行千二百五十里 莽曰長說 房 候城 中部都尉治 遼隊 莽曰順睦 遼陽 大梁水西南至遼陽入遼 莽曰遼陰 險瀆 居就 室偽山 室偽水所出 北至襄平入梁也 高顯 安市 武次 東部都尉治".

28 『晉書』卷14, 志4 地理上 平州 遼東國條, "遼東國秦立爲郡 漢光武以遼東等屬青州 後還幽州 統縣八 戶五千四百 襄平東夷校尉所居汶居就樂就安市西安平新昌力城"; 『魏書』卷26上 地形志2上 第5 安州 安樂郡條, "安樂郡延和元年置交州 眞君二年罷州置 領縣二 戶一千一百六十六 口五千二百一十九 土垠眞君九年置 安市二漢 晉屬遼東 眞君九年併當平屬焉".

닌 당시 실제 이동상의 거리로 환산할 경우에는 대략 90km 정도 내외였을 것으로 짐작된다. 거리로 보면 가장 부합하는 성이라 할 만하다. 특히 영성자산성이 위치한 곳은 요동 지역에서 수암岫巖으로 통하는 교통로상이고, 평지에서 산악지대로 들어가는 입구에 해당하기 때문에 전략적 위치가 중요한 곳으로 보인다. 앞서 언급한 바 있는 안시성이 가지고 있는 조건인 요동성 남쪽, 건안성 북쪽에 위치하고 서쪽이 상대적으로 평탄한 지형임도 들어맞는다. 다만 동쪽에 산이 있고, 다리가 있는 하천이 있는지, 그리고 성의 동남쪽 모퉁이에 인공 토산을 만들 수 있는 조건이 되는지에 대한 구체적인 확인이 필요하다. 영성자산성 동쪽에는 산지가 있고, 서북에서 동남으로 흐르는 하천도 멀지 않은 거리에 있어서 다리가 있었을 개연성도 있다. 아울러 동남쪽으로 8리 지점에 주필산으로 비정할 만한 산이 있는지도 살펴야 하는데 동남쪽도 대체로 산지이기 때문에 이 점도 부합된다고 할 수 있다. 따라서 현재로선 영성자산성이 가장 안시성의 조건에 부합되는 성이라 할 것이다.

안시성주 '양만춘'에 관한 전승의 추이

당 태종의 친정군을 물리친 안시성 전투와 더불어 그 전투를 이끈 안시성주에 대한 관심도 오래전부터 있었다. 안시성주에 대한 기록은 중국 정사 등 여러 문헌에 나타나지만, 정작 그 성명은 기록되어 있지 않다. 『삼국사기』나 『삼국유사』 등 고려시대 기록에서도 성주의 이름을 전혀 찾아볼 수 없다. 양만춘이 안시성주로 인식된 것은 중국은 명대의 문헌에서, 우리 측 기록은 조선시대에 처음으로 등장한다. 기존에 우리 측 기록 가운데 안시성주로 양만춘이라는 이름이 처음으로 전하는 문헌은 송준길의 『동춘당선생별집同春堂先生別集』으로 알려져 왔다.[29] 이 책에도 언급되어 있듯이 송준길이 말한 바에 따르면 윤근수가 중국 조정에서 듣고 온 것을 기록한 것이라고 한다.

사료 3 국왕이 말하기를 "안시성주는 이름이 무엇인가?" 준길이 대답하기를 "양만춘梁萬春입니다. 그는 능히 태종의 군대를 막았으니 가히 성을 잘 지켰다고 할 수 있습니다"라고 하였다. 성상이 이르기를 "그런 사실이 어디에 보이는가?" 하니, 준길이 아뢰기를 "고故 부원군 윤근수가 중국 조정에서 듣고 와서 기록하였습니다" 하고, 또 아뢰기를 "수나라와 당나라는 모두 명분 없이 군대를 일으켰으므로 끝내 공을 이루지 못하였으니, 모든 일은 명분이 바른 뒤에야 뜻을 이룰 수 있는 것입니다."[30]

이러한 기록에 기반하여 조선시대 문헌을 검토해 보면 안시성주로 양만춘이 처음으로 기록된 문헌은 윤근수의 『월정만필』이 가장

---

29 이병도, 1986, 『국역 삼국사기』, 乙酉文化社.
30 『同春堂先生別集』卷6, 經筵日記 己酉 4月 26日.

이르다.[31] 다만 『월정만필』의 저작 연대는 확실하지 않은데, 내용 중에서 윤근수 자신이 네 차례나 중국을 왕래한 사실을 언급하면서 마지막으로 연경燕京에 갔던 때가 1594년이었음을 기술하고 있는 것을 보면, 이해가 가장 늦게 볼 수 있는 시점임을 알 수 있다. 이에 대해 『대동야승大東野乘』의 기록을 근거로 만력萬曆 25년 정유년(1597)을 편찬 연대로 보고 있기도 하다.[32] 『월정집月汀集』에도 만필이 포함되어 있는데, 이것과 『월정만필』을 대조해 보면 다소 차이가 있다.

사료 4 안시성주가 당 태종의 정예병에 항거하여 마침내 외로운 성을 보전하였으니, 공이 위대하다. 그런데 성명은 전하지 않는다. 우리나라의 서적이 드물어서 그런 것인가? 아니면 고구려 때의 사적이 없어서 그런 것인가? 임진왜란 뒤에 중국의 장관將官으로 우리나라에 원병 나온 오종도吳宗道란 사람이 내게 말하기를, "안시성주의 성명은 양만춘梁萬春이다. 당 태종동정기에 보인다"라고 하였다. 얼마 전 감사 이시발을 만났더니 말하기를, "일찍이 당서연의唐書衍義를 보니 안시성주는 과연 양만춘이었으며, 그 외에도 안시성을 지킨 장수가 무릇 두 사람이었다"라고 하였다.[33]

---

31 정호섭, 2014, 앞의 글.
32 前間恭作의 『古鮮冊譜』는 1944년에 1책, 1956년에 2책, 1957년에 3책이 차례로 일본 동양문고(東洋文庫)에서 간행되었다.
33 『月汀漫筆』.

　사료 4에 따르면 임진왜란 후에 명나라 사람인 오종도吳宗道로부터 안시성주 이름은 양만춘이고 그 사실이 '태종동정기太宗東征記'에 보인다고 들었으며 이후 이시발로부터 당서연의에 성주가 양만춘이었고, 장수가 2명이었다는 것도 전해 들었던 것으로 적고 있다. 여기에 따르면 오종도는 태종동정기를 보고 말한 것으로 볼 수 있다. 그동안 태종동정기에 대해서는 『당서지전통속연의唐書誌傳通俗演義』로 추측하기도 하였고,[34] 최근에는 『당서지전통속연의』라고 확정적으로 이해하고 있다.[35] 오종도가 조선왕조실록에 처음 등장하는 시기는 1593년이고, 1603년 기록에는 오종도가 조선에 없다는 기록도 보인다.[36] 따라서 윤근수가 오종도로부터 양만춘에 대해 들은 시점도 1593~1603년 사이이다. 위에서 언급된 바 있는 태종동정기는 당서연의와 동일한 것으로 당서연의 가운데 7권과 8권의 당 태종이 고구려와의 전쟁을 통칭하여 표현한 것으로 보인다. 또한 이시발이 당서연의를 직접 보고서 안시성주가 양만춘이었음을 확인하였을

34　이승수, 2006, 앞의 글, 376~377쪽.

35　남재철은 '태종동정기'는 당서연의를 염두에 두고 그 일부 내용을 가지고 표현한 것으로 이해하였다(남재철, 2014, 앞의 글, 132~133쪽).

36　"상이 신안관(新安館)에 거동하여 명나라 장수 황응양(黃應暘)·오종도(吳宗道)·유준언(兪俊彦)을 접견하였다"(『宣祖實錄』 卷34, 26年 1月 23日 戊寅 3번째 기사)와 "비변사가 아뢰기를 '광녕(廣寧)의 이총병(李總兵)은 우리나라의 일에 자못 유의하여 우리나라의 통사(通事)를 보면 반드시 왜적의 정세를 묻습니다. 우리나라가 한 위관(委官)을 얻어 변경(邊境)의 성세(聲勢)로 삼기를 바란다는 말을 듣고 말하기를 '그것은 참으로 마땅한데 차출되어 가는 자는 반드시 마땅한 사람이라야 너희 나라에 폐단이 없고 실효가 있을 것이다. 엽정국(葉靖國) 같은 자를 얻는다면 후회가 있을 것이고 오종도 같은 자가 참으로 마땅하나 지금 이곳에 있지 않다' 하였습니다"(『宣祖實錄』 卷166, 36年 9月 28日 辛巳 3번째 기사).

가능성이 크고, 또한 다른 장군들 2인을 거론하고도 있다.[37] 이시발이 감사로 있었던 시기는 1601~1609년까지이고, 1593년부터 접반관接伴官으로 명의 장수들과 교류하였으므로 이시발이 당서연의 속에 등장하는 안시성주 양만춘을 알게 된 것은 1593~1609년 사이라고 한다.[38] 따라서 조선에 안시성주로 양만춘에 대한 정보가 들어 온 가장 이른 시점은 임진왜란 직후였던 것으로 보인다.

그런데 한 가지 짚고 넘어갈 것은 유한준이 남긴 『자저自著』와 『저암집著菴集』의 기록이다.

사료 5 양군楊君은 안시성주 양만춘楊萬春이다. 만춘이란 이름은 우리 역사東史에는 전하지 않는데, 윤두수가 중국 사신으로 갔다가 중국인이 기록한 자가 있어 마침내 기록하여 돌아와 전하게 되었다.[39]

윤근수의 형인 윤두수가 명에 사은사謝恩使로 간 시기가 1577년임은 분명하고, 5개월 정도 명에 머문 것으로 보인다.[40] 윤두서가 이미

---

37 『당서지전통속연의』 내용에 따르면 정황상으로 언급된 두 장수는 추정국과 이좌승이라 할 수 있다.
38 남재철, 2014, 앞의 글, 118~119쪽.
39 『自著』卷1, 廣韓賦幷序와 『著菴集』에 보인다.
40 『선조실록』 11권, 선조 10년 4월 1일 무오 2번째 기사[사은사 윤두수(尹斗壽)·김성일(金誠一) 등을 파견하여 종계(宗系)의 개정에 대한 일을 주청하였다. 이때 칙유(勅諭)에 대한 사은과 변무(辯誣)하는 일을 겸하여 보낸 것이다]와 『선조실록』 11권, 선조 10년 9월 1일 갑인 3번째 기사[사은사 윤두수 등이 경사(京師)에서 돌아왔다]를 통해 알 수 있다.

명에서 중국인을 통해 안시성주의 성명이 양만춘임을 인지하였고, 윤두서와 윤근수의 관계가 형제지간이어서 윤근수가 형의 전언을 통해 이것을 알았을 것으로 보면서 임란 이전에 많은 조선의 지식인들이 그러한 사실을 인지하였을 가능성이 큰 것으로 이해하기도 한다.[41] 그러나 앞서 『월정만필』의 기록을 보면 윤근수가 형으로부터 전해 들은 말이라는 것은 전혀 없고 오종도로부터 직접 들었으며, 이시발로부터도 들었음을 적고 있다. 유한준이 이러한 사실을 어디에서 확인했는지는 전혀 알 길이 없고, 비교적 이른 시기에 나온 윤근수의 『월정만필』에서도 이런 내용이 없어서 유한준의 기록을 그대로 인정하기는 어려울 듯하다. 특히 『동춘당선생별집』에서는 윤근수가 중국 조정에서 듣고 왔다고 적고 있기도 하여 기록마다 차이를 보이기도 한다. 후대의 기록을 신빙하기보다는 기록의 당사자이기도 한 윤근수와 이른 시기의 『월정만필』 등의 기록을 따르는 것이 더 타당할 것이다. 또한 현재 윤두수의 글을 모은 『오음유고梧陰遺稿』에도 이러한 언급이 전혀 없는 점에서도 마찬가지이다. 결국 안시성주로 양만춘에 대해 최초로 기록하고 있는 우리의 역사서는 윤근수의 『월정만필』[42]이고 여기에 수록된 유사한 내용이 『월정집』[43]에도

---

41 남재철, 2014, 앞의 글, 120쪽.

42 『月汀漫筆』, "安市城主抗唐太宗精兵 而卒全孤城 其功偉矣 姓名不傳 我東之書籍鮮少而然耶 抑高氏時無史而然耶 壬辰亂後 天朝將官出來我國者有吳宗道謂余日 安市城主姓名梁萬春 見太宗東征記云 頃見李監司時發言曾見唐書衍義 則安市城主果是梁萬春 而又有他人 守安市之將凡二人云".

43 『月汀先生集』卷5, "世傳高句麗時唐文皇征東 旣克遼陽 而安市城主以孤軍抗文皇親征之師 延壽惠直來救其城 乃覆十五萬衆而請降 城主不少動 相持六十餘日 文皇竟以遼左早寒 解圍

전하고 있다.

한편『월정만필』에 이어 양만춘에 대한 전승을 전하고 있는 기록은『휴옹집休翁集』이다. 여기에서는 '여사초麗史抄'를 전거로 성장城將이 양만춘임을 기록하고 있다.

사료 6 성상배城上拜. 영웅호걸은 세상에 드물게 한 번 있을까 하는데, 이름은 애석하게 전하지 않는다. 여사초麗史抄에는 성장城將 양만춘梁萬春으로 이르는데, 그에 대해서는 알지 못한다.

당 태종이 고구려를 쳐서, 고연수와 [고]혜진의 군사 15만 명을 안시성 아래에서 크게 깨뜨렸다. 이어 그 성을 공격할 때, 성주가 굳게 지켜 함락하지 못하였다. 무릇 50여 일을 머무르다가 황제는 회군하였다. 성주가 성 위에서 공손히 사양하니, 황제가 굳게 지켰음을 기려 비단 200필을 하사하였다. 목은의 정관음에는 "현화가 백우에 떨어질 줄 알았으리"라고 되어 있는데, 태종이 안시성을 공격하다가 유시流矢에 눈을 맞았다는 언문은 중국 역사 역시 숨기고 제대로 기록하지 않았다. 삼국사三國史 역시 싣지 않았으니, 이색牧老이 이 말을 어찌 따랐는지 알지 못한다.

외로운 성 달무리 쉰 날. 대당 천자가 몸소 전장에 나왔네. 풀 하나 없는 요좌遼左는 오래 머물기 힘든데. 검은 눈동자는 흰 깃 화살을

班師 賜縑百匹 以勵事君 中朝執此 至今猶謂高麗長於守城 何今日之不然也 且也安市城主獨全孤城 名聞天下 而麗史顧逸其名 文獻無徵 一至於此 中朝小說乃謂梁萬春其人 因此得其姓名 豈非千古之一快乎".

맞았네. 일곱 척의 갑옷 입은 장군은 성 위에서 수레 먼지 속에 절하네. 오랫동안 저항한 죄는 마땅히 죽어야 하나 비단 내려 특별히 그 신하됨을 격려하네. 이름이 역사에 전하지 않아 한스럽도다. 우리가 잘 싸우고 잘 지키는 것이 중국에 알려진 바는 이 전투와 살수薩水의 [을지]문덕, 귀주龜州의 박[서]에 힘입은 것이네.

을지문덕은 살수에서 수隋의 병사를 물리쳤고, 고려의 박서는 귀주를 지키면서 몽골의 병사가 와서 공격하자 3년을 굳게 지켜 결국 항복하지 않아 몽골의 장국이 잘 지킴을 탄식하였다.[44]

비교적 이른 시기의 기록인 『휴옹집』에 기록된 여사초가 무엇인지는 알 수가 없다. 이에 대해 고구려사와 관련한 기록을 여러 문헌에서 선초選抄한 것으로 임진왜란 이후부터 1617년 사이 누군가에 의해 만들어진 야사적 성격의 문헌으로 추측하기도 하였으나, 그 역시 정확한 실체를 파악할 수 없다고 하였다.[45] 현재로선 여사초를 고증하는 데에는 한계가 있는데, 이 기록 외에 이러한 책을 확인할 수 있는 기록이 전무하다. 그러므로 여사초는 특정한 문헌이 아닐 개연성도 있어 보인다.

이러한 여러 정황상으로 보면 역사서는 아니지만, 양만춘에 대한 전거로 지목되었던 중국 측 기록인 당서연의에 관한 확인이 필요하다. 당서연의는 명의 웅대목熊大木이 지은 『당서지전통속연의』를 가

---

44 『休翁集』卷3, 海東樂府 幷序.
45 남재철, 2014, 앞의 글, 142~143쪽.

리킨다. 웅대목의 생몰년에 대해서는 정확하게 알 수 없으나, 가정嘉靖 연간(1522~1566)과 만력 연간(1573~1620)에 활동한 통속소설 가였다. 그는 대체로 역사서를 기반으로 한 연의식 소설을 주로 썼는데,『당서지전통속연의』는 당서를 기반으로 한 연의식 소설이다. 이 밖에 저술한 소설로는『전한지전全漢志傳』과『대송중흥통속연의大宋中興通俗演義』,『남북양송지전南北兩宋志傳』 등이 있다.『당서지전통속연의』는 전체 8권으로 구성되었고, 그 가운데에 7권과 8권의 내용이 대체로 당 태종이 벌인 고구려와의 전쟁을 담고 있다.『당서지전통속연의』는 4종의 간본이 전하는데, 대체로 내용은 유사하다. 이 가운데 가장 앞선 시기인 가정 32년, 즉 1553년에 간행된 간본[46]에 따르면 8권에 안시성 전투가 서술되어 있다. 8권의 83~87절과 마지막 90절에 양만춘에 대한 기록이 보인다.

사료 7·1 제83절 이세적이 병사를 이끌고 안시성으로 나아가고, 설인귀는 지혜로 황룡파黃龍坡를 취하다.

안시성을 지키는 자는 즉, 고구려국 좌우친위군관진수左右親衛軍官鎭守로, 각각 절노부絶奴部와 관노부灌奴部를 나누면, 절노부 주수主帥 양만

---

46 이 간본이 당서연의 간본 가운데 가장 앞선 시기의 것이기는 하나 이는 결코 최초 판본이 아닐 것으로 이해하면서 웅대목이 편집한 것으로 '설거사적본(薛居士的本)' 등을 그 원본으로 보기도 한다. 웅대목이 신간경본진왕연의당국지전(新刊京本秦王演義唐國志傳)을 저본으로 삼아 당서지전통속연의를 편집하였고, 신간경본진왕연의당국지전도 다른 판본을 저본으로 삼았을 가능성을 제시하기도 하였다(남재철, 2014, 앞의 글, 133~138쪽).

춘梁萬春·추정국·이좌승, 관노부 주수 구비·기무·장후손이다. 모두 6명의 맹장으로, 안시성 안에 용맹스럽게 있었다. … 양만춘이 말하길, "이 계획은 매우 훌륭하다. 그대에게 정예병 5만 명을 주니 먼저 당의 군대를 막아라. 나는 뒤따라가 역시 인마를 가지고 내응하겠다"라고 하였다.

사료 7-2 제84절 고연수가 진을 펼쳐 당의 병사와 싸우다. 설인귀가 포위를 풀었고 주장主將을 구하다.

안시성의 절노부絕奴部 양만춘에게 기마 초병이 보고하기를, "구비 등은 황룡파를 지켰다. 당의 장군이 계책을 사용하여 좁은 곳에서 나오게 한 뒤 구비 등 3명을 죽이고 부하 고구려 병사 태반을 사로잡거나 죽였다. 그날 당의 병사는 안시성 아래에 닥쳤다. 주수主帥는 급히 대비하십시오"라고 하였다. 양만춘은 매우 놀라며 추정국에게 이르러 말하길, "당의 병사가 이미 황룡파를 지나 관노부 구비 등 3명의 대장을 죽였다. 이미 안시성에게 도착하였는데, 너희 중에 탁월한 의견이 있는가"라고 하였다. [추]정국이 말하길, "당의 병사가 잘 싸운다는 것은 널리 알려졌으며, 향하는 곳마다 대적하는 자가 없습니다. 연이어 고구려 몇 개의 대군大郡을 취하였으니, 과연 헛되지 않습니다. 우리 병사는 전투에서 먼저 깨졌으며, 3명의 대장이 죽었습니다. 만약 다시 병사를 보내 그 진영과 대적한다면 능히 깨뜨려 이길 수 없음이 정해져 있습니다. 성안에서 오직 무기를 준비하고, 성 위에 전쟁 깃발을 꽂아 세우십시오. 한편 주수께서는 밤에 고구려로 사람을 보내 국왕을 알현하게 하여 급히 군마를 골라 호응하여 구원하게 요청하십시오. 그런 뒤에 군사를 출병해도 늦지 않을 것입니다"라고 하였다. 양만춘은 이 의견에 따라 즉시 삼군三軍에게 명령하여 성지를 단단히 지키게 하고 무기를 준비하였고, 한편으로 고구려에 사람을 보내 구원을 요청하였다. … 고연수가 [고]혜진에게 이르러 말하길, "당의 병사는 상대하기 쉽구나"라고 하였다. 이에 병사를 몰고 북을 치며 나아가 안시성 아래에 이르렀다. 성안에서 양만춘이 고구려 병마가 오는 것을 보고 여러 장수를 거느리고 망대 위에서 쉬지 않고 북을 치고 소리를 질렀다.

사료 7·3 제85절 고연수가 이세적에게 항복하다. 연개소문이 속정한을 추천하다.

양만춘이 고구려 병사가 패전하는 것을 보고, 부하 추정국·이좌승 등과 논의하며 말하길, "당의 병사가 낮밤으로 성지城池를 공격하니, 백성을 각각 [성]안으로 모두 품었다. 고연수가 병마를 잃고 은성으로 달아나 들어가니 어찌 적병을 패퇴시킬 것인가"라고 하였다. 이좌승이 말하길, "안시성의 해자는 견고합니다. 비록 당의 병사가 공격하더라고 우리를 어찌할 수 없을 것입니다. 다시 사람을 보내 고구려로 들어가게 하여 구원을 청하고 우리는 다만 전투와 수비의 도구를 준비한다면, 적들은 스스로 물러날 것입니다"라고 하였다. 양만춘이 그 의견에 따라 재차 사신을 고구려로 보내 구원을 청하는 한편 군사에게 명을 내려 성을 둘러 지키게 하였다.

사료 7-4 제86절 [강하]왕 도종道宗이 흙을 쌓아 안시성을 공격하다. 정명
진정名振이 병사를 데리고 녹수綠水를 나오다.

고구려 장군 양만춘이 이 소식을 알고 성안에 역시 화전火箭과 화포
火炮를 미리 갖추었다. 다음 날 아침에 [이]세적이 운제雲梯를 밀고
나갔으며 군 안의 북소리는 우레와 같았다. 사면을 삼군이 다투어
나아갔다. 장차 해자 주변에 가까워지자 고구려 장군은 화전을 일제
히 발사하였다. 불에 타 죽은 군병이 땅에 떨어졌고, 운제는 불에 타
서 모두 부서졌다. 성 위에서는 화살과 바위가 비와 같이 쏟아졌으
며 당의 병사는 앞으로 나아갈 수 없었다. … 양만춘은 급히 명령을
내려 석반石盤과 석마石磨를 옮겨 노끈으로 묶게 한 후 충차를 치게
하였다. 그 충차는 모두 부러졌으니 또한 나아가지 못하였다. 밤낮
으로 20여 일 서로 공격하였으나 대책이 전혀 없었다.

사료 7-5 제87절 노한삼이 건안성에서 죽다. [연]개소문이 철륵에게 병사
를 요청하다.

장량은 이미 건안성을 취하여 사람을 골라 지키게 하였다. 수군과
병선을 끌고 함께 나아가 곧바로 평양으로 달려갔다. 압록수鴨綠水부
터 나아가 출발하여 군현을 지나는바 멀리서 위세를 바라보고 피하
였다. 장차 안시성에 가까워졌는데, 일찍이 어떤 사람이 태종에게
알리길, "지금 장량이 일련의 고구려 장군에게 이겨 건안성을 취하
였고, 바로 그날 대군을 평양으로 보냈습니다"라고 하였다. 태종이
크게 기뻐하면 곧 칙서를 내려 이세적 등 여러 장군에게 육로로 동·

서·남쪽의 문을 치게 하고, 장량에게 수로로 북쪽의 문을 치게 하였다. 양쪽에서 합세하여 성지를 취하도록 힘썼다. 두 곳의 모든 병사에게 밤낮으로 공격하게 하였다. 양만춘이 종일 추정국·이좌승 등과 함께 전수戰守를 논의하였는데, 당의 병사가 각 문을 공격하는 것을 듣고 매우 급해졌다. 이좌승이 말하길, "당의 병사는 여러 차례 우리를 공격하였으나 함락시키지 못하였습니다. 무리가 정신이 피폐해질 때, 주장主將이 병사를 보내 그들의 진영을 공격한다면 그 칼날을 꺾을 수 있을 것입니다"라고 하였다. 추정국이 말하길, "당의 사람들은 이미 우리에게 토산을 빼앗기고, [우리는] 견고하게 지켰습니다. 지금 수륙으로 동시에 진격하여 인마 30만이 장구長驅하여 오는데 그 기세가 심히 성합니다. 만약 나가서 싸운다면 반드시 패할 것입니다. 급히 사람을 고려에 보내 구원을 요청하시고, 또한 서로 견주어 살피십시오"라고 하였다. 양만춘이 그 의견에 따라 밤에 사람을 보내 고려로 들어가게 하여 구원을 요청하였고, 성안에 깊은 도랑과 높은 보루를 만들어 서로 지키며 나아가지 않았다.

사료 7·6 제90절 장손무기 등 신하가 거가를 돌릴 것을 권고하다. 당 태종이 앉아서 태평을 누리다.

한편 이세적은 이미 일찍이 동·서 두 진영의 병마에게 명령하여 무장을 이미 갖추게 하였고, 사람에게 각각 무기를 뽑게 하고, 궁노를 당기게 하였다. 다음 날 성 아래에서 대오에 맞춰 가게 하였다. 단지 깃발이 해를 가리는 것처럼 보였고, 투구와 갑옷은 선명했으며, 징

과 북을 일제히 울리면서 안시성을 둘러쌓았다. 일찍이 지키는 군대
가 있어 성안으로 들어가 보고하기를, "당의 천자가 이미 거가를 돌
려 각 진영의 군대를 철수시킵니다"라고 하였다. 고구려 장군 양만
춘이 장군들을 이끌고 성에 올라 관망하니, 성 아래 인마가 정연하
고 의복이 빛났으며 각 대오에 맞춰 가는 것을 보고 더 이상 분란이
없을 것으로 판단하였다. 고구려의 병사가 은밀히 갈채하였다. 양
만춘이 말하길, "오래전에 진왕의 병사에게 적수가 없다고 들었다.
오늘 그 위세를 보니 과연 헛되지 않도다"라고 하였다. 갑자기 중군
에 바람이 일어 용봉일월기龍鳳日月旗를 말아 올리고, 깃발 아래 황
라산黃羅傘이 펼쳐졌으며, 앞에서는 호위하고 뒤에서는 성대하게 일
어나니, 그 무리族가 황제의 수레에 하나로 머물렀다. 북소리가 가
깝게 들렸고 장차 성의 해자 주변에 이르니, 양만춘 등이 당의 천자
가 지나가는 것을 알고, 군중이 성 위에서 각각 무릎을 꿇고 함께 소
리를 내어 황제의 수레에 삼가 공손히 사양하였다. 전후 중군에 보
고가 들어가니, 태종이 이를 알고 명을 내려 비단 100필을 하사하였
다. 양만춘 등이 이를 받아 옮기지 않았다. 사관에게 비단을 건네주
었으며, 성 위 목판에 매달게 하고 이를 내려받았다. 관리가 이에 말
하길, "저 비단은 천자가 너희들이 충성으로 임금을 섬기고 성을 견
고하게 지켰기 때문에 주는 것이다"라고 하였다. 고구려의 병사가
하사품을 받으니, 성 위에서 삼가 사양하는 소리가 황제의 앞까지
진동하였다. 태종의 병마가 전후로 안시성을 떠나 백암성의 주둔지
에 이르렀다. 이에 각 군영에 칙서를 내려 장군과 사병에게 대상大賞

3일을 주었다.

위에서 보이는 바와 같이 양만춘의 출신 부部까지 자세하게 기록하고 있고, 양만춘과 더불어 장수 5명의 성명까지 나열되어 있다. 특히 절노부의 주수主帥로 양만춘이 거론되었고 그 예하 장수로 추정국과 이좌승이 있었으며, 관노부의 주수로는 구비, 기무, 장후손이 있었던 것으로 서술되어 있다. 전체적인 내용상 안시성 내에서의 명령 체계로 보면 안시성주는 양만춘이었던 것으로 묘사하고 있다. 왜냐하면 구비 등은 안시성 밖의 전투에서 싸우다 전사한 사람으로 사서에 언급된 '성상배城上拜'의 성주는 아니기 때문이다. 아울러 이 책에는 건안성을 지키던 장수로 노한이, 노한삼, 장정석, 왕조봉 4명도 서술되어 있다.[47] 이 기록의 역사적 전거는 전혀 알 수 없는바, 여타의 어떠한 문헌 기록에서도 이들의 성명이 단 한 명도 확인되지 않기 때문에 작가에 의한 창작의 소산이라 할 것이다. 여러 장수의 성명도 그러하거니와 7세기에는 보일 수 없다고 생각되는 절노부, 환노부 등의 옛 부의 명칭이 기술된 점도 어색하다. 이러한 점에서도 창작의 소산이라고밖에 볼 수 없다. 웅대목은 당서를 기본으로 한 연의식 소설을 쓰면서 당서에 등장하는 실제 인물들도 소설 속에 등장시켰지만, 역사서에 보이지 않는 다수의 가상의 인물들을 창작하

---

47 『唐書志傳通俗演儀』第86節, 王道宗築土攻安市 程名振持兵出綠水, "是時 建安守將盧漢二 盧漢三張鼎石王朝奉四員鎮守".

면서 안시성과 건안성과 관련된 전투를 묘사했다. 이는 소설의 구성 상에 필요한 인물 설정이었던 것으로 전쟁의 극적인 전개를 위해 인물들의 성명을 창작하였다.

이처럼 『당서지전통속연의』에 의해 안시성주는 '梁萬春'으로 설정되었다고 할 수 있다. 이는 실제 역사적 근거는 전혀 확인할 수 없는 것이기 때문에 많은 문제가 있다. 그런데 다른 사서에 기록이 없는 상황에서도 안시성과 안시성주에 대한 많은 관심이 존재하였다. 이에 관한 관심으로부터 시작하여 조선시대 사람들이 중국인으로부터 안시성주에 대한 정보를 전해 들었던 것으로 보인다. 후에 그 정보가 기록되고 전승되면서 조선시대 기록에서 『당서지전통속연의』를 직접 확인하지 않고 양만춘에 대한 기록의 출발을 태종동정기, 당서연의唐書衍義, 唐書演儀 등으로 표현하기도 하였다.

사료 8·1 성주의 성명이 우리 역사東史에는 전하지 않는데, 태종동정기에 양만춘梁萬春이라 하였다. 이것이 김하담의 『파적록破寂錄』에서 나왔는데, 『경세서보편經世書補編』에도 그러하다. 상고하건대 혹은 추정국鄒定國이라 하였다.[48]

사료 8·2 황제가 진격하여 안시성을 공격하였는데, 성은 험하며 병사는 뛰어나고, 성주 또한 재능과 용기가 있으니, 60일 동안 성을 포위하였으나 [성을] 굳게 지켜 함락되지 않았다. 황제는 요동이 일찍

---

48 『東史綱目』附錄 上卷上, 考異.

추워져서 칙명을 내려 회군하도록 하였다. 안시성주는 역사서에 그
이름이 전하지 않지만, 중원 사람들이 양만춘梁萬春 또는 추정국이라
고 서로 전하였다.[49]

위 안정복이 언급한 내용 가운데 태종동정기는 『당서지전통속연
의』를 가리킨다. 전거로 언급하고 있는 김시양의 『하담파적록荷潭破
寂錄』에는 양만춘에 관한 내용이 확인되지 않는다.[50] 또 하나 전거로
언급하고 있는 『경세서보편經世書補編』은 신익성의 『강절선생황극경
세서동사보편통재康節先生皇極經世書東史補編通載』를 말하는 것으로 보이
는데, 여기에는 양만춘이 확인되며, 추정국도 같이 기술하고 있다.
그 전거는 중원 사람이 서로 전하는 것으로 서술하고 있어서 구체적
이지는 않다. 안정복이 『동사강목東史綱目』의 주석에 안시성주가 양
만춘 이외도 추정국이라는 점도 기록한 것은 아마 『강절선생황극경
세서동사보편통재』를 보고 쓴 것 같고, 『당서지전통속연의』를 직접
확인한 것은 아닌 듯하다. 『당서지전통속연의』를 직접 보았다면 여
러 명의 장수 이름을 확인하였을 것이기 때문에 이러한 주석을 붙이
진 않았을 것이기 때문이다. 적어도 『황극경세서동사보편통재』가

---

49 『康節先生皇極經世書東史補編通載』卷4 六十七.
50 당의 유가명장(儒家名將)인 뇌만춘(雷萬春, ?~757)에 대해 언급한 기록이 보이는데,
   혹여 이것을 양만춘으로 잘못 기억한 것이 아닌가 한다(昌黎張中丞傳後敍云 閱家中舊
   書 得李翰所爲張巡傳 翰以文章自名 爲此傳頗詳密 尙恨有闕者 不爲許遠立傳 又不載南霽雲
   事首尾 遂敍許遠南霽雲事甚詳 而無一言及雷萬春者 旣以不載雷萬春事首尾爲有闕 則傳後
   書不應復沒沒如此也 余嘗疑南霽雲三字傳寫者 誤作雷萬春 每與士友語次及之 或言八大家
   文抄註 亦有此論 八大家文抄註余未及見 不知果然否).

간행될 즈음의 17세기 전반의 조선에는『당서지전통속연의』의 내용 가운데 안시성을 지킨 장군으로 양만춘과 추정국 정도는 알려져 있었던 셈이다.

한편 조선시대에 안시성주가 양만춘으로 고착화되는 상황에서 당서연의의 기록에 대해 의문을 제기한 견해도 동시에 다수 확인할 수 있다.

사료 9·1 안시성주는 조그마한 외로운 성으로 천자의 군대를 막아냈으니, 세상에 드문 책략가일 뿐만 아니라, 성에 올라가 절하고 하직하는데 말이 조용하여 예의의 바름을 얻었으니, 진실로 도를 아는 군자이다. 아깝게도 역사에서 그의 이름을 잃었는데, 명나라 때에 이르러 당서연의唐書衍義에 그의 이름을 드러내어 양만춘梁萬春이라고 하였다. 어떤 책에서 찾아냈는지는 알 수 없으나 안시성의 공적이 책에서 찬란히 빛나고 있다. 진실로 그의 이름을 잃지 않고 전하였더라면『자치통감강목資治通鑑綱目』과『동국사기東國史記』에 응당 모두 유실되지는 않았을 것이다. 어찌 수백 년을 기다려서야 비로소 연의衍義에 나오겠는가. 거의 믿을 수 없다.[51]

사료 9·2 '안시성이 요양 개주 지방에 있으니 여기서 70리'라고 하나 대저 잘못 전해진 의논이라. 세상이 전하되, '안시성주는 양만춘楊萬春이다' 하니 이 말이 당서연의唐書衍義라 하는 책에 있으나, 역사 기

록史記에 나타난 일이 없으니, 족히 취하여 믿지 못하리라 하니, 이는 분명한 의논이라.[52]

사료 9-3 삼연三淵 [김창흡]이 연경으로 가는 노가재老稼齋 [김창업]을 전송한 시에, '천추에 대담한 양만춘이 활 쏘아 당 태종의 눈동자 맞혔네'라고 하였는데, 상고하건대 안시성 성주가 양만춘이라는 것은 당서연의唐書演義에서 나온 말로, 호사자가 그런 성명을 만든 것이니 믿을 만한 것이 못 된다. 이는『월정잡록月汀雜錄』과 서거정의『사가정집四佳亭集』에 자세히 보인다고 한다. 목은牧隱 [이색]의 정관음貞觀吟에, '주머니 속 하나의 물건일 뿐인데, 어찌 알았으랴? 화살이 눈에 떨어지는 것을'이라고 하였는데, 현화는 눈을 말하고 백우는 화살을 말한다. 세상에서 전해 오기로는 당 태종이 고구려를 치기 위하여 안시성까지 왔다가 눈에 화살을 맞고 돌아갔다고 하는데, 당서唐書와『자치통감』을 상고하여 보아도 모두 실려 있지 않았다. 이는 당시의 사관이 반드시 중국을 위하여 숨긴 것이리니 기록하지 않은 것을 괴이하게 여길 것이 없다. 이는 김부식의『삼국사기』에도 실려 있지 않은데, 목은은 어디서 이 말을 들었는지 모르겠다.[53]

사료 9-4 우리나라의 성명 이동異同에 대해서는 아직 자세히 상고해 보지 못하였다. 이를테면 이지란의 자를 식형式馨, 유금필의 자를 관교官佼라 하는 등 성원姓苑에 적지 않게 보이는가 하면, 신라 때 김생

---

52 『戊午燕行錄』卷1, 戊午年(正祖22) 11月.
53 『靑莊館全書』卷32, 淸脾錄1.

의 이름을 구玖라고 한 이는 배와坯窩 김상숙이고, 고구려 때 안시성
주를 양만춘楊萬春이라 한 말은 당서연의唐書演義에 보이는데, 믿을 수
없다.[54]

위 『부계기문涪溪記聞』에서는 양만춘이 당서연의에 나오는 내용
이긴 하지만, 그 전거에 대해 확인할 수 없어서 믿을 수 없다고 하고
있다. 안정복도 『무오연행록戊午燕行錄』에서 당서연의를 직접 확인하
고 쓴 것은 아닌 듯하고, 안시성주가 양만춘이라고 하는 내용은 역
사서에 나타나지 않아 믿을 수 없는 것으로 보고 있다. 이덕무는 안
시성주 양만춘은 당서연의에서 나온 말이지만, 호사자가 그런 성명
을 만들어낸 것으로 믿을 수 없다고 썼다. 또한 전거로 삼았던 『월정
잡록』과 『사가정집』은 직접 확인하지 않았던 것으로 여겨진다. 목은
이색이 쓴 '정관음'에 당 태종이 눈에 화살을 맞고 돌아갔다는 것은
사서에 실려 있지 않지만, 당시 사관이 숨긴 것으로 여기고 있다. 그
렇지만 목은이 이러한 말을 어디서 알았는지에 대해서는 의문을 제
기하고 있다. 이규경도 안시성주를 양만춘이라고 한 것은 당서연의
에 보이지만, 믿을 수 없다고 했다. 양만춘의 성명을 '楊萬春'으로 표
기한 것을 보면 당서연의를 직접 본 것은 아닌 듯하다.

이 밖에 몇 가지 검토해 볼 사항이 있다. 성호 이익도 안시성주를
양만춘으로 인식하였는데 당서연의가 아닌 다른 구체적인 전거를

---

54 『五洲衍文長箋散稿』, 人事篇1 人事類2 氏姓.

밝히고 있다. 즉, 명대 문인이었던 하맹춘何孟春의 『여동서록餘冬序錄』
을 양만춘에 대한 전거로 기록하고 있다.

사료 10·1 고려의 김부식이 유공권의 소설을 인용하여, "주필의 전역
에 고구려와 말갈의 연합군이 사방 40리에 뻗쳤으므로, 태종이 바라
보고 두려워하는 기색이 있었다"라고 하였다. 또 "6군六軍이 고구려
에 제압당하여 자못 앞으로 떨쳐나가지 못하게 되었을 때, 척후병이
'영공英公의 군사가 포위되었다'라고 고하자, 황제가 크게 두려워하
였다. 마침내 스스로 벗어나 가기는 하였지만 두려워함이 이와 같았
다. 그러나 『신당서』, 『구당서』와 사마광司馬光의 『자치통감』에 이 사
실을 말하지 아니한 것은, 어찌 나라를 위하여 말하기를 꺼린 것이
아니겠는가?" 하였다. 또 "태종이 영명하고 신무한 불세출의 임금으
로서 오랫동안 안시성을 포위하고 온갖 계책을 다하여 쳤지만 이기
지 못하였으니, 그 성주도 역시 비상한 사람이었다고 할 수 있는데,
애석하게도 역사에 그의 성명이 누락되었다"라고 하였다. 내가 하
맹춘何孟春의 『여동서록餘冬序錄』을 상고해 보니, "안시성 장군은 곧
양만춘梁萬春이다"라고 하였다. 목은의 시에, '누가 백우가 현화를 떨
어뜨리는지 알까'라고 하였는데, 세상에서 "당 태종이 유시流矢에 맞
아 실명했기 때문에 이렇게 말한 것이다"라고 하니, 이에 모두 상고
할 수 있는 것이다.[55]

---

55 『星湖僿說』卷27, 經史文 安市城主.

사료 10-2 보장왕 4년에 당 황제가 안시성을 공격하였는데 성을 단단히 지키는지라 함락시키지 못하니, 군사를 돌릴 것을 명하였다. 먼저 요주와 개주 두 주의 호구를 징발하여 요수遼水를 건너게 한 뒤, 안시성 아래에서 군대의 위용을 보이고는 회군하였다. 성안 사람들은 모두 자취를 감추고 나오지 않았다. 성주가 성에 올라 절을 하며 전송하니, 황제가 이에 그가 성을 단단히 지킨 것을 가상히 여겨 비단 100필을 하사하여, 임금을 잘 섬긴 것을 격려하였다.

성상배城上拜. 황제에게 구벌의 군대가 있었지만, 신하에게도 7리의 성곽이 있었네. 구벌 군대가 장대하지 아니하지 않았지만 7리 성곽도 바위처럼 견고했지. 천시가 어찌 지리처럼 좋을 수 있으랴. 필부가 황제의 위엄을 용납하지 않았네. 요양 천 리에서 고생 오래하지 마소. 나의 이 마음은 정영위가 보고 있으리니. 삼군이 물러가고 황제가 돌아가니 비단을 금탕 나라에 선물로 주었다네. 황제는 마치 삼순三旬에 군사 돌린 우禹와 같았는데, 명성이 진왕 때의 파진악破陳樂과 동일했으며, 신하는 하수의 배에 오른 맹명孟明과 같았는데, 바람을 향해 허리 굽히니 파도가 막아 주네. 군왕은 사해를 일가로 삼으니 한 번 정벌하고 한 번 놓아 줌이 모두 은택이네. 무려산巫閭山 산빛 푸르게 우뚝 솟았는데 양만춘梁萬春이란 이름이 나란히 짝하였네.[56]

이익은 『성호사설星湖僿說』에서 『여동서록』을 통해 안시성장이 양

---

56 『星湖全集』 卷7, 海東樂府 城上拜.

만춘이라고 했으나, 현재 확인할 수 있는 『여동서록』은 하맹춘이 찬
술한 것을 하중방何仲方이 편집한 것으로 대만 타이베이 예문인서관
에서 1966년에 전체 13권으로 원각영인原刻影印한 것이다. 『여동서
록』이 16세기 전반경의 기록임은 분명하지만, 현재 남아 있는 간본
에서는 안시성과 양만춘에 대한 기록은 찾을 수 없다. 혹여 『여동서
록』의 판본상의 문제일 여지도 있기에 그 핵심적인 것을 줄인 적초
본인 『여동서록적초내외편餘冬序錄摘抄內外篇』을 확인해 봐도 양만춘에
대한 기록을 찾아볼 수 없다. 이것에 대해 이익이 안시성주의 성명
이 전하지 않은 것에 대한 큰 아쉬움을 갖고서 그 성명을 신빙할 만
한 문헌을 바탕으로 고증하고자 하는 강한 의지가 반영되어 실증적
고증에서 착오가 생긴 것으로 추정하기도 한다.[57] 그런데 이것은 이
익의 기억상 오류일 개연성이 높다. 당시 문인들이 기억을 통해 글
을 쓰는 경향이 많은 만큼 개인의 기억상 오류일 것으로 보인다. 이
익은 전집에 남긴 '성상배城上拜'라는 시에서도 안시성주를 양만춘으
로 기록하기도 하였다. 따라서 안시성 주의 실체에 대해 당서연의를
제외하고 중국 측의 전거를 확인하는 것은 문헌 기록상으로는 불가
능하다.

　또한 비록 후대의 기록이긴 하지만, 1921년에 간행된 『속음청사
續陰晴史』에서 김윤식은 안시성주로 양만춘에 대한 첫 기록은 사가시
화四佳詩話, 즉 서거정의 시화였던 것으로 인식하기도 하였다.

사료 11 안시성 성주의 성명은 역사서에 보이지 않고 서거정의 시화에 보이니, 성은 양楊, 이름은 만춘萬春이다. 천개소문이 군주를 시해하고 스스로 막리지莫離支가 되어, 여러 성주를 불러서 자기를 배반하는 자는 죽였다. 안시성 성주 홀로 부름에 가지 않고 군대를 정비하여 스스로를 지켰다. 개소문이 장수를 보내 공격하였으나 함락시키지 못했다. 당나라 군대가 이르자 성주는 또 힘을 다해 방어하여 천하의 군대를 막을 수 있었다. 섬기는 사람에게 충성을 다하고 관직의 직책에 목숨을 다한 사람이리라. 그러나 당나라 군대가 퇴각하고 나자 천적의 권한은 더욱 굳건해졌으니, 성주가 굳게 지킨 것이 천씨를 위한 것이 되었고 고씨를 위한 것이 되지 못했다. 그러나 천씨에게 힘을 다한 것이 어찌 성주의 본심이었으랴.[58]

사료11의 '사가시화'는 『동인시화東人詩話』를 가리키는 것으로 생각되는데, 이 책은 1474년(성종 5)에 서거정이 지은 시화집으로 상·하 2권 1책으로 된 목판본이다.[59] 『동인시화』에는 당 태종이 눈에 화살을 맞은 이야기와 관련해서 적고 있을 뿐이어서 『속음청사』의 기록도 신뢰하기는 어렵다.[60] 이와 관련하여 『동인시화』가 전거로 언급된 또 하나의 문헌이 있는데 윤기의 『무명자집無名子集』이다.

---

58 『續陰晴史』卷4, 高宗26年(己丑) 7月 16日.
59 현재 서거정의 시화가 수록된 문헌에는 『사가집(四佳集)』, 『동문선(東文選)』 등도 있으나 여기서도 양만춘에 대한 기록을 전혀 확인할 수는 없다.
60 정호섭, 2014, 「백암 박은식의 고구려사 서술에 대한 비판적 검토」, 『한국사학보』 54.

사료 12 태종의 눈에 화살을 맞았다는 목은의 시 진실이니, 사관이 삼가서 기록하지 않음도 괴이할 것 없네. 다만 탄식스러운 것은 성주 충성 저러하거늘, 양만춘梁萬春이란 성명을 드러내지 않은 것이라【이목은[이색]의 정관을 읊은 시에 이르길, "주머니 속에 든 하나의 물건으로 보았는데, 어찌 화살이 눈에 떨어질 줄 알았으랴"라고 하였다. 이에 대해 서거정의 『동인시화東人詩話』에 이르길, "당시 사관이 필시 중국 때문에 휘諱를 하여서일 것이니, 이 일이 기록되지 않은 것도 이상할 것이 없다"라고 하였다. 성주는 양만춘梁萬春이니 당 태종동정기에 보인다】.[61]

여기서 성주 양만춘에 대한 것은 태종동정기에서 보인다는 것으로 앞서 언급한 바와 같이 태종동정기는 당서연의를 가리킨다. 『무명자집』에 보이는 내용은 결국 이색의 시를 읽고 『동인시화』를 본 후에 그 감회를 시로 표현한 것이라고 하겠다.

한편 안시성주의 성명이 문헌 기록에 '梁萬春' 혹은 '楊萬春'으로 다르게 나타나는데, 대체로 위 초기 기록을 보면 '梁萬春'이었던 것으로 보인다. 다만 성명을 '楊萬春'으로 쓴 최초의 기록은 관찬으로는 『승정원일기承政院日記』, 사찬으로는 조위한의 『현곡집玄谷集』에서 확인된다.

---

61 『無名子集』詩稿 6冊, 詩221.

사료 13·1 [남]이공이 아뢰기를, "안시 (3, 4자 원문 결락) 그 이름이 전해지지 않습니다. 중국에서는 양만춘楊萬春으로 전해지고 있으나, (3, 4자 원문 결락)에서 나오는 듯합니다"라고 하였다. [홍]서봉이 아뢰기를 "고구려가 요동 지방을 소유하여 삼국 가운데 (3, 4자 원문 결락) 수·당이 이기지 못하였습니다. 그 땅은 평원이 광활하여 끝이 보이질 않습니다. 지형이 이와 같기 때문에 씩씩하고 호방한 사람이 많이 나왔습니다. 이를테면 고구려의 역사에서 연개소문이라고 일컫는 자는 비록 찬역簒逆한 도적이기는 하지만 그래도 적수가 없는 효웅梟雄입니다. 당 태종이 군신들과 당세의 웅걸雄傑을 논하였는데, 연개소문이 7인 가운데에 끼었으니, 그 인물이 어떠한지 상상이 됩니다"라고 하였다. 국왕上이 이르기를, "연개소문의 재주는 조조曹操에 뒤지지 않을 듯하다. 지금 노적奴賊이 차지하고 있는 지역이 모두 (1자 원문 결락)의 땅인가?"라고 하니, 홍서봉이 아뢰기를, "삼차하三叉河의 동쪽이 모두 저들 차지가 되었는데, 이 지역은 모두 고구려가 소유했던 땅입니다"라고 하고 (2자 원문 결락), "우리나라의 문헌이 중국만 못하여 안시성이 어디인지 알 수가 없고, 그 성주가 누구인지는 더더욱 알 수가 없습니다. 서책이 잔결되어 기록이 전해지지 못한 까닭에 당시 성을 지켰던 자로 하여금 (3, 4자 원문 결락) 일국의 충의롭고 호걸스런 영웅의 이름이 민멸되어 전하지 않으니, 그 통탄스러움을 (3, 4자 원문 결락)"라고 하였다. 강講을 마쳤다.[62]

사료 13·2 봉황성鳳凰城은 안시성 또는 거주성莒州城이라고도 한다. 안

시는 곧 양만춘楊萬春이 지키는 곳이었고, 거주莒州는 곧 개소문蓋蘇文이 웅거한 곳이다.63

위와 같은 기록 이후에도 지속적으로 안시성주는 '楊萬春'으로 표기되기도 하였다. 그것은 『당서지전통속연의』나 『월정만필』 등에는 '梁萬春'으로 동일하게 표현하고 있었다. 그런데 실제 그 기록을 보지 못한 누군가에 의해 처음으로 중국인들에게 많이 나타나는 성姓인 '楊'으로 인식되면서 '楊萬春'으로 표기되었고, 그것이 이후 지속적으로 전승되기도 하였다.

또 하나 살펴볼 것은 당 태종이 눈에 화살을 맞아 상처를 입었다는 내용이다. 당 태종이 눈에 화살을 맞아 회군한 이야기는 중국 정사의 기록에도 전하지 않는 사실이고, 국내의 『삼국사기』나 『삼국유사』 등에도 전하지 않는다. 다만 이러한 이야기의 실제 사실 여부를 떠나 적어도 고려 말부터 이러한 전승은 존재하였던 것으로 보인다.64 이색의 『목은집牧隱集』에 수록된 '정관음'이라는 시가 남아 있고, 서거정의 『동인시화』와 『동문선東文選』 등에도 같은 기록이 있다. 이 기록은 이후 조선시대 여러 문집에도 전하고 있다.

---

62 『承政院日記』 27冊, 仁祖7年 8月 7日(己未).
63 『玄谷集』 卷5, 詩 一百十首.
64 한국민족문화대백과사전 등에 고려 말 이곡(李穀)의 『가정집(稼亭集)』에 당 태종이 눈에 화살을 맞은 이야기를 전하고 있다고 하나, 『가정집』에서 그러한 내용을 찾을 수 없고 당태종육준도(唐太宗六駿圖)라는 시만 전하고 있다.

사료 14·1 목은 이색이 지은 정관 연간을 읊은 시는 호쾌하면서도 건장하다. … 현화는 당 태종의 눈을 말하고 백우는 화살을 말한다. 세상에 전하기를 당 태종이 고구려를 정벌할 때 안시성에 이르렀는데 화살이 그의 눈을 명중시켜 돌아갔다고 한다. 그러나 당서와 『자치통감』을 상고하면 이 사실이 모두 기재되어 있지 않다. 비록 있었던 사실이라도 당시의 사관이 필경 중국을 위하여 숨겼을 것이니, 그 기록이 없더라도 이상해할 것은 없다. 다만 김부식이 편찬한 『삼국사기』에도 기재되어 있지 않은데, 목은 노인이 어디에서 이 사실을 알았는지 모르겠다.[65]

사료 14·2 세상이 전하는 말에, 당 태종이 안시[성]를 치다가 유시流矢에 눈을 맞았다고 하는데, 중국 역사가 이를 숨기고 바로 쓰지 않은 것은 실로 당연한 일이겠으나, 우리 역사에도 보이는 곳이 없다. 이 목은李牧隱 [이색]의 정관음에, "주머니 속에 든 하나의 물건으로 보았는데, 어찌 화살이 눈에 떨어질 줄 알았으랴" 하였다. 목은이 당세의 유종이 되었으니 그 말이 망령되지 않았을 것이다. 『자치통감』에 의하면 태종이 요동으로부터 돌아와 악성 종기를 앓았다고 하였으니, 이것이 어찌 유시에 상처 입은 것을 역사에서 숨기고 말하지 않는 것이 아니겠는가?[66]

---

65 서거정 저, 권경상 역주, 2003, 『原典對照 東人詩話』, 다운샘.
66 『東史綱目』 附錄 上卷上, 考異.

사료 14·3 문정공 이색의 정관음에 이르기를, "이것은 주머니 속의 한 물건이라 여겼으니, 어찌 현화가 백우에 떨어질 줄 알았으랴"라고 하였다. 현화는 눈을 말하고, 백우는 화살을 말한 것이다. 세상에 전하기를 "당 태종이 고려를 정벌할 적에 안시성에 이르렀다가 눈에 화살을 맞고 돌아갔다"라고 하는데, 당서와 『자치통감』에 모두 실려 있지 않고, 다만 유공권의 소설小說에, "태종이 처음 고구려의 연수와 혜진이 발해의 군사를 인솔하고, 진을 40리 거리에 뻗치어 포진한 것을 보고 두려워하는 빛이 있었다"라고 하였으나, 역시 화살을 맞아 부상했다는 내용은 없다. 나는 생각하기를, "당시에 비록 이러한 일이 있더라도 사관이 반드시 중국을 위하여 숨겼을 것이니, 쓰지 않은 것은 괴이할 것이 없다. 다만 김부식의 『삼국사기』에도 기재되어 있지 않으니, 목은 옹이 어디에서 이것을 얻었는지 알 수 없는 일이다"라고 하였다.[67]

사료 14·4 동이東夷는 성을 잘 지키며, 요동은 길이 멀어 식량을 운반하기 어렵다. 황제가 옳게 여기지 않아 돌아갔다. 늘 고구려인은 성을 굳세게 지킨다고 일컬었다. 황제가 수도로 돌아와 여러 장군에게 말하길, "내가 천하의 군중을 이끌고 작은 오랑캐에게 곤경을 겪었으니 어째서인가"라고 하였다. 이정李靖이 말하길, "이는 도종道宗이 해명할 일입니다"라고 하였다. 황제가 도종에게 물으니, 주필산에 있었을 때 빈틈을 타서 평양을 빼앗자고 하였던 말을 자세히 진술하

---

67 『大東野乘』筆苑雜記.

였다. 황제가 원망하며 말하길, "당시에 급박하고 바빠서 내 기억이 나질 않는다"라고 하였다. 안시성은 낭자점娘子店에서 1백여 리 떨어져 있다. 야인野人에게서 전해지기를 당 문황文皇이 안시성을 공격할 때 병사가 패하고 날이 저물어 길을 잃었는데, 산 위의 닭 소리를 듣고 소리가 나는 곳을 찾아갔다. 부인이 문을 열고 나와 영접하고, 음식을 갖추어 굶주림을 구제하였다. 황제가 몹시 피곤하였다. 날이 밝은 뒤 보니, 산은 비어 있고 사람은 없었다. 앞쪽에는 바위가 있었는데 계관鷄冠이 천성天成을 막는 것과 같았다. 그런 마음에 놀라 괴이하게 여기니, 신명이 도운 것이라 여겼다. 명을 내려 그 땅에 사찰을 세우고 이름을 계명사鷄鳴寺라고 하였다. 낭자점에서 1백여 리 떨어져 있다. 불탑 위에 하나의 나무로 닭을 조각하였는데, 살아 있는 것처럼 새겼다. 그 비석에 이 사실을 적어 다른 사람에게 알리는 바이다.[68]

사료 14·5 고구려시대에는 나라에 이 문이 있지 않았다. 아득하게 지난 자취를 대동야승에서 들으니, 양계 지역에 삼회參繪하여, 간사한 틈이 흘러나와 천 년 동안의 폐백이 큰 길에 분주하다. 산과 강에서 단왕檀王의 흔적을 알았고, 봉화가 지금 완성되어 대촌에 가득하다. 백발이 서풍에 휘날리니, 무슨 일 때문인가. 우리나라의 옛길이 중원에 있다. 문의 서쪽은 산세가 험난하고 길이 굴곡지며, 22개의 굴을 지난다. 비로소 봉황산을 보고, 운중산 아래에 서 보니, 국면이

---

68 『東史約』上, 紀年東史約卷之二 朝鮮茅亭李源益編 新羅高句麗百濟紀 乙巳.

평탄하며, 봉황성이 있다. 고구려 안시성 성주 양만춘이 당나라 황제 이세민을 쏘아 그 눈을 적중시켰다는 말이 있는데, 이목은 [이색]의 시에, 눈에 화살을 맞았다는 것이다. 눈앞에 다만 한 무리의 변발을 한 만족과 한 무리의 쟁을 맨 병사들이 있어서, 전대의 영향을 구하고자 하나 그럴 데가 없다.[69]

위 기록들은 고려 말부터 조선시대에 이르기까지 문헌을 통해 당 태종이 화살을 맞았음을 전하고 있는 기록들이다. 물론 조선시대 문인들이 모두 이러한 인식을 보인 것은 아니지만, 당 태종이 눈에 화살을 맞은 내용은 어느 정도 사실로 받아들이는 분위기는 있었다. 역사에 기록되지 않는 이유는 당시 사관들이 중국을 위해 숨긴 것으로 이해한 것이다. 당시 문인들 가운데 목은 이색의 시에 보이는 표현을 사실로 받아들이고 있었는데, 이것은 목은 이색에 대한 믿음에서 연유한 것으로 볼 수 있다. 목은 이색이 시를 남길 정도로 고려 말에 이러한 이야기가 있었다는 사실에 대한 문인들의 믿음이 곧 사관들이 중국을 위해 사실을 숨긴 것으로 받아들인 것이다. 이것은 주류적 견해라고는 볼 수 없으나 이러한 흐름이 고려 말에서 20세기 초반까지 지속되었다는 것은 문인들의 고구려 인식이라는 점에서 의미를 둘 수 있는 것이다. 이러한 내용을 종합하여 조선시대 문헌에 기록된 안시성주에 관한 표기를 정리하면 표1과 같다.

---

69 『韓溪遺稿』卷1, 詩7 五九九 高麗門; 『韓溪遺稿』卷7, 旅語44 高麗門.

표 1 조선시대 문헌에 기록된 안시성주 표기와 전거

저자	문헌	표기	전거	비고
윤근수 (1537-1616)	월정만필(月汀漫筆), 월정집(月汀集)	梁萬春	오종도(태종동정기) 이시발(당서연의)	명 오종도와 감사 이시발에게 들음
심광세 (1577-1624)	휴옹집(休翁集)	梁萬春	여사초	여사초가 무엇인지 확인이 불가함
승정원	승정원일기 (承政院日記)	楊萬春	중국	인조 7년(1629)
김시양 (1581-1643)	부계기문(涪溪記聞)	梁萬春	당서연의(唐書衍義)	직접 당서연의를 확인했는지 는 확실하지 않음. 책명의 한 자가 다름
신익성 (1588-1644)	황극경세서동사보 편통재(皇極經世東 史補編通載)	梁萬春	중원인상전 (中原人相傳)	당서연의를 직접 본 것은 아 님. 양만춘(梁萬春)과 추정국 을 언급함
조위한 (1567-1649)	현곡집(玄谷集)	楊萬春		
송준길 (1606-1672)	동춘당선생별집 (同春堂先生別集)	梁萬春	윤근수가 중국 조정 에서 들음	근거 확인 불가함
이문재 (1615-1689)	석동집(石洞集)	梁萬春	태종동정기	
박세채 (1631-1695)	남계집(南溪集)	梁萬春		
홍만종 (1643-1725)	동국역대총목 (東國歷代總目)	梁萬春	태종동정기	당서연의를 직접 본 것은 아 닌 듯함
김창흡 (1653-1722)	삼연집(三淵集)	楊萬春	들은 말(以愚所聞)	
이기지 (1690-1722)	일암집(一菴集)	楊萬春		
이관명 (1661-1733)	병산집(屛山集)	楊萬春	세전(世傳)	세상에 떠돌던 이야기의 하나 로 보임
안중관 (1683-1752)	회와집(悔窩集)	楊萬春	중주잡기(中州雜記)	특정한 책으로 보이진 않고 임의로 쓴 표현인 듯함
이익 (1681-1763)	성호사설(星湖僿說), 성호전집(星湖全集)	梁萬春	여동서록	여동서록에는 기록이 없음
신경 (1696-?)	직암집(直菴集)	楊萬春	중국소설	당서연의를 직접 보지 않은 듯함

저자	문헌	표기	전거	비고
이광사 (1705-1777)	원교집(圓嶠集)	梁萬春		
이영익 (1740-1780)	신재집(信齋集)	梁萬春		
안정복 (1712-1791)	동사강목(東史綱目)	梁萬春	파적록(破寂錄), 경세서보편 (經世書補編)	태종동정기를 언급하면서 거론한 하담파적록에는 내용이 없음. 황극경세동사보편통재에 양만춘과 추정국이 보임. 동사강목에는 추정국도 기록되어 있지만 당서연의는 직접 보지 않고 황극경세동사보편통재를 통해 인용한 듯함
	무오연행록 (戊午燕行錄)		당서연의(唐書衍義)	당서연의를 직접 보지 않은 듯함
이덕무 (1741-1793)	청장관전서 (靑莊館全書)	楊萬春	당서연의(唐書演義)	당서연의, 월정잡록, 사가정집을 직접 보진 않은 듯함
윤행임 (1762-1801)	석재고(碩齋稿)	楊萬春	중국사기(中國史記)	특정한 책을 가리키는 것은 아니고 임의로 쓴 표현인 듯함
홍양호 (1724-1802)	이계집(耳溪集)	楊萬春		
박지원 (1737-1805)	열하일기(熱河日記), 연암집(燕巖集)	楊萬春	세전, 삼연의 시	
유득공 (1748-1807)	영재집(泠齋集)	梁萬春		
유한준 (1732-1811)	자저(自著), 저암집(著菴集)	楊萬春	윤두수가 중국 사행에서 들은 말	사실로 보이지 않음
이해응 (1775-1825)	계산기정(薊山紀程)	楊萬春		
윤기 (1741-1826)	무명자집(無名子集)	梁萬春	태종동정기	동인시화 언급
박사호* (?-?)	심전고(心田稿), 연계기정(燕薊紀程)	楊萬春		
성해응 (1760-1839)	연경재전집 (研經齋全集)	梁萬春		

저자	문헌	표기	전거	비고
홍경모 (1774-1851)	관암존고(冠巖存藁)	楊萬春		
김경선 (1788-1853)	연원직지(燕轅直指), 출강록(出疆錄)	楊萬春	세전, 삼연의 시	
이원익 (1792-1854)	동사약(東史約)	楊萬春		
이규경 (1788-1856)	오주연문장전산고 (五洲衍文長箋散稿)	楊萬春	당서연의(唐書演義)	당서연의를 직접 보지 않은 듯함
서경순 (1804-?)	몽경당일사 (夢經堂日史)	楊萬春		
송근수 (1818-1902)	송자대전수차 (宋子大全隨箚)	梁萬春		
이승희 (1847-1916)	한계유고(韓溪遺稿)	楊萬春		
김윤식 (1835-1922)	속음청사(續陰晴史)	楊萬春	서사가시화 (徐四佳詩話)	서거정의 시화가 수록된 동인 시화, 사가집, 동문선 등에 기 록이 없음
박은식 (1859-1925)	천개소문전 (泉蓋蘇文傳)	楊萬春		

* 박사호의 생몰년은 현재 명확하게 확인하기 어렵지만, 대체로 18세기 후반에 태어나
19세기 전반에 활동한 인물인 듯하다. 심전고는 박사호가 1828년(순조 28) 10월 청에
갔다가 이듬해 4월에 돌아와 그동안 겪은 일과 보고들은 바를 적어 간행한 것이다.

　조선시대 문인들이 제시한 전거나 문헌에 등장하는 전거가 명확
하지 않은 것을 다수 확인할 수 있다. 인용한 전거를 따라 그 내용
을 확인해 보면 기록이 확인되지 않거나 어떤 경우에는 임의로 가져
다 붙인 것으로 보이는 것도 있는 듯하다. 대부분은 직접『당서지전
통속연의』를 직접 찾아보지 않은 기록이 대다수인데, 인용구도 '唐
書衍義', '唐書演義' 등으로 차이를 보인다. 결론적으로 보면 중국 측

의 최초의 기록은 『당서지전통속연의』에서 파생된 듯하며, 그것이
태종동정기, 당서연의, 중국소설 등으로 표현되었다. 조선시대 문헌
가운데에서 안시성주의 성명이 양만춘으로 기록된 최초의 문헌이
『월정만필』이고, 이어『휴옹집』,『승정원일기』,『부계기문』,『황극경
세서동사보편통재』,『동춘당선생별집』등에서 차례로 보인다. 다만
양만춘의 성에 대한 표기가 다소 차이가 있는바, '梁萬春'과 '楊萬春'
으로 나타난다. 원래『당서지전통속연의』등에서는 '梁萬春'이었지
만, 중국에서 흔한 성인 '楊'으로 인식하게 되면서 '楊萬春'으로 기록
하게 된 것이 이후 문헌들에 전승되면서 그 비중은 더욱 늘어나게
된 것으로 생각된다.

맺음말

이 글에서는 안시성 전투의 정황을 문헌 기록에서 분석하여 안
시성의 범위를 한정해 보았다. 지금까지 안시성 연구에서는 요동성
에서 안시성으로 진군하는 기일을 주목해 왔다. 그러나 당군이 안시
성에서 요동성으로 퇴각하는 정황을 보면 불과 2~3일 사이에 안시
성에서 요동성까지 퇴각하고 있다. 이 때문에 고대사회에서 하루 진
군하는 거리를 감안할 때 안시성과 요동성의 거리는 직선으로는 약
70km(실제 이동 거리로는 90km) 내외를 벗어나지 않을 것으로 추
측된다. 그동안 안시성의 위치에 관한 다수의 학설이 존재하였지만,

현재 해성시 일대와 그 부근의 영성자산성을 제외하고 다른 여타의 성들은 거리상으로 부합되지 않는다. 현재로선 영성자산성이 안시성의 여러 조건으로 가장 부합한다.

또한 안시성주 양만춘에 전승을 알아보기 위해 명대 소설인 『당서지전통속연의』를 직접 확인해 본 결과 소설에 등장하는 인물들은 창작의 소산으로 이해된다. 『당서지전통속연의』의 내용이 임진왜란 즈음에 조선으로 전해졌고, 그것에 대한 최초의 기록은 윤근수의 『월정만필』인 것이다. 특히 이러한 내용은 명나라 사람 오종도로부터 윤근수가 전해 들은 것이고, 또한 조선인으로는 이시발이 직접 『당서지전통속연의』를 보고 거기에서 확인한 성주가 양만춘임을 윤근수에게 말한 것 같다. 이 같은 정황으로 보면 조선시대에 『당서지전통속연의』를 처음으로 구해 본 것은 이시발이고, 양만춘 전승이 이후 지속된 것은 조선인 가운데 최초의 기록자인 윤근수 등 16세기와 17세기를 걸쳐 살았던 조선의 문인들에 의해 시작된 것이었다고 할 수 있다.

물론 원래 전거는 태종동정기, 당서연의, 중국소설 등으로 표현된 『당서지전통속연의』라고 할 것이다. 『당서지전통속연의』는 통속적인 소설로 비록 당서를 기본으로 한 연의식 소설인데 여기에 등장하는 역사서에 보이지 않는 인물들은 작가에 의한 상상력의 산물이다. 조선시대 많은 문헌에서 안시성주 양만춘과 관련해서 인용하고 있는 전거 가운데 일부는 확인할 수 있으나, 확인되지 않는 기록도 발견된다. 이것은 당시 어떤 책을 읽고 기억하였던 분위기에서 개인적 기억에 의한 오류이거나 타인으로부터 전해 들은 바가 잘못된 내용상의 오류일 가능성이 크다. 또한 인용 전거에 대한 표현도 중국, 세전世傳, 중원인상전中原人相傳, 중주잡기中州雜記, 중국사기中國史記, 들은 말以愚所聞 등 구체적이지 않거나 전거가 아님에도 불구하고 임의적으로 기록한 것도 다수 확인할 수 있다. 아울러 양만춘의 성에 대한 표기가 다소 차이가 있는바, '梁萬春'과 '楊萬春'으로 나타난다. 원래 『당서지전통속연의』나 『월정만필』 등에서는 '梁萬春'이었지만, 이러한 책을 직접 보지 못한 사람들에 의해 중국에서 흔한 성인 '楊'으로 인식하게 되면서 '楊萬春'으로 기록하게 된 것이 이후 문헌에도 전승되었다.

당 태종의 고구려 원정기,
『당서지전통속연의』

정호섭

머리말

중국 명대의 연의식 소설인 『당서지전통속연의唐書誌傳通俗演義』는 진왕연의秦王演義, 당서연의唐書演義, 진왕연의당국지전秦王演義唐國誌傳, 당국지전唐國誌傳, 당전연의唐傳演義, 당서지전唐書誌傳, 당사지전唐史誌傳, 수당연의隋唐演義 등으로도 불린다. 특히 『당서지전통속연의』가 주목 되는 것은 내용 가운데 당 태종이 고구려를 원정한 내용이 다수 포 함된 소설이기 때문이다. 아울러 조선시대 문헌에 안시성주 양만춘 에 대한 전거로 등장하는 것이 '당서연의唐書演義, 唐書衍義'와 '태종동 정기'이다.

그렇다면 이 두 자료는 어떤 관계에 있을까 하는 궁금증이 든다. 그동안 태종동정기에 대해서는 『당서지전통속연의』로 추측하였는 데,[1] 최근에는 『당서지전통속연의』의 부분을 가리키는 것으로 대체 로 이해하고 있다.[2] 중국의 어떤 기록에도 태종동정기라는 특정한 서명을 가진 자료는 현재로선 확인할 수 없기 때문일 것이다. 이 때 문에 국내에 잘 알려지지 않은 당서연의나 태종동정기가 어떤 내용 이며 어떠한 성격의 것인지 밝히는 작업이 필요하다. 특히 당서연의

---

[1] 이승수, 2006, 「燕行路上의 공간 탐색, 鳳凰山城-安市城說과 관련하여-」, 『정신문화연 구』 29-2, 376~377쪽.
[2] 남재철은 '태종동정기'는 당서연의를 염두에 두고 그 일부 내용을 가지고 표현한 것으 로 이해하였다(남재철, 2014, 「安市城主의 姓名 '양만춘' 考證(I)-姓名의 出處 樣相 檢討 를 中心으로-」, 『동아시아고대학』 35, 132~133쪽; 정호섭, 2020, 「고구려 안시성의 위 치와 안시성주 전승의 추이」, 『고구려발해연구』 67).

가 태종동정기와 동일한 자료라고 했을 때 그 내용을 검토하여 그 성격과 특징을 확인할 필요가 있는 것이다. 특히 안시성주 양만춘 전승처럼 우리 역사인식에서도 중요한 부분인 만큼 문학적 서사가 역사화된 사실도 재확인할 여지가 있다.

그런데『당서지전통속연의』저자인 웅대목熊大木의 생몰년을 비롯한 구체적인 생애에 대해서는 국내에 명확하게 알려진 바가 없다. 그는 중국 통속소설이 발전·번영하는 과정에서 중요한 역할을 한 인물로 상정된다. 따라서 최근까지 중국학계의 소설 연구에 관한 연구 성과를 통해 저자인 웅대목에 대하여 먼저 알아보고자 한다.

다음으로『당서지전통속연의』의 간행과 판본版本에 대해 살펴볼 것이다. 중국학계에서 여러 판본을 대교 교감하여 살펴본 결과 책의 구성은 총 8권 90절로 제시되었다.『당서지전통속연의』의 판본은 16세기에 간행된 것이 2종, 17세기에 간행된 것이 2종 등 네 가지가 있다. 이후에도 다양한 영인본과 인쇄본들이 중국에서 간행되기도 하였다. 이들 자료를 살펴서『당서지전통속연의』판본과 간행에 대해서 이해하고자 한다.

마지막으로『당서지전통속연의』의 내용과 성격에 대해 알아보고자 한다. 특히 태종동정기라고 표현되는 76~90절까지의 내용에 관한 검토를 통해 당과 고구려와의 전쟁이 어떻게 서술되었는지를 살펴보고『당서지전통속연의』라는 문학작품이 과연 조선에까지 도입되어 널리 보급된 것인지의 여부도 함께 알아보고자 한다.

웅대목의 『당서지전통속연의』 간행과 판본

원말元末 명초明初에 『삼국연의三國演義』와 『수호전水滸傳』 등이 간행
된 뒤 중국의 통속소설의 창작은 약 200년간의 공백기가 있었고 가
정嘉靖 연간에 이르러서야 연의소설이 다수 창작되었다. 이러한 통
속소설 중에 웅대목이 지은 것으로 전하는 네 가지 소설이 있는데,
『대송중흥통속연의大宋中興通俗演義』, 『당서지전통속연의唐書誌傳通俗演
義』, 『전한지전全漢誌傳』, 『남북량송지전南北兩宋誌傳』이다.

웅대목의 구체적인 생애에 대해서는 『대송중흥통속연의』에 "오
봉鰲峰 웅대목이 편집編輯하였다", 『당서지전통속연의』에 "오봉 웅종
곡熊鍾谷이 편집하였다", 『전한지전』에 "오봉 후세 웅종곡이 편차編次
하였다"라고 기록되어 있을 뿐이다. 웅종곡의 이름은 복진福鎭이고
자字는 대목大木이며 종곡鍾谷은 그의 호號인 것으로 보인다.[3] 중국학
계에서는 다소 이견도 있긴 하지만, 웅대목을 대체로 통속소설 편찬
자 및 서방주書坊主로 이해하고 있다. 웅대목은 명나라 가정 연간 복
건福建 건녕부建寧府 건양현建陽縣 사람으로 사서에 기반한 통속소설을
쓴 사람으로 볼 수 있다.

중국에서 거의 200여 년 동안 필사본으로만 소설이 유통되던 상
황이 『삼국연의』와 『수호전』이 가정 연간에 간행됨으로써 변화하
였다. "정사正史에 근거하여 소설小說을 채택하였고, 문사文辭를 증거

---

3   陳大康, 1991, 「關於熊大木字, 名的辨正及其他」, 『明清小說研究』 1991-3.

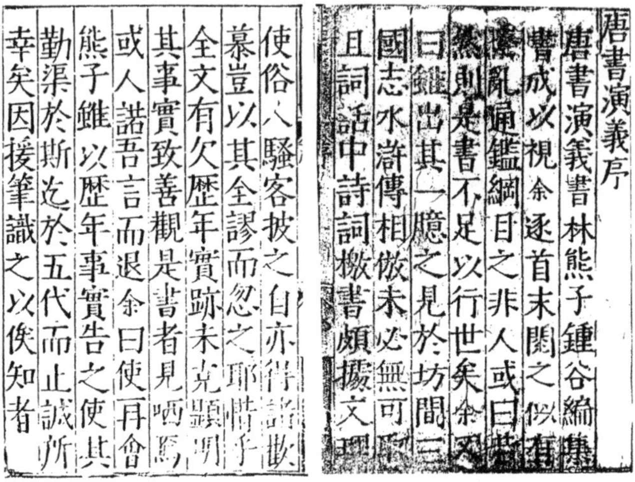
唐書演義序
唐書演義書林熊子鍾谷編集
書成以視余逐首末閲之似有
紊亂通鑑綱目之非人或曰若
然則是書不足以行世矣余又
曰雖出其一臆之見於坊間三
國志水滸傳相倣未必無可取
且詞話中詩詞檄書頗據文理
使俗人騷客披之自亦得諸歎
慕豈以其全謬而忽之耶昔子
全文有欠歷年實跡未克顯明
其事實致善覯是書者見哂駁
或人諾吾言而退余曰使再會
熊子雖以歷年事實告之使共
勤渠於斯迄於五代而止誠所
幸矣因援筆識之以俟知者

그림 1 『당서지전통속연의』 서문

로 삼아 호상好尚에 통하였다. 속俗되지 않고, 허虛하지 않으며 쉽게 보고 파악할 수 있어서, 사씨史氏의 아주 오래된 글이 아닌데도 경전警傳의 회해詼諧한 기운을 물리쳤다. 백 년에 걸쳐 만사萬事를 개괄槪括하였다"[4]라는 좋은 평가를 받기도 하였다. 여러 서방書坊들은 『삼국연의』와 『수호전』 간행에 참가하였고, 여상두余象鬥가 "방간坊間에서 『삼국三國』을 인쇄하는데 어찌 수십 집뿐이겠는가", "『수호水滸』 한 책을 방간坊間에서 계속 인쇄하고 있다"고 말할 정도로 간행자가 많았다.[5] 서방주들은 이러한 소설류가 유행을 타게 되자 여러 책을 간

4 高儒, 『百川書誌』 卷6 野史條.
5 『批評三國誌傳 · 三國辮』; 『忠義水滸誌傳評林 · 水滸辮』.

행하였다. 연의소설은 문인 사이에서 유통은 되었지만, 전통적인 관념의 제한으로 문인들이 통속연의의 창작에는 관심을 두지 않았다. 소설 시장이 많은 이익을 남길 정도로 큰 규모였으나, 당시 소설 작품이 매우 부족한 상황이었기에 이러한 현실에 대해서 잘 알고 있는 사람들은 서방주였다. 서방주들은 직업상 기초적인 지식을 갖추고 있었으며 소설이 부족한 상황에서 소설을 편집하여 간행하기 시작하였던 것이다.[6]

가정, 만력 연간 통속소설의 창작은 거의 서방주들에 의해 이루어졌고 청말까지 이어졌다. 서방주가 직접 소설을 편찬하고 간행하는 모델은 웅대목부터 시작하였던 것이고, 웅대목 현상이라고 부를 정도로 웅대목의 역할은 지대했다.[7]

명대의 장편 역사 연의소설인 『당서지전통속연의』는 진왕연의, 당서연의, 진왕연의당국지전, 당국지전, 당전연의, 당서지전, 당사지전, 수당연의 등으로 불리기도 한다.[8] 이 책의 구성은 총 8권 90절이다. 『당서지전통속연의』 판본은 16세기에 간행된 2종이 확인된다. 이보다 앞서 별도의 판본이 존재했는지는 불분명하지만, 현재까지는 1553년 판본이 가장 이른 시기의 것으로 확인된다. 17세기 판본도 2종이 있다. 현존 판본으로는 명 가정 32년(1553)의 양씨청강당 간본楊氏淸江堂刊本(일본 내각문고 소장), 명 만력 21년(1593)의 당씨세

6 　陳大康, 2000, 「熊大木現象: 古代通俗小說傳播模式及其意義」, 『文化遺產』 2000-2, 99쪽.
7 　陳大康, 2000, 앞의 글, 99~103쪽.
8 　張兵, 2005, 『五百種明淸小說博覽』 上, 上海辭書出版社, 69쪽.

덕당간본唐氏世德堂刊本(중국 국가도서관, 일본 정가당문고, 일본 존경
각문고 소장), 명 여씨삼대관간본余氏三臺館刊本(일본 궁내성 도서료 소
장), 명 만력 48년(1620)의 무림장주관간본武林藏珠館刊本(일본 내각문
고 소장) 등 네 가지가 있는 것이다.[9] 가정 32년의 양씨청강당간본에
는 '신간참채사감당서지전통속연의新刊參釆史鑒唐書誌傳通俗演義'라 적혀
있고 별제는 '진왕연의秦王演義'라 되어 있다. 책 머리에 가정 계축년
이대년의 서문이 있다. 8권으로 구성되었으며 표제는 90회이나 실
은 89회이다. 그림은 없고 한 면에 12행, 각 행 25자이다. 지금까지
발견된 여러 판본 중에서 이 판본이 제일 이르다.

　　일본 정가당문고, 일본 존경각문고에 소장된 만력 21년의 당씨
세덕당간본은 백지白紙 대자大字이고, '신간출상보정참채사감당서지
전통속연의제평新刊出像補訂參釆史鑒唐書誌傳通俗演義題評'이라고 적혀 있
고, "고숙姑孰 진씨陳氏의 척확재尺蠖齋가 평석評釋하였다", "수곡繡谷 당
씨唐氏의 세덕당世德堂이 교정校定하였다"라고 기록되어 있다. 한 면에
12행, 각 행 24자이다. 전서는 8권 89회로 미란眉欄에 평이 있고 그
림이 정문 속에 있는데 화공畫工을 '왕소회王少淮'라고 하였다. 이 판
본은 중국 국가도서관에도 소장되어 있는데, 흑지본黑紙本이고 판각
은 같다. 책은 온전하지 못해 7권 78회만 남아 있다.[10] 한편 무명씨의

9　孫楷第, 1981, 『日本東京所見中國小說書目』, 人民文學出版社, 32~36쪽; 江蘇省社會科學
　　院文學研究所, 1990, 『中國通俗小說總目提要』, 中國文聯出版社, 58쪽; 張兵, 2005, 앞의
　　책, 69쪽.
10　江蘇省社會科學院文學研究所, 1990, 앞의 책, 58쪽.

서문이 있는데 '계사癸巳 양월陽月'이라 서명되어 있어 만력 21년으로 추정된다.

또 다른 판본인 명 여씨삼대관간본은 '신각안감연의전상당서지전新刻按鑑演義全像唐書志傳'이라고 적혀 있다. 총 8권으로 구성되어 있으며 위에는 그림이, 아래에는 본문이 있다. 정문은 한 면에 13행, 각 행 23자이다. "홍설산인紅雪山人 여응오余應鰲가 편차하였다", "담양潭陽의 서림 삼대관三臺館에서 간행하였다"라고 서명되어 있는데 실은 웅종곡본이다. 책 머리에 삼대관 주인의 서문이 있는데, 당씨세덕당 간본과 같다. 정문 서두에 고풍古風 한 편이 있는데 각 판본과 같으며 단지 "종곡자가 고풍 한 편을 저술하고, 단독으로 당이 건립된 이유를 제시하였다"라는 두 구절만 삭제하여 원저자의 성명을 피하였다. 그러나 권1 제7절 「이밀옹중구동도李密擁眾寇東都」에 "종곡은 여기까지 연의演義하다가 또한 칠언절구를 지었다" 등의 내용은 그대로 남겨 두었다.[11] 만력 48년(1620)의 무림장주관간본은 "신간서문장선생평당서연의新刊徐文長先生評唐書演義"라고 되어 있다. 8권 90회로서 '수당연의'라는 별제가 있고, "무림武林 장주관藏珠館에서 책을 냄"이라 서명되어 있다. 책 머리에 만력 경신 전당錢塘 황사경이풍黃士京二馮의 서문이 있고, 앞의 32쪽에 64폭 그림이 있고 판심板心에 '장주관藏珠館'이라 찍혀 있다.[12]

---

11 孫楷第, 1981, 앞의 책, 34쪽.
12 江蘇省社會科學院文學研究所, 1990, 앞의 책, 58쪽.

현대에 들어와서도 여러 차례『당서지전통속연의』의 영인본이 발
간되었다. 1985년 대만의 천일출판사天一出版社에서 양씨청강당간본
을 4권으로 영인하여 발행하였다.[13] 1990년에 중화서국中華書局에서
양씨청강당간본을 영인하여 발행하였고[14] 이어 1991년에 중화서국
에서 당씨세덕당간본을 영인하여 간행하였다.[15]

1990년대 후반으로 들어와서 인쇄본이 출판되기 시작하였는데,
1997년 춘풍문예출판사春風文藝出版社에서 출판한『당서지전통속연
의』인쇄본이 최초이다. 춘풍문예출판사에서는 양씨청강당간본을
저본으로 하고 당씨세덕당간본, 무림장주관간본을 참교본으로 삼
아 처음으로 점교하여 출판하였다. 무림장주관간본을 참고하여 현
존 간본의 목차를 정리하였으며, 저본에서 빠진 36회의 제목을 보완
하였다. 또한 저본 37회의 내용을 36회, 37회로 분리하여 저본에서
빠진 36회의 내용을 보충하였다.[16] 그 뒤로 1998년 청해인민출판사
青海人民出版社,[17] 1999년 연변인민출판사延邊人民出版社,[18] 1999년 중국희
극출판사中國戱劇出版社,[19] 2003년 중국문사출판사中國文史出版社[20] 등에

13 天一出版社, 1985,『唐書誌傳通俗演義』(1·2·3·4),《明清善本小說叢刊》.

14 中華書局, 1990,『唐書誌傳通俗演義』,《古本小說叢刊》4.

15 中華書局, 1991,『唐書誌傳題評』,《古本小說叢刊》28.

16 春風文藝出版社, 1997,『唐書誌傳通俗演義』,《中國古代珍稀本小說續》14.

17 青海人民出版社, 1998,『唐書誌傳通俗演義』,《中國古典文學百部》44.

18 延邊人民出版社, 1999a,『唐書誌傳通俗演義』,《中國古典文學寶庫》82; 延邊人民出版社,
1999b,『唐書誌傳通俗演義』,《中國微型古典小說百部》82; 延邊人民出版社, 1999c,『唐書
誌傳通俗演義』,《中國古典小說百部》5.

19 中國戱劇出版社, 1999,『唐書誌傳通俗演義』,《中國古典小說五百部》.

20 中國文史出版社, 2003,『唐書誌傳通俗演義』,《中國古典文學名著》2.

서 여러 차례 발행하였는데, 그 내용은 춘풍문예출판사에서 발행한
『당서지전통속연의』 점교본과 같다. 결국 전체 판본을 합쳐서 교점
본이 만들어졌는데, 그 결과 두 개의 서문과 성씨姓氏 당신기唐臣紀 및
제이번장기諸夷蕃將紀와 별전別傳, 본문이라고 할 수 있는 제1권에서
제8권까지 전체 90절의 내용으로 구성하게 된 것이라고 하겠다.

『당서지전통속연의』는 웅대목이『자치통감강목資治通鑑綱目』의 원
문을 그대로 옮기고 일부만 수정하여 엮은 것이다.『자치통감강목』
은『자치통감資治通鑑』의 장편 서사 방식을 따르지 않았고 중요한 역
사 사건을 집중 서술함으로써 사건의 수미를 상세하게 기록하였다.
이러한 서술 방식은 고사를 설명하는 듯한 것이었기에 소설의 서술
방식과도 일맥상통하는 부분이 있었다.『당서지전통속연의』도 역사
적 사건을 서술할 때『자치통감강목』의 원문을 그대로 옮겨 적었던
부분이 많다. 그러나 웅대목은『자치통감강목』의 원문을 옮긴 것에
그친 게 아니라『자치통감강목』에 서술된 내용을 기초로 하여 많은
내용을 창작하기도 하였다.『당서지전통속연의』 전문은 글자 수가
약 32만 자이고, 이 시기에 관한『자치통감강목』의 내용은 약 18만
자이다.『당서지전통속연의』에서 언급되지 않은 내용을 제외하면
연관된 내용의 글자 수는 약 8만 자 정도이다. 여기에서 알 수 있듯
이『당서지전통속연의』는『자치통감강목』을 토대로 하여 내용을
24만 자가량이나 추가한 것이다.

추가 방식을 살펴보면 웅대목은『자치통감강목』에서 간략하게
기록한 내용을 구체적으로 서술하였다.『자치통감강목』은 중대사에

대해서 상세하게 묘사하였을 뿐 그 외의 내용에 대해서 간략하게 서술하는 정도에만 그쳤는데, 『당서지전통속연의』는 연의소설로서 독자의 흥미를 끌기 위하여 간략하게 기록한 사료들을 상세한 문학서술로 전환하였다. 내용을 늘린 방법은 첫째, 사건의 발단과 결말을 상세하게 기록하였다. 또한 상상력에 기반한 허구적 서술을 통해 내용을 상당 부분 추가한 것이었다. 특히 당 태종의 고구려 원정과 관련하여 제76절 이후의 내용은 일부 역사적 사실과 다른 오류가 있긴 하지만 대체로 역사적 사실과 큰 흐름에서는 부합하고는 있는데, 『자치통감강목』에는 약 5천여 자로 기록되어 있는 것을 『당서지전통속연의』에서는 3만여 자로 늘렸다. 둘째, 세부적인 묘사를 추가하고, 사건의 공백 부분을 구체적인 묘사로 상세하게 보충하였는데, 특히 인물들 간의 대화를 묘사함으로써 추상적인 역사 서술을 구체적인 문학 서술로 전환하여 독자에게 실감을 주고자 하였다.

이처럼 웅대목은 사실에 기반을 두되 다양한 문학적 상상력을 발휘하여 내용을 추가하였다.[21] 『당서지전통속연의』는 사료의 편집, 상상력에 기반한 서술 내용의 추가, 언어의 윤색, 인물의 가공 등을 통해 문학적인 특징이 선명하다. 『당서지전통속연의』가 주제는 명확하게 살리고 인물의 이미지를 잘 구현한 역사소설이라고 평가되고 있는 이유이다.

역사소설을 편찬한 서방주들은 "사가 문보다 귀하다史貴於文"라는

---

21 彭知輝, 2007, 「『唐書誌傳』"按鑒演義"考辨」, 『山西師大學報』 34, 129~130쪽.

전통적인 관념과 사인문화士人文化가 세속문화世俗文化에 대한 박정駁正한 경향 등에 의해 소설을 편찬할 때 사전의 형식과 구성을 모방할 수밖에 없었다. 중국은 수사修史를 숭고한 사업으로 여겼으며 경서經書와 각종 전적典籍으로 자리 잡았다. 이것으로 사람들에게 '사귀어문'의 전통적인 관념이 형성되었고, 이러한 가치관으로 인하여 후세의 서술은 자연스럽게 사전을 본받았다. 소설은 처음부터 '소도小道'로 평가되었고 시문詩文 등 전통적인 문학과는 달리 배제되었다.

그러나 명 중후기 가정, 만력 연간에 소설을 편찬하고 비평하는 문인들이 모였고, 소설을 창작하면서 사귀어문의 전통적인 관념의 영향을 받아 구체적인 편찬에서 사필史筆을 잃지 않고 '경사병전經史並傳'의 효과를 얻으려고 하였다. 웅대목은 『당서지전통속연의』를 편찬할 때 권수卷首에 순차로 류문정劉文靜을 위시로 한 당신기唐臣紀, 사대내史大奈를 위시로 한 제이번장기諸夷蕃將紀, 이도종李道宗을 위시로 한 황족기皇族紀와 이밀李密을 위시로 한 별전別傳을 기록하였으며, 각 인명 밑에 각자의 본적, 관직, 직위 설명을 추가하였다. 또한 진왕秦王과 동시의 각지 반왕反王들의 별전別傳에서 모두 그들이 칭왕한 시간과 제호를 기록하였다. 저자는 이러한 방식으로 『사기史記』, 『한서漢書』의 인물전기人物傳記 체제로 기울면서 소설을 사전史傳으로 착각하고자 하는 효과를 얻으려고 노력하였던 것이다.[22]

또한 각 권에는 모두 해당 권에 기록한 사건의 처음과 마지막 연

---

22 羅陳霞, 1998, 앞의 글, 11쪽.

대를 표시하였다. 문장에 자주自註를 가입하여 작품에서 언급한 사람과 일에 대해서 보충 설명을 하였다. 그중 '안按', '안사按史', '안당사按唐史'로 기록한 곳은 10여 곳 있다. 작품 중에 격檄, 주奏, 표表, 서誓, 조詔, 방榜, 고告, 노포露布, 소疏, 서신書信 등 문헌자료를 대량으로 인용하였다. 작품의 사적史的인 의미를 부각하기 위하여 웅대목은 논찬論贊의 방식을 사용하여 항상 한 고사 뒤에 시찬詩贊 혹은 사론史論을 인용하여 해당 고사에 대해 평가하였다. 시찬의 경우 항상 '후인유시찬왈後人有詩贊曰', '후인유시탄왈後人有詩嘆曰' 등으로 나오고 있다. 전체 80여 편을 삽입하였는데 '후인後人', '송현宋賢' 등으로 표기하여 시의 저자의 이름을 밝히지 않기도 하였고, '정헌선생靜軒先生', '정헌주선생靜軒周先生'처럼 이름을 밝힌 것도 18편 정도 존재한다. 사론의 경우 소설 중 '강목단왈綱目斷曰', '호씨왈胡氏曰', '범씨왈範氏曰', '사마온공왈司馬溫公曰' 등 20여 곳 있다. 이러한 편찬 방식은 사전을 따르려고 하는 데에서 기인한 것이다.[23]

　　결국 웅대목은 이러한 사귀어문의 전통적인 관념의 영향을 받아 『자치통감강목』을 토대로 하여 『당서지전통속연의』를 편찬하였다. 이러한 편찬 방식은 역사소설의 품질을 높일 수 있을 뿐만 아니라 사대부들의 열람 심리에도 부응하였고, 만력 연간에 이르러 문인 독자층이 늘어나면서 역사소설 창작의 주류로 자리 잡게 되었다.[24]

23　雷勇 · 蔡美雲, 2021, 「明代隋唐歷史題材小說的文體探索」, 『明淸小說研究』 139, 109~110쪽.

24　한편 일부 학자들은 웅대목의 『당서지전통속연의』가 지나치게 사서에 구애되고 탁부

태종동정기의 내용과 성격

『당서지전통속연의』를 주목하는 것은 안시성주 양만춘 전승과 관련해서이다. 우리 측 기록에서 당서연의에 관한 내용은 안시성주와 관련해서만 보이고 있기 때문이다. 당서연의가 언급되고 있는 조선시대 문헌 기록은 김시양의 『부계기문涪溪記聞』, 안정복의 『무오연행록戊午燕行錄』, 이덕무의 『청장관전서靑莊館全書』, 이규경의 『오주연문장전산고五洲衍文長箋散稿』 등이 있다.[25]

사료 1·1 안시성주가 당 태종의 정예병에 항거하여 마침내 외로운 성을 보전하였으니, 공이 위대하다. 그런데 성명은 전하지 않는다. 우리나라의 서적이 드물어서 그런 것인가? 아니면 고구려 때의 사적이 없어서 그런 것인가? 임진왜란 뒤에 중국의 장관將官으로 우리나라에 원병 나온 오종도吳宗道란 사람이 내게 말하기를, "안시성주의 성명은 양만춘梁萬春이다. 당 태종동정기에 보인다"라고 하였다. 얼마 전 감사 이시발을 만났더니 말하기를, "일찍이 당서연의唐書衍義를 보니 안시성주는 과연 양만춘이었으며, 그 외에도 안시성을 지킨 장수가 무릇 두 사람이었다"라고 하였다.[26]

풍아(托附風雅)하는 경향이 강하여 오히려 소설의 문학성이 부족해졌다고 평가하기도 하였다(羅陳霞, 1998, 앞의 글, 14쪽; 雷勇·蔡美雲, 2021, 앞의 글, 112쪽).
25 안시성주 전승과 관련해서는 다음 글을 참조할 수 있다(정호섭, 2020, 앞의 글).
26 『月汀漫筆』.

사료 1-2 안시성주는 조그마한 외로운 성으로 천자의 군대를 막아냈으니, 세상에 드문 책략가일 뿐만 아니라, 성에 올라가 절하고 하직하는데 말이 조용하여 예의의 바름을 얻었으니, 진실로 도를 아는 군자이다. 아깝게도 역사에서 그의 이름을 잃었는데, 명나라 때에 이르러 당서연의唐書衍義에 그의 이름을 드러내어 양만춘梁萬春이라고 하였다. 어떤 책에서 찾아냈는지는 알 수 없으나 안시성의 공적이 책에서 찬란히 빛나고 있다. 진실로 그의 이름을 잃지 않고 전하였더라면『자치통감강목』과『동국사기東國史記』에 응당 모두 유실되지는 않았을 것이다. 어찌 수백 년을 기다려서야 비로소 연의衍義에 나오겠는가. 거의 믿을 수 없다.[27]

사료 1-3 "안시성이 요양 개주 지방에 있으니 여기서 70리라"고 하나 대저 잘못 전해진 의논이라. 세상이 전하되, "안시성주를 양만춘楊萬春이다" 하니 이 말이 당서연의唐書衍義라 하는 책에 있으나, 사기史記에 나타난 일이 없으니, 족히 취하여 믿지 못하리라 하니, 이는 분명한 의논이라.[28]

사료 1-4 삼연三淵 [김창흡]이 연경으로 가는 노가재老稼齋 [김창업]을 전송한 시에, '천추에 대담한 양만춘이 활 쏘아 당 태종의 눈동자 맞혔네'라고 하였는데, 상고하건대 안시성 성주가 양만춘이라는 것은 당서연의唐書演義에서 나온 말로, 호사자가 그런 성명을 만든 것이니

---

27 『涪溪記聞』.
28 『戊午燕行錄』卷1, 戊午年(正祖22) 11月.

믿을 만한 것이 못 된다. 이는 『월정잡록月汀雜錄』과 서거정의 『사가
정집四佳亭集』에 자세히 보인다고 한다. 목은牧隱 [이색]의 정관음貞觀
吟에, '주머니 속 하나의 물건일 뿐인데, 어찌 알았으랴? 화살이 눈
에 떨어지는 것을'이라고 하였는데, 현화는 눈을 말하고 백우는 화
살을 말한다. 세상에서 전해 오기로는 당 태종이 고구려를 치기 위
하여 안시성까지 왔다가 눈에 화살을 맞고 돌아갔다고 하는데, 당서
唐書와 『자치통감通鑑』을 상고하여 보아도 모두 실려 있지 않았다. 이
는 당시의 사관이 반드시 중국을 위하여 숨긴 것이리니 기록하지 않
은 것을 괴이하게 여길 것이 없다. 이는 김부식의 『삼국사기』에도
실려 있지 않은데, 목은은 어디서 이 말을 들었는지 모르겠다.[29]

사료 1·5 우리나라의 성명 이동異同에 대해서는 아직 자세히 상고해
보지 못하였다. 이를테면 이지란의 자를 식형式馨, 유금필의 자를 관
교官佼라 하는 등 성원姓苑에 적지 않게 보이는가 하면, 신라 때 김생
의 이름을 구玖라고 한 이는 배와坯窩 김상숙이고, 고구려 때 안시성
주를 양만춘楊萬春이라 한 말은 당서연의唐書演義에 보이는데, 믿을 수
없다.[30]

위에 제시한 이러한 문헌들에서 당서연의가 안시성주와 관련한
전거로 활용되고 있다. 윤근수의 『월정만필月汀漫筆』의 기록을 보면

---

29 『靑莊館全書』卷32, 淸脾錄1.
30 『五洲衍文長箋散稿』, 人事篇1 人事類2 氏姓.

이시발이 당서연의를 언급한 기록이 가장 먼저 보인다. 이는 이시발이 당서연의를 직접 보고서 말한 것이다. 왜냐하면 자신이 당서연의를 보고 확인했다고 밝히고 있는데, 양만춘 이외에도 안시성을 지키던 장수가 2명 더 있다고 쓰고 있다. 실제로 『당서지전통속연의』에는 안시성 전투에 양만춘 이외의 2명의 장수가 등장하고 있다. 다음으로 『부계기문』에서는 양만춘이 당서연의에 나오는 내용이긴 하지만, 그 전거에 대해 확인할 수 없어서 믿을 수 없다고 하고 있다. 안정복도 『무오연행록』에서 당서연의를 직접 확인하고 쓴 것은 아닌 듯하고, 안시성주가 양만춘이라고 하는 내용은 역사서에 나타나지 않아 믿을 수 없는 것으로 보고 있다. 이덕무는 안시성주 양만춘은 당서연의에서 나온 말이지만, 호사자가 그런 성명을 만들어낸 것으로 믿을 수 없다고 썼다. 이규경도 안시성주를 양만춘이라고 한 것은 당서연의에 보이지만, 믿을 수 없다고 했다. 여기서도 양만춘의 성명을 '楊萬春'으로 표기한 것을 보면 당서연의를 직접 본 것은 아닌 듯하다.

이처럼 이시발이 말한 내용 이외의 대부분은 『당서지전통속연의』를 직접 보지 않은 기록인 듯하며, 인용구도 '唐書衍義', '唐書演義' 등으로 차이를 보이고, 안시성주의 성명도 '梁萬春'과 '楊萬春'으로 다르게 나타난다. 만약 『당서지전통속연의』를 직접 보고 쓴 것이라면 『당서지전통속연의』에 서술된 바와 같이 전거는 '당서지전통속연의' 혹은 '唐書演義'로, 성주의 이름은 '梁萬春'으로 적는 것이 순리였을 것이다. 이러한 점에서 보면 이시발을 제외하고는 조선시대 문헌 기록에 기재된 당서연의를 직접 보고 인용한 것인지 의문이 드는 것이다. 이시발이 직접 본 것으로 이해되는 당서연의는 다른 이들은 직접 구해 보지 못한 채, 이시발이 명으로부터 구해서 소장하고 있었던 것이 아닌가 생각된다. 그 이외에도 당서연의가 조선 후기에 문인들 사이에서 유통되었다는 명확한 증거도 찾기 어렵다. 특히 일본에서 당서연의의 여러 판본이 확인되고는 있지만, 국내에 당서연의와 관련한 어떠한 판본조차 확인되지 않는 점도 이러한 점을 보여 주고 있다.

한편 안시성주와 관련하여 또 다른 전거로 조선시대 문헌에 등장하는 것이 소위 '태종동정기'이다.

사료 2·1 안시성주가 당 태종의 정예병에 항거하여 마침내 외로운 성을 보전하였으니, 공이 위대하다. 그런데 성명은 전하지 않는다. 우리나라의 서적이 드물어서 그런 것인가? 아니면 고구려 때의 사적이 없어서 그런 것인가? 임진왜란 뒤에 중국의 장관將官으로 우리나라에 원병 나온 오종도吳宗道란 사람이 내게 말하기를, "안시성주의 성명은 양만춘梁萬春이다. 당 태종동정기에 보인다"라고 하였다. 얼마 전 감사 이시발을 만났더니 말하기를, "일찍이 당서연의唐書衍義를 보니 안시성주는 과연 양만춘이었으며, 그 외에도 안시성을 지킨 장수가 무릇 두 사람이었다"라고 하였다.[31]

---

31 『月汀漫筆』.

사료 2-2 당 태종동정기. 안시성 성주 양만춘梁萬春이라 이른다.[32]

사료 2-3 안시성은 요동에 있다. 성주의 이름은 양만춘梁萬春으로, 태종동정기에 보인다.[33]

사료 2-4 성주의 성명이 우리 역사東史에는 전하지 않는데, 태종동정기에 양만춘梁萬春이라 하였다. 이것이 김하담의 『파적록破寂錄』에서 나왔는데, 『경세서보편經世書補編』에도 그러하다. 상고하건대 혹은 추정국鄒定國이라 하였다.[34]

사료 2-5 태종의 눈에 화살을 맞았다는 목은의 시는 진실이니, 사관이 삼가서 기록하지 않음도 괴이할 것 없네. 다만 탄식스러운 것은 성주 충성 저러하거늘, 양만춘梁萬春이란 성명을 드러내지 않은 것이라【이목은 [이색]의 정관을 읊은 시에 이르길, "주머니 속에 든 하나의 물건으로 보았는데, 어찌 화살이 눈에 떨어질 줄 알았으랴"라고 하였다. 이에 대해 서거정의 『동인시화東人詩話』에 이르길, "당시 사관이 필시 중국 때문에 휘諱를 하여서일 것이니, 이 일이 기록되지 않은 것도 이상할 것이 없다"라고 하였다. 성주는 양만춘梁萬春이니 당 태종동정기에 보인다】.[35]

위 다섯 개 사료에는 공통적으로 태종동정기가 등장한다. 이 때

---

32 『石洞集』卷6, 雜著 謾記下.

33 『東國歷代總目』高句麗.

34 『東史綱目』附錄 上卷上, 考異.

35 『無名子集』詩稿 6冊 詩221.

표 1 안시성주 관련하여 당서연의와 태종동정기를 전거로 한 조선시대 문헌

저자	문헌	표기	전거
윤근수	월정만필, 월정집	梁萬春	오종도(태종동정기) 이시발(唐書衍義)
김시양	부계기문	梁萬春	당서연의(唐書衍義)
이문재	석동집	梁萬春	태종동정기
홍만종	동국역대총목	梁萬春	태종동정기
안정복	동사강목, 무오연행록	梁萬春	태종동정기 당서연의(唐書衍義)
이덕무	청장관전서	楊萬春	당서연의(唐書演義)
윤기	무명자집	梁萬春	태종동정기
이규경	오주연문장전산고	楊萬春	당서연의(唐書演義)

문에 일찍부터 태종동정기가 주목되었지만, 그 실체에 대해서는 다소 불분명한 측면이 있었다. 태종동정기도 당서연의처럼 안시성주 양만춘에 관한 전거로 활용됐는데, 현재는 대체로 두 자료가 동일한 것으로 인식하고 있다. 당서연의와 태종동정기를 전거로 제시했던 조선시대 문헌 기록을 정리하면 표 1과 같다.

이처럼 조선시대 문헌에는 당서연의 혹은 태종동정기라는 전거 자료가 다수 등장하고 있다. 그렇다면 이 두 자료는 어떤 관계에 있을까. 윤근수의 『월정만필』과 『월정집月汀集』, 이문재의 『석동집石洞集』, 홍만종의 『동국역대총목東國歷代總目』, 안정복의 『동사강목』, 윤기의 『무명자집無名子集』 등에 등장하는 태종동정기가 주목받은 것은 바로 이것이 특정한 사서일 가능성도 있었기 때문이라 할 것이다. 중국의 어떤 기록에도 태종동정기라는 특정한 서명을 가진 자료는 현재로선 확인할 수 없다. 아울러 태종동정기라고 지칭되었던 자료들이 조선시대 문헌들에서 당서연의와 함께 언급되고 있는 점을 보면 태종동정기는 특정한 사서라기보다는 바로 『당서지전통속연의』 제7권 제76절에서 시작하는 태종의 고구려 원정과 관련한 여러 전투에 대한 기록을 가리키는 것으로밖에 볼 수 없을 것이다.

당서연의나 태종동정기가 전거로 활용되었지만, 여타 많은 기록에서 인용 전거에 대한 표현도 중국, 세전世傳, 중원인상전中原人相傳, 중주잡기中州雜記, 중국사기中國史記, 들은 말以愚所聞 등 구체적이지 않거나 전거가 아님에도 불구하고 임의로 기록한 것도 다수 확인할 수 있다.[36] 이러한 점을 종합하여 보면 당서연의를 실제로 보고 쓴 사람을 이시발 외에는 확인하기가 어렵고, 아마 당서연의는 조선에서 널리 보급되지 않았을 개연성이 훨씬 높지 않을까 생각된다. 실제 이 책을 구해 보았다고 한다면 당서연의나 양만춘 등 고유명사에 대해 틀리지 않았을 것이고, 안시성 전투에 등장하는 여러 장수에 대한 언급을 지나칠 수 있었을지 의문이 들기 때문이다.

이제 본격적으로 당서연의의 내용 가운데 태종동정기라고 할 수 있는 부분에 관한 서술을 살펴보자. 『당서지전통속연의』에서 이에 해당하는 내용의 목차는 다음과 같다.

---

36 정호섭, 2020, 앞의 글.

제7권

제76절 정관 연간 군신이 치세를 논하다. 고구려국 부장이 전권을 장악하다.

제77절 당 태종의 거가가 동쪽으로 향하다. 설인귀가 낙양에서 입대하다.

제78절 이세적이 개모군蓋牟郡에서 크게 싸우다. 왕대도가 지혜로 비사성을 취하다.

제79절 정명진이 홀로 말을 타고 고구려 장군을 사로잡다. [강하] 왕 도종이 포위망을 뚫고 요동성의 병사를 물리치다.

제8권

제80절 설인귀가 장군을 베어 공을 세우다. 동세웅이 병사의 포위를 풀다.

제81절 이사마가 유시流矢에 팔을 다치다. 당 태종이 백암성에서 격렬하게 싸우다.

제82절 동세웅이 거짓으로 항복하는 편지降書를 바치다. 노게리魯揭裏가 성을 열어 항복하다.

제83절 이세적이 병사를 이끌고 안시성으로 나아가고, 설인귀는 지혜로 황룡파黃龍坡를 취하다.

제84절 고연수가 진을 펼쳐 당의 병사와 싸우다. 설인귀가 포위를 풀었고 주장主將을 구하다.

제85절 고연수가 이세적에게 항복하다. 연개소문이 속정한을 추천

하다.

제86절 [강하]왕 도종 흙을 쌓아 안시성을 공격하다. 정명진이 병사를 데리고 녹수綠水를 나오다.

제87절 노한삼이 건안성에서 죽다. [연]개소문이 철륵에게 병사를 요청하다.

제88절 백포장白袍將. 백 보 밖에서 버들잎을 뚫다百步穿楊. 당 태종이 홀로 영웅을 맺다.

제89절 장[손무기] 총관이 두 길로 석성石城을 취하다. 설인귀는 용감하여 적을 공포에 떨게 하다.

제90절 장손무기 등 신하가 거가를 돌릴 것을 권고하다. 당 태종이 앉아서 태평을 누리다.

『당서지전통속연의』 제7권 제76절에서 제8권 제90절까지의 제목을 보면 연개소문 정변 이후 당 태종이 고구려 원정을 시작하여 철군한 상황까지의 내용이다. 이것이 바로 전거 인용 시에 당서연의가 아닌 태종동정기로 표현되었던 것으로 볼 수 있는 것이다. 위 목차 내용에 따라 645년 전쟁이 구체적으로 어떻게 묘사되고 있는지 살펴보도록 하겠다.

제76절은 설연타薛延陀와 진주가한眞珠可汗 등과의 관계에 관해 서술하고 있다. 이어 고구려왕이 신라의 조공을 단절시키고 반란을 일으키려 한다고 하여 배사장裴思莊을 고구려에 사신으로 파견한 것에서부터 연개소문이 사신을 가둔 이야기 등이 수록되어 있다. 아울러

신라를 공격하고 백제와 결연을 맺은 이야기 등이다. 그리고 상리현장相裏玄奬을 보내 보장왕을 요동군왕으로 책봉한 내용과 저수량褚遂良, 이세적李世勣 등과의 고구려 토벌에 관한 논박 내용 등이다. 여기에는 역사상에 등장하는 당 인물들을 중심으로 서술하였으나, 고구려에 사신으로 파견된 배사장은 가공의 인물이다. 고구려 인물들 가운데에서는 보장왕과 연개소문만 실존 인물로 등장하고 있다. 고구려 인물로 등장하는 대대로, 소노부 등을 사람 이름으로 서술하기도 하였다. 신라 쪽 인물들로 등장하는 주리력, 왕서한, 장계 등은 모두 가공의 인물들이다.

제77절은 신라가 사신을 파견하여 구원을 청하고 태종이 장검張儉으로 공격하도록 한 이야기에서 시작하며 고구려 정벌의 명분을 천명하고 수륙 30만 병사를 동원하여 출정하는 이야기가 중심이다. 진대덕陳大德이 사신으로 가서 만든 지장도指掌圖, 수 양제 때 고구려 정벌에 참여했던 정원숙鄭元璹, 군대를 잘 부린다고 알려진 정명진程名振 등의 이야기는 모두 역사적 사실에 기반한 것이다. 또한 장손무기長孫無忌, 장량張亮, 이세정, 강하왕江夏王 도종道宗, 설인귀薛仁貴 등의 주요 인물이 등장한다. 전쟁은 현도신성에 대한 공격이 주요 내용이다. 여기에 고구려 현도신성을 지키는 고구려 인물 세 명이 등장하는데, 한계루, 김정통, 왕차구이다. 모두 역사서에 등장하지 않는 가공의 인물들이다. 『자치통감』의 기록에는 "여름 4월 무술일 초하루에 이세적이 통정진通定鎭에서 요수를 건너 현도성玄菟城에 이르렀다. 고구려가 크게 놀라서 성읍이 모두 문을 닫고 스스로 지켰다"는 내

용이 보인다.[37]

　제78절은 현도신성의 상세한 전투 상황을 묘사하고 있다. 당 장수인 조삼량曹三良, 강하왕 도종, 이세적, 장검과 고구려 장수인 한계루, 김정통, 왕차구와의 싸움이다. 그 과정에서 당군이 신성新城을 장악한 내용이 등장하고 있다. 『자치통감』에는 "여름 4월 임인일 요동도부대총관 강하왕 도종이 병사 수천을 거느리고 신성에 이르렀다. 절충도위 조삼량이 10여 기를 끌고 곧바로 성문을 압박하였다. 성안에서 놀라고 동요하여 감히 나오는 자가 없었다"[38]라고 기록하고 있다. 그런데 역사적으로 보면 당군이 신성을 함락한 사실은 없다. 또 하나의 전투는 개모성蓋牟城 전투이다. 당군으로는 이세적, 장사귀張士貴, 설인귀 등 역사상에 등장하는 인물이 등장하고 개모성을 지키는 사람은 고구려왕의 사위 도로화적都魯花赤과 장수 아력호阿力虎로 설정되어 있는데, 역시 가공의 인물이다. 개모성은 당군에 의해 함락되었고, 태종이 성을 개주蓋州로 삼았다는 사실을 서술하고 있다. 『자치통감』에는 "여름 4월 임자일 이세적, 강하왕 도종이 고구려의 개모성을 공격하였다. 여름 4월 계해일 이세적 등이 개모성을 함락시키고, 2만여 구, 군량 10여만 석을 얻었다"[39]라고 기록하고 있다. 또 다른 전투는 비사성卑沙城 전투이다. 장량, 정명진, 왕대도王大度 등이 수군을 동원하여 비사성을 공격하는 이야기이다. 『자치통감』에

---

37 『資治通鑑』卷197, 唐紀13 太宗 中之下.
38 『資治通鑑』卷197, 唐紀13 太宗 中之下.
39 『資治通鑑』卷197, 唐紀13 太宗 中之下.

는 "장량이 수군을 이끌고 동래東萊에서 바다를 건너 비사성을 습격하였다. 그 성은 사면이 매달리는 절벽이어서 오직 서문만 올라갈 수 있었다. 정명진이 병사를 끌고 밤에 이르자, 부총관 왕문도가 먼저 올랐다. 5월 기사일 함락시키고 남녀 8천 구를 사로잡았다. 총관 구효충丘孝忠 등을 나누어 파견하여 압록수에서 요병曜兵하였다"라고 기록하고 있다.[40] 비사성을 지키는 고구려 장수로는 단수귀, 백면랑군 등이 등장하는 데 역시 가공의 인물이다.

제79절은 비사성 전투의 내용으로 시작하여 비사성을 당군이 함락시키는 내용이다. 이어 요동성 공격에 관한 이야기가 주요한 내용이다. 요동성을 공격하는 당군으로 이세적, 강하왕 도종, 이사마李思摩, 장사귀, 장군의張君義 등이 등장하고, 요동성을 수비하는 고구려 장수로는 철만삼, 흑수환, 고천막 세 명이 등장한다. 모두 가공의 인물들이다. 연개소문과 보장왕이 요동성을 구원하기 위해 대모달을 불러 보병과 기병 4만 명을 이끌고 요동을 구원하게 하였다는 이야기도 서술되어 있다. 『자치통감』에는 "5월 기사일 이세적이 나아가 요동성 아래에 이르렀다. 5월 을해일 고구려 보기 4만이 요동성을 구원하였다. 강하왕 도종이 4천 기를 거느리고 그들을 맞이하여 공격하였다.… 황제가 스스로 수백 기를 거느리고 요동성 아래에 이르러, 사졸이 흙을 지고 참호를 메우는 것을 보았다. 황제가 그 더욱 무거운 것을 나누어 말 위에 그것을 가지고 가니, 관에 따라 다투어 흙

---

40 『資治通鑑』卷197, 唐紀13 太宗 中之下.

을 지고 성 아래에 이르렀다. 이세적이 요동성을 공격하여 밤낮으로 쉬지 않으니, 12일 만에 황제가 정예병을 끌고 만났다. 그 성을 수백 겹으로 포위하여 북 치는 소리가 천지를 진동하였다. 5월 갑신일 남풍이 빨라지자, 황제가 정예병을 파견하여 충간 끝에 올라 그 서남쪽 누각을 불태우게 하였다. 불이 이어져 성안을 태우니 이어서 장사를 지휘하여 성에 올랐다. 고구려가 힘껏 싸웠으나 대적할 수 없었다. 마침내 이기고 죽인 바가 1만여 명이었으며, 병사 1만여 명, 남녀 4만 구를 얻었고 그 성을 요주遼州로 삼았다"라고 기록하고 있다.[41] 요동성을 지키는 고구려 장수들도 모두 가공의 인물이고, 구원하기 위해 파견되는 대모달을 사람의 이름으로 서술하고 있다.

제80절은 요동성 전투에 관한 내용인데, 당 장수로 설인귀의 활약상이 집중적으로 서술되어 있다. 설인귀의 활약으로 요동성을 함락하였고, 태종이 기뻐하였다는 이야기이다. 이어 태종이 백암성白巖城을 함락하게 하여 이세적, 장량, 장사귀, 이사마, 설인귀 등 당 장수가 등장한다. 『자치통감』에는 백암성을 지키는 고구려 장수로는 달로게리, 여삼고, 장유위, 유사안 등 네 명이 등장하는데, 역시 가공의 인물이다. 또 다른 인물로 홍비호도 보인다. 문헌 기록에 백암성주로 손대음孫代音 혹은 손벌음孫伐音 등으로 기록하고 있는 것과는 차이가 있다. 아울러 보장왕과 연개소문이 백암성을 구원하기 위해 동세웅에게 철기병 2만 명을 주어 나아가서 백암성의 포위를 풀게 하

---

41 『資治通鑑』卷197, 唐紀13 太宗 中之下.

도록 하였다는 내용이다. 여기에 등장하는 동세웅과 두 아들 동기, 동괴 등도 모두 가공의 인물이다.

　제81절과 제82절은 백암성 전투에 관한 내용이다. 전투 과정에서 이사마가 화살을 맞아 상처를 입었고, 백암성에 도착한 태종이 이사마의 상처를 보고 친히 입으로 어혈을 빨아 주었다는 내용이다. 이는 역사적 사실에 기반한 내용이다. 고구려 백암성에서 장수들이 거짓 항복을 하고, 그 사이에 전열을 정비하여 다시 당군과 전투를 벌였는데 당군의 재차 공격으로 백암성이 항복하였다는 내용이다. 당 태종이 항복을 받고 백암성의 인민들을 위호한 이야기이다. 이세적, 글필하력, 설만비薛萬備, 장사귀, 설인귀 등이 고구려 장수들과 전투하는 내용이 상세히 기록되어 있다. 『자치통감』에는 "5월 을미일 백암성으로 군대를 진격시켰다. 5월 병신일(29일) 우위대장군 이사마가 노시弩矢에 맞았다. 황제가 직접 그를 위하여 피를 빨았다. 장사가 그것을 듣고 감동하지 않음이 없었다. 오골성에서 병사 1만여 명을 파견해 백암성을 위하여 구원하였다. 장군 글필하력이 날랜 기병 8백 명으로 그들을 공격하였다. 하력이 몸을 빼어 진영에 빠지니, 창이 그 허리를 맞혔다. 상련봉어 설만비가 단기로 가서 그를 구원하여 만 단위의 무리 속에서 하력을 빼서 돌아왔다. 하력은 기가 더욱 분하여 상처를 묶고 싸워서 기병을 따라 떨쳐 공격하니, 마침내 고구려 병사를 격파하였다. 도망가는 무리를 수십 리나 쫓아서 천여 급을 참수하였으나, 때마침 어두워져서 추격을 중지하였다. 설만비는 설만철의 동생이다. 6월 정유일 이세적이 백암성 서남쪽을 공

격하였는데 황제가 그 서북쪽에 다가갔다. 성주 손대음이 몰래 그의 심복을 파견하여 항복을 받아 달라고 청하면서, 성에 도착하였을 때 칼과 도끼를 던져 버리는 것을 신표로 하겠다고 하였다. 또 말하기를, "저는 항복하기를 원하지만, 성안에는 따르지 않으려는 자가 있습니다"라고 하였다. 황제가 당의 기치를 그 사자에게 주면서 말하기를, "반드시 항복할 것이라면 마땅히 이것을 성 위에 세워야 한다"라고 하였다. "대음이 기치를 세우니 성안에 있는 사람들은 당군사가 이미 성에 올라온 것으로 여기고 모두 그를 따랐다. … 이세적이 이에 물러나니, 성안에서 남녀 1만여 명을 얻었다. 황제가 물근처에 장막을 치고 그들의 항복을 받았으며, 이어서 그들에게 먹을 것을 내려 주고 80세 이상의 사람들에게 백帛을 차등 있게 하사하였다. 다른 성의 군사로 백암성에 있던 사람들도 모두 위로하고 타이르면서 양식과 무기를 주어, 그들이 가고자 하는 곳을 맡겨 버렸다. … 백암성을 암주巖州라고 하고, 손대음을 자사로 삼았다. 글필하력의 상처가 무거워, 황제가 스스로 약을 발라 주었다. 하력을 찌른 자인 고돌발을 조사하여 잡아 오게 하고, 글필하력에게 보내서 스스로 그를 죽이게 하였다. 글필하력이 아뢰길, '그는 그 주인을 위하여 칼날을 무릅쓰고 신을 찔렀으니, 곧 충성스럽고 용감한 병사입니다. 그와 더불어 처음에는 서로 알지 못하였으니, 원수질 일은 아닙니다'라고 하니, 마침내 그를 놓아 주었다"[42]라고 기록하고 있다.

---

42 『資治通鑑』卷197, 唐紀13 太宗 中之下;『資治通鑑』卷198, 唐紀14 太宗 下之上.

    제83절은 백암성을 암주로 삼고 안시성을 공격하기 위해 논의하
는 내용이다. 건안성과 안시성에 대한 공격 순서를 논의하는 내용으
로 당 태종이 이세적의 의견에 따라 안시성을 먼저 공격하고자 하는
내용이다. 『자치통감』에는 "황제가 백암성에서 이기자 이세적에게
말하였다. "내가 듣기로 안시성은 험하고 군사도 정예이며 그 성주
도 재주와 용기가 있어서, 막리지가 반란하였을 때도 성을 지키면서
복종하지 않으니 막리지가 이를 공격하였으나 함락시킬 수 없어서
인하여 그에게 주었다고 한다. 건안성은 병사가 약하고 양식도 적어
서, 만약 그들이 생각하지 못한 곳으로 나가서 이를 공격하면 반드
시 이길 것이다. 공은 먼저 건안성을 공격할 수 있을 것이고, 건안성
이 함락되면 안시성은 우리 배 속에 있게 된다. 이것은 병법에서 이
른바 '성에는 공격하지 않아야 하는 곳도 있다'라는 것이다"라고 대
답하였다. "건안성은 남쪽에 있고 안시성은 북쪽에 있으며 우리 군
량은 모두 요동에 있는데, 지금 안시성을 넘어서 건안성을 공격하다
가 만약 적들이 우리들의 운송로를 끊게 된다면 장차 어찌하겠습니
까? 먼저 안시성을 공격하는 것만 같지 못합니다. 안시성이 함락되
면 북을 울리며 가서 건안성을 취할 뿐입니다"라고 황제가 말하였
다. "공을 장수로 삼았으니 어찌 공의 계책을 쓰지 않겠는가? 내 일
을 그르치지 말라" 세적이 마침내 안시성을 공격하였다"[43]라고 기록
하고 있다.

---

43 『資治通鑑』卷198, 唐紀14 太宗 下之上.

이세적, 장사귀, 글필하력, 설만비, 이사마, 설인귀 등 당 장수와 안시성을 수비하는 고구려 장군으로 절노부의 주수 양만춘梁萬春, 추정국, 이좌승과 관노부의 주수 구비, 기무, 장후손 총 6명이 등장하고 있다. 마찬가지로 모두 가공의 인물로 볼 수밖에 없다. 안시성 전투 초반부는 황룡파黃龍坡라는 곳에서의 전투 장면에 대한 묘사이다. 이 전투는 역사서에 기록되어 있지 않은 내용이다.

제84절은 황룡파 전투의 결과 당군이 승리하였고, 관노부의 주수 구비, 기무, 장후손이 모두 전사한 내용과 당군이 안시성을 공격하기 위해 주둔한 내용이다. 고구려는 구원을 요청하였고, 보장왕과 연개소문이 의논하여 북부도독 고연수, 고혜진을 불러 15만 명의 병사를 거느리고 안시성을 구원하게 하고 좌승상 대대로가 부조하도록 한 내용이다. 여기서도 대대로를 사람 이름으로 서술하고 있다. 당 태종이 안시성을 공격하는 내용과 고구려 구원병이 도착하고 고연수가 대대로의 계책을 듣지 않고, 당군과 직접 싸운 소위 '주필산 전투' 내용이 서술되어 있다. 『자치통감』에는 "6월 정미일 거가車駕가 요동을 출발하였다. 6월 병진일 안시성에 이르러 병사를 진격시켜 그곳을 공격하였다. 6월 정사일 고구려의 북부 욕살인 고연수·고혜진이 고구려와 말갈의 병사 15만 명을 이끌고 안시성을 구원하였다"[44]는 내용을 기록하고 있다. 고구려 장수 곽운룡, 황모수 등의 이름도 보이는데, 가공의 인물이다.

---

44 『資治通鑑』卷198, 唐紀14 太宗 下之上.

제85절은 고연수, 고혜진이 당군에게 항복하는 내용이다. 『자치통감』에는 "6월 기미일 고연수·고혜진은 그 무리 3만 6천 8백 명을 이끌고 항복을 받아 달라고 청하였고, 군문軍門에 들어와서 무릎으로 기어서 앞으로 나와서 절하고 엎드려서 목숨을 살려 달라고 청하였다.… 말갈의 3천 3백 명은 붙잡아서 모두 묻어 버렸다. 획득한 말은 5만 필이고 소는 5만 두이며 철갑은 1만 벌이고 다른 기계도 이와 같았다. 고구려에서는 온 나라가 크게 놀랐고, 후황성後黃城·은성銀城은 모두 스스로 빼서 달아나니, 수백 리 사이에는 다시 사람과 연기가 나지 않았다. 황제가 역참으로 편지를 써서 태자에게 알리고 이에 따라 고사렴 등에게도 편지를 보내기를, '짐이 장수가 되어 이처럼 하였는데 어떠한가?'라고 하였다. 행차하였던 산의 이름을 바꾸어 주필산이라고 하였다"⁴⁵라고 기록하고 있다. 고구려 인물로 조문로가 등장하는데, 역시 가공의 인물이다. 안시성에서 역시 고구려 정부에 구원을 청하였는데, 보장왕과 연개소문이 속정한, 조관, 첨호 등을 구원하도록 하고 12만 명을 거느리도록 한 내용이다. 구원병이 도착하여 이사마, 황상黃常, 곽무霍茂 등과 전투를 벌였는데, 이때 등장하는 속정한, 조관, 첨호 등의 고구려 장수들은 역사 기록에 없는 인물들이다.

제86절은 속정한 등 구원병과 이사마, 설인귀, 글필하력 등과의 전투 상황에 대한 묘사이고, 전투 결과 당군이 승리하였음을 서술

---

45 『資治通鑑』卷198, 唐紀14 太宗 下之上.

하고 있다. 태종은 밤낮 병사를 거느리고 안시성을 공격하였으나, 한 달이 넘어도 취득하지 못하였다는 내용과 이세적이 상주하여 성을 극복한 날에는 군인과 백성들이 구분 없이 남녀들을 모두 생매장할 것을 정하였다는 서술이다. 이어 고연수가 태종에게 오골성을 먼저 공격할 것을 말하는 내용과 장손무기가 이를 반대하는 내용이 있고, 강하왕 도종이 토산을 쌓자고 건의하여 토산을 쌓았다는 내용이 서술되고 있다. 이어진 공격이 20여 일 계속되었음에도 안시성을 함락하지 못하였다는 내용이다. 태종이 복애伏愛를 참수한 이야기도 서술되어 있다. 대체로『자치통감』등 사료에 기반한 내용이 대부분이다. 이어 장량, 정명진, 왕대도, 홍보洪寶, 요영廖英 등이 건안성을 공격하는 내용이다. 건안성을 방어하는 고구려 장수로는 노한이, 노한삼, 장정석, 왕조봉 등 네 명이 등장하는데 이들도 가공의 인물들이다.

　제87절은 당군이 건안성을 공격하여 함락시킨 이야기이다. 건안성 함락은 역사적 사실이 아니고『자치통감』에는 건안성 아래에서 공격한 내용이 간략하게 언급되어 있을 뿐이다. 이어 당 태종이 안시성을 함락시키고자 공격한 내용이다. 고구려는 양만춘梁萬春, 추정국, 이좌승 등이 수비하였고, 고구려왕이 우승 대토졸의 건의에 따라 철륵국鐵勒國에 사신 백의두대형을 파견하여 금옥 수대를 가지고 가서 군대를 빌리게 하였다는 내용이다. 여기서도 대토졸大吐捽을 사람 이름으로 썼고, 철륵국을 안시성 전투에 개입시켰는데, 역사적 사실과 거리가 있는 내용이다. 어찌 되었건 간에 고구려왕은 병마

5만을 도와주었고 전전대장 온사다문이 통솔하게 하여 철륵 인마와 합쳐 총 15만 명의 군대로 안시성을 구원하도록 한 내용이다. 이 내용 역시 역사적 사실과 거리가 있는 허구적인 서술이다. 당군은 이에 글필하력과 사공史恭, 갈정방葛定方, 곽적郭翟, 왕허충王許忠 등 네 사람을 새로 장수로 삼아 석성石城에서 고구려와 철륵 연합군과 전투를 벌여 당군이 패한 내용이다.

　제88절부터 제89절은 석성 전투와 천산 전투와 관련한 내용이다. 석성 전투에는 철륵의 여러 장수의 이름이 등장하는데, 모두 가공의 인물로 보인다. 이 전투에서도 설인귀가 활약하고 있다.

　제90절은 석성 전투와 안시성 전투에 관한 내용이다. 석성 전투에서 승리하였지만, 석성을 함락하지 못한 당군은 안시성을 공격하고 있다. 그런데 시간이 흘러 초겨울이 찾아왔고 장손무기가 태종에게 간언하여 철군하는 내용이다. 철군일에 고구려 장수 양만춘梁萬春은 여러 장수를 이끌고 성 위에 올라가 관망하였고, 무릎을 꿇고 한목소리로 성가에 절하였다는 내용이다. 이에 당 태종이 비단 백 필을 하사하게 하였다는 내용이 서술되어 있고, 태종이 안시성을 떠나 백암성에 이르러 주둔하였음을 적고 있다. 이 역시 역사적 사실과는 다소 거리가 있는데, 요동성에 가서 주둔한 것으로 사서는 기록하고 있다. 『자치통감』에는 "9월에 황제는 요동이 일찍 추워지고 풀은 마르며 물은 얼어서 군사와 말들이 오래 머물지 못하고 또 양식이 장차 떨어지려 하여, 계미일 군사를 돌리도록 칙서를 내렸다. 먼저 요주·개주 두 주의 호구를 뽑아서 요수를 건너게 하고, 이에 안시성

아래에 병사를 시위하면서 선회하였다. 성안에서는 모두가 흔적을 감추고 나오지 않다가 성주가 성에 올라가서 절하며 작별 인사를 하니, 황제가 그가 굳게 지킨 것을 가상히 여겨 비단 백 필을 하사하면서 군주를 섬긴 것을 격려하였다. 이세적, 강하왕 도종에게 명령하여 보병과 기병 4만을 거느리고 후위를 맡게 하였다. 9월 을유일 요동에 이르렀다"[46]라고 기록하고 있다.

이어 645년 당 태종의 친정의 성과로 수십 성을 뽑았고 요·개·암 3주의 7만 호를 중국으로 내천하였다고 밝히고 있다. 이와 함께 은성에 주둔했을 때 4만 급을 베었고 죽은 자가 3천 명이었고 전마는 10마리 중 7~8마리가 모두 죽었다고 하여 이세적이 말한 손실을 듣고 게다가 성공하지 못하여서 깊게 후회하였으며 탄식하기를 '만약 위징이 있었다면, 이번 행동은 없었을 것이다'라고 하였다는 사실을 적고 있다. 이어 백암성을 떠나 요해를 건너 임유관에 도착하자 태자가 백관을 이끌고 영접하였음을 서술하고 있다. 『자치통감』에는 "고구려를 정벌하면서 현도·횡산橫山·개모·마미磨米·요동·백암·비사·맥곡麥谷·은산·후황의 10성을 함락시키고, 요·개·암세 주의 호구를 옮겨서 중국에 들어온 자가 7만 명이었다. 신성·건안·주필의 세 큰 전투에서 참수한 것이 4만여 급이었고, 전사로서 죽은 자가 거의 3천 명이었으며, 전마로서 죽은 것은 10분의 7~8마리였다. 황제는 성공할 수 없었기 때문에 깊이 후회하고 탄식하며

46 『資治通鑑』卷198, 唐紀14 太宗 下之上.

말하기를, "위징이 만약 있었다면 나로 하여금 이번 원정을 하지 않게 하였을 것이다"라고 하였다. 역마를 달려서 위징에게 소뢰少牢로 제사 지내도록 명령하고 만들었던 비를 다시 세우게 하며, 그의 처자를 불러서 행재소로 오게 하여 그들을 위로하고 물품을 하사하였다"[47]라고 기록하고 있다.

이처럼 『당서지전통속연의』는 645년 당 태종의 고구려 원정에 관한 이야기를 『자치통감강목』을 기본으로 하는 역사 기록을 토대로 많은 상상력을 동원하여 가공의 인물과 이야기까지 추가하여 서술하고 있다. 『당서지전통속연의』에 묘사된 태종동정기의 내용과 서술은 다음과 같은 몇 가지 특징을 가진다고 할 수 있다.

첫째, 당 측 인물들은 주로 역사적 사실을 기반으로 하여 서술한 반면 고구려 측 인물들은 대부분 가공의 인물을 창작하여 묘사하였다. 또한 고구려 관직, 관등을 특정 인물의 이름으로 오해하고 서술한 측면도 확인할 수 있다. 대표적으로 고구려 최고 무관직인 대모달, 최고의 관등이라고 할 수 있는 대대로와 백의두대형 등이다. 이는 고구려사에 대한 이해의 부족에서 기인한 것이라 할 수 있다. 아울러 고구려의 여러 성과의 전투를 묘사하면서 실제 역사에 기록되지 않은 다양한 가공의 인물을 창작하였기 때문에 그동안 조선시대 문헌에서 안시성주로 알려진 양만춘 역시도 여타 전투에서 등장하는 많은 고구려 인물들처럼 연의식 소설을 쓰면서 창작한 가공의 인

---

47 『資治通鑑』卷198, 唐紀14 太宗 下之上.

물로밖에 볼 수 없는 것이다.

둘째, 요동에 대한 지리나 교통로 및 성의 위치에 대해 상세하게 알지 못했기 때문에 각 성 및 인근 지역에서의 전투 상황, 그리고 행군로 등에서 실제 역사와 상이하거나 서술이 어색한 측면이 확인된다. 요동 지역의 고구려 성의 위치나 교통로 등 상세한 정보를 알아야만 정확한 묘사가 가능한데, 당시 그런 것을 고증하는 것이 불가능하였을 것이다. 명대에 와서도 당서, 『자치통감』, 『자치통감강목』등을 통해서 고구려에 관한 자세한 지리 및 위치 정보를 파악하기는 어려운 것이었다.

셋째, 당군이 고구려의 건안성, 신성 등의 전투에서는 성을 함락하거나 완전하게 승리하지 못했음에도 불구하고 이를 승리하였거나 성을 점령하거나 함락시킨 전투로 서술하고 있어 역사적 사실과는 거리가 있는 측면이 있다. 다만 안시성 전투는 승리하지 못하였음을 그대로 서술하고 있다. 아울러 고구려왕이 연개소문의 건의로 인물을 추천받아 중앙에서 요동에 있는 성을 구원하기 위해 여러 차례 파견한 구원군 가운데에 등장하는 장수의 이름들도 역사서에 보이지 않는 내용이다.

넷째, 당 태종이 친정한 과정에서 보인 성군으로서의 다양한 면모를 자세하게 서술하고 이를 강조하고 있다. 직접 전투를 지휘하거나 부하 장수나 군졸에 대한 황제의 특별한 예우나 고구려민에 대한 배려 등이 자세하게 서술된 측면이 있는 것이다. 중국 역사에서 3대 황제 가운데 한 사람인 당 태종에 대해 성군으로서의 면모를 강조하

고자 함이다. 아울러 당 장수로서 각 전투에서 활약한 장수들 가운
데 이세적과 설인귀의 활약상이 특히 강조되고 있기도 하다.

다섯째, 당 태종 친정 시에 고구려와의 전투에서 역사에 보이지
않는 철륵 세력이 고구려의 요청으로 전투에 참가하여 당군과 대
결한 것으로 묘사하고 있다. 고구려왕이 사신 백의두대형을 파견하
여 금옥 수대를 가지고 철륵국으로 가서 군대를 빌리게 하였고, 이
를 통해 철륵이 전쟁에 직접 군대를 파견하여 고구려와 연합하여 당
군과 전투를 벌인 것으로 서술하고 있다. 백의두대형은 고구려의 관
등일 뿐이고, 만류공萬留公, 만제공萬濟公, 만통공萬通公 등 철륵 세력의
장수 이름도 실제 역사적 인물이 아니고 가공의 인물들이다. 실제
로 645년 전쟁에서 실제로 철륵 세력이 고구려를 지원하기 위해 직
접 군사를 동원하고 실제 전투에 참전한 바는 없다. 다만 현재 철륵
세력의 한 부족으로 상정될 수도 있는 설연타와 전쟁 진행과 관련
한 정세상으로 일정 부분 관련성이 언급되기도 하지만,[48] 직접 당군
과의 전투에 고구려와 연합하여 싸운 바는 없다. 645년 전쟁 이후에
설연타는 646년 당군의 토벌로 멸망하여 당의 간접 지배를 받기도

[48] 대체로 645년 당군이 안시성 전투에서 교착 상태에 있었을 무렵에 고구려가 설연타에
대해 공작을 하여 설연타가 당에 반기를 든 것으로 보는 견해가 있는데, 보다 구체적으
로 보면 노태돈은 『자치통감』 편년으로 보았을 때 설연타의 당 북변 공격이 당군의 철
수로 이끈 것은 아니었다고 이해하였고, 서영교는 연개소문의 설연타 공작의 성공으로
전선이 안시성에서 내몽골지역으로 옮겨간 것으로 보았다(노태돈, 2009, 『삼국통일전
쟁사』, 서울대학교출판부, 105~106쪽; 서영교, 2014, 「연개소문의 對설연타 공작과 당
태종의 안시성 撤軍—『資治通鑑』 권198, 貞觀19년 8·12월조 『考異』의 「實錄」 자료와 관
련하여—」, 『동북아역사논총』 44).

하였다. 이처럼 철륵이 고구려와의 연합군으로 전투에 동원된 것은 안시성 전투에서 당군이 고구려와의 전쟁에서 승리하지 못하고서 철군한 원인 가운데 하나를 철륵 세력이 직접 군사를 동원하여 전투에 참여한 것에서 중요한 이유로 삼고자 한 듯하다. 당 태종의 고구려 친정 실패의 원인을 다른 세력이 개입한 것에서 찾고자 한 의도가 내재된 것으로 볼 수 있다.

맺음말

이상에서 웅대목의 『당서지전통속연의』 간행과 판본에 대해 중국학계의 연구 성과를 토대로 살펴보고 그 대강을 설명하였다. 아울러 조선 중기 이후부터 언급되어 온 당서연의와 태종동정기의 내용과 성격에 대해서도 살펴보았다. 이 글에서는 당서연의의 내용 가운데 태종이 고구려를 원정한 내용을 언급하는 부분이 바로 태종동정기임을 재확인하였다. 그리고 그 내용의 검토를 통해 실제 역사와 다른 서술도 상당수 있음도 확인하였다. 특히 고구려와 관련하여 많은 가공의 인물들을 등장시켜 당 태종과의 전투를 설명하고 있다는 측면이 주목되는데, 바로 안시성주 양만춘도 이러한 가공의 인물들 가운데 하나였다. 고구려의 여러 성을 지킨 가공의 장수 이름들이 당서연의에서 다수 언급되고 있는바, 이는 소설의 재미를 이끌어 내려던 웅대목의 상상력에 기반한 창작의 소산이었다.

조선 중기 이후부터 지속적으로 언급되어 온 당서연의나 태종동
정기 등은 조선에 널리 유통된 것 같지는 않다. 이시발의 경우를 제
외하고는 당서연의를 직접 확인하고서 언급한 기록이 확인되지 않
을뿐더러 실제로 국내에서 어떤 판본도 확인되지 않는 점에서도 그
러하다. 당시 조선 지식인층들이 누군가에게서 들은 말이나 학자들
의 책을 통해 읽었던 내용을 확인 없이 언급한 것으로 보인다. 당서
연의 혹은 태종동정기는 중국 3대 황제 중 하나로 칭송받는 당 태종
과의 전투에서 승리한 안시성 전투와 그 성주를 주목한 당시 지식인
들에게 구설의 대상이었던 것만은 분명한 듯하다. 결국 이러한 전승
은 이후 많은 사람에게 전해지고 기억되어 문학적 서사가 역사적 사
실이 되는 단초를 제공하였던 셈이다.

『삼국사기』안시성 기록에 보이는 '유공권 소설'의 원전

김정배

머리말

『삼국사기』 신라·고구려·백제의 본기와 열전에는 특정 사안에 대해서 편찬자가 자신의 견해를 피력한 사론史論이 모두 31개[1] 들어 있다. '논왈論曰'로 시작되는 이 사론을 일별하게 되면 고구려 보장왕기에만 유독 3개나 되는 사론이 집중적으로 나타나고 있다.

보장왕 4년조와 8년조의 사론들은 고구려가 당과 격전을 벌이는 생생한 장면과 그 결과에 대한 편찬자의 견해가 개진된 논점들이 기록되어 있다. 그리고 보장왕기 27년조의 사론에는 고구려 멸망에 관한 편찬자의 논평이 중량감 있게 전개되어 있다. 보장왕기에만 3개의 사론이 실려 있다는 것은 고구려의 대당對唐 전쟁이 역사상 중대사건임을 인식한 결과이고, 고구려의 멸망 역시 이 전쟁과 연결되어 있다는 역사적 의미를 깊게 표출시킨 것이다.

주지하는 바와 같이 고구려는 주필산 전투에서 패하였으나, 안시성 전투에서 당 태종이 이끄는 막강한 군대를 맞아 대승을 거두었고, 당 태종은 이 전쟁에서 패한 후 귀환해야 하는 수모를 겪었다. 그런데 위와 관련된 보장왕 8년조의 사론에는 당의 '유공권 소설柳公權小說'이라는 책명이 등장하고 있으며, 아울러 책의 내용 일부가 소개되고 있다. 『삼국사기』의 저자인 김부식은 바로 이 유공권

---

[1] 末松保和는 28개로 파악하였고 高柄翊은 末松保和의 잘못을 지적하며 30개로 이해하였지만, 그 역시 보장왕 4년조의 사론을 빠트렸다(高柄翊, 1969, 「『三國史記』에 있어서의 歷史敍述」, 『金載元博士回甲紀念論叢』, 61~65쪽).

(778~865)의 소설을 이용해서 "주필산 전투에서 고구려와 말갈을 합친 군대가 40리에 뻗쳤는데 당 태종이 이를 보고 두려워하는 빛이 있었다"고 기술하였다. 그러면서 김부식은 이러한 내용이 『신당서』, 『구당서』나 『자치통감』 등 중국 사서에서 언급되지 않은 맹점을 강하게 비판하였다.

『삼국사기』 사론에는 '유공권 소설'과 같이 중국인의 이름과 책명이 등장한 경우가 거의 없어 아주 특이한 예에 속한다. 사실상 우리나라 학계는 김부식이 언급한 '유공권 소설'의 정체와 내용을 지금까지 해명하지 못하고 있었다. 이런 점에서 김부식이 거론한 '유공권 소설'의 내용을 파악하고 그 진위를 가리는 작업은 아주 중요한 사안이다. 그 중요한 이유는 고구려의 주필산·안시성 전투와 직접 연관된 내용을 담은 자료와 사서를 추적하는 작업이기 때문이다.

필자는 이 글에서 김부식이 당당하면서도 자랑스럽게 인용한 '유공권 소설'의 내용과 성격에 대해 살펴보고자 한다. 또한 김부식이 이 자료를 정확하게 인용하였는지 여부도 검토하려고 한다. 이 논의 과정에서 『수당가화隋唐嘉話』라는 새로운 사료가 자연히 등장하게 되는데 김부식이 사론에서 인용한 '유공권 소설'의 내용은 사실 『수당가화』라는 사서에 이미 동일하게 실려 있다.[2] 김부식은 『삼국사기』의 보장왕기 사론을 찬술할 때 자료를 취사선택하는 과정에서 일단

---

2   劉餗·程毅中 點校, 1979, 『隋唐嘉話』, 中華書局; 程毅中, 1990, 『唐代小說史話』, 文化藝術出版社.

'유공권 소설' 내용을 알았겠지만, 그보다 기본 사료가 되는『수당가화』의 존재는 인지하지 못하였던 것으로 보인다.

주필산·안시성 전투의 사론 분석

『삼국사기』 고구려본기의 보장왕기에 실려 있는 대당 전쟁 기록이『구당서』·『신당서』의 고구려전과『자치통감』의 자료를 이용해서 편찬되었다는 것은 익히 알려진 사실이다. 그러나 위 사실들을 다시 확인·대조하게 되면『구당서』·『신당서』의 고구려전과『자치통감』에서는 찾아볼 수 없는 기록들이 고구려본기의 보장왕기와 사론에서 나타나고 있다.

이것은 두 가지 관점에서 생각해 볼 수 있다. 하나는『삼국사기』를 편찬한 김부식 개인의 견해를 반영한 서술일 가능성이 있다. 다른 하나는『신당서』·『구당서』와『자치통감』의 자료가 아닌 제3의 사료를 인용해서 기록으로 남겼을 가능성도 있다. 이와 같은 사실들을 구명하기 위해 주필산 전투와 안시성 전투에 관한 본기의 기록과 사론 부분을 간단히 일별해 볼 필요가 있다. 주목되는 주요 문구를 인용하면 다음과 같다.

사료 1·1 아군은 말갈과 합군하여 진을 쳤는데, 그 길이가 40리였다. 당 태종이 이를 바라보고 두려워하는 빛이 있었다.[3]

사료 1-2 강하왕江夏王 도종道宗이 말하되, "고구려가 나라를 기우려 왕
사王師를 막으니 평양의 수비가 반드시 약할 것입니다. 원컨대 신에
게 정병 5천을 주시어 그 근본을 뒤덮으면 수십만의 무리를 싸우지
않고 항복시킬 수 있습니다"라고 말하였다. 태종은 응하지 않았다.[4]

사료 1-3 2월에 당 태종이 경사로 돌아와 이청李請에게 이르되, "내가
천하의 무리로써 소이小夷에게 괴로움을 당하는 것은 무슨 일이냐"
고 하였다. 청請이 말하되 "이것은 도종이 해명할 것입니다" 하였다.
태종이 돌아보며 물으니 도종이 주필산에 있을 때 허를 타서 평양을
취하려 하였던 말을 모두 이야기하였다. 태종이 한탄해서 말하되,
"당시는 총총해서 내가 생각하지 못하였다"고 하였다.[5]

사료 1-4 '유공권 소설'에서 말하기를, "주필산의 전투에서 고구려와
말갈을 합친 군대가 40리에 뻗쳤는데, 태종이 이를 바라보고 두려워
하는 빛이 있었다. 또 황제의 6군六軍은 고구려의 승리로 거의 떨치
지 못하였고, 염탐하는 자가 보고하기를 이세적이 거느리는 부대가
포위되었다고 하자 태종이 크게 두려워하였다"고 하였다. 비록 스
스로는 빠져나왔지만, 위험이 저와 같았는데, 『신당서』・『구당서』와
사마공의 『자치통감』에는 이 같은 사실을 언급하지 않았으니 이는
나라를 위하여 휘피諱避한 것이 아닌가.[6]

---

3 『三國史記』寶臧王4年條.
4 『三國史記』寶臧王4年條.
5 『三國史記』寶臧王5年條.
6 『三國史記』寶臧王8年條, 史論, "柳公權小說曰 駐蹕之役 高麗與靺鞨合軍 方四十里 太宗望
  之 有懼色 又曰 六軍爲高句麗所乘 殆將不振 候者告 英公之麾黑旗被圍 帝大恐 雖終於自脫

사료1의 네 기사는 고구려의 대당 전쟁을 기록한『신당서』·『구당서』에는 없는 내용이고,『자치통감』에도 일부는 없는 내용이다. 이 네 기사는 서로 중복되는 내용이 있지만, 고구려가 대당 전쟁을 수행하는 데 전후 사정을 파악할 수 있는 자료이므로 그대로 열거하였다. 그렇다면 김부식은 이 관련 사실들을 어떻게『삼국사기』 보장왕기의 본기와 사론에서 기술할 수 있었을까 하는 의문이 든다.

먼저 사료 1-1과 1-4를 연관시켜 보면 1-1에서는 아군이 말갈과 합병해서 진을 친 규모가 40리에 달했는데 태종이 이를 보고 두려워하였다고 서술하고 있다. 그런데 1-4를 보면 1-1의 내용은 '유공권 소설'에 나오는 주필산 전투의 내용이었음을 바로 알 수 있다. 1-1에서는 '아군'이라는 표현이 있으나, 1-4에서는 '고구려'라고 적시하고 있다. 아군이라는 표현은『삼국사기』를 편찬한 김부식의 삼국사에 대한 뚜렷한 국가관이 돋보이는 대목이다.

사료1-4의 '유공권 소설'에는 주필산 전투에서 당 태종이 아군(고구려)과 말갈의 합군이 40리에 뻗친 것을 보고 두려워하였다는 내용뿐만 아니라 안시성 전투의 고구려 승리로 당 태종의 6군六軍이 떨치지 못하였다는 것, 그리고 이세적의 군대가 포위되었다는 말을 듣고 태종이 크게 두려워하였다는 내용도 기술하고 있다. 이렇게 보면 1-4의 '유공권 소설'에 나오는 기록이 결국은 1-1과 1-4의 기본 내용을 이루고 있으며, 1-1은 주필산 전투에서 당 태종 관련 표정

而危懼如彼 而新舊書及司馬公通鑑 不言者 豈非為國諱之者乎".

부분만을 간략하게 묘사하여 기술한 것이다. 따라서 이것은 보장왕 4년조의 본기를 서술하는 가운데 전후 문맥을 고려해서 삽입한 문구일 뿐이다.

주필산 전투는 당 태종이 요동성과 백암성을 공략한 후 안시성을 공격하기 직전 고구려와 치열하게 싸운 격전을 말한다. 고구려는 요동성과 백암성을 잃게 되자 안시성을 보호하고 구원하기 위해 고구려군과 말갈군 15만을 보냈지만 주필산 전투에서 당군에게 패배하고 말았다. 바로 이 전투에서 당 태종이 두려워하는 빛이 있었다는 것이 1-1과 1-4의 주요 내용이다. 그런데 당 태종이 두려워하였다는 이와 같은 사실이 『신당서』·『구당서』나 『자치통감』 등에는 빠져 있다. 김부식은 '유공권 소설'을 근거로 이 사실을 제시하면서 중국 측 역사서의 부실을 비판한 것이다.

한편 사료 1-2와 1-3도 서로 연관이 되는 항목이다. 안시성을 보호하기 위해 고구려가 온 국력을 이곳에 쏟고 있으므로 강하왕江夏王 도종道宗은 이 기회에 5천 정병을 자신에게 주면 평양을 점령하겠다고 태종에게 건의하였으나, 결국 태종이 응하지 않았다는 것이 기본 내용이다. 특히 1-3은 안시성 전투에서 당 태종이 패한 후에 자기의 참담한 심정을 토로하면서 이유를 묻자 도종이 1-2의 사실을 당 태종에게 다시 설명하는 장면이다.

그런데 정병 5천에 관한 내용은 『신당서』나 『구당서』의 고구려전에는 없으며 오히려 『자치통감』에는 이 사실이 기록되어 있다. 이로 미루어 보면 사마광은 『자치통감』을 편찬할 때 『신당서』·『구당서』이외에 다른 자료를 참고하였음이 분명하다. 이 문제에 대해서는 뒤에서 다시 간단히 언급하도록 하겠다.

사료1의 네 기사를 다시 종합해 보면, 특히 당 태종이 두려워하는 빛이 있었다는 사실은 『신당서』・『구당서』와 『자치통감』에는 없는 자료이다. 특히 사론 중 1-1과 1-4의 내용은 '유공권 소설'에 있다는 사실을 『삼국사기』에서 확인하였다. 그렇다면 1-2와 1-3의 문구는 어떤 연유로 『삼국사기』에 기재되었는가 하는 의문이 든다. 1-2와 1-3도 '유공권 소설'에서 나오는 문구인가, 아니면 김부식의 독자적인 서술인가 하는 앞에서 제기하였던 의구심을 정리할 필요가 있다.

사료1의 네 기록은 고구려의 대당 전쟁 수행 과정을 구체적으로 언급한 부분이고, 이미 1-1과 1-4는 '유공권 소설'에서 나온 것이 분명하므로 1-2와 1-3도 '유공권 소설'에서 나왔을 가능성을 추론할 수는 있다. 그러나 『삼국사기』 보장왕기 어디에도 이것이 유씨柳氏 소설의 출전이라는 근거는 없다. 위 사안들은 당 태종의 전쟁 지휘나 그의 심경 등을 밝힌 핵심 내용이다. 따라서 김부식 개인의 견해를 서술한 항목이라고 보기에는 전후 문맥으로 보아도 사리에 맞지 않는다. 중국 측의 다른 사료를 찾아야 할 이유가 여기에 있다.

필자가 이 글을 쓰면서 김부식을 높이 평가하는 것은 김부식이 고구려 보장왕기의 기사와 사론을 집필하면서 중국 정사에서 빠져 있는 사실들까지 다른 사료를 이용하여 자세하게 보완하였다는 점이다. '유공권 소설'을 인용해서 관련 사실들을 보충하고, 사료1-4에서 보는 바와 같이 중국 측의 역사 서술 태도와 사설을 비판한 것이다. 김부식이 사론에서 '유공권 소설'을 지목하였기 때문에 필자는 여기에 의구심을 갖고 광범위하게 자료를 추적하면서 결국 해답을 내놓게 되었다.

'유공권 소설'의 진위 문제

유공권은 당대唐代의 유명한 서예가로 특히 만당晩唐을 대표하는 일인자의 위치에 필명을 남겼다. 현재도 유공권 서체가 후학에게 영향을 미치고 있는 것이 단적인 예가 된다. 안진경顏眞卿의 서체가 유공권의 서체에 용해되어 안근유골顏筋柳骨의 칭호를 듣고 있다. 그는 원화元和(806~820) 초에 진사進士에 오르고 공부상서工部尚書·태자소부太子少傅·소사少師를 역임하였는바, 그의 상세한 사적은 『구당서』[7]·『신당서』[8]의 유공권전에 보인다. 김부식이 『삼국사기』 보장왕 8년조 사론에서 언급한 유공권은 바로 이 사람이다. 그리고 '유공권 소설'은 유공권이 저술하였다고 전해지는 『소설구문小說舊聞』·『소설구문기小說舊聞記』를 일컫는다.

이 책은 『송사宋史』 예문지藝文志에 '유씨소설구문柳氏小說舊聞 6권六

---

7   『舊唐書』卷165, 列傳115.
8   『新唐書』卷163, 列傳88.

卷'[9]이라고 기술되어 있어 당말唐末에서 오대五代 사이에 찬술된 것으로 알려져 있다. 그러나 유공권의 『소설구문기』는 원본이 일실되어 전하지 않는다. 다만 일부 글들이 송대 완열阮閱이 편집한 시화집인 『시화총귀詩話總龜』(1123)와 원말~명초에 도종의陶宗儀가 편찬한 『설부說郛』에 편린으로 전한다.

『시화총귀』에는 유공권의 『소설구문』에서 인용하여 출전을 밝힌 글들로 '설도형위인일시薛道衡爲人日詩',[10] '이의부영시조시李義府詠詩鳥詩',[11] '상관의입조영시上官儀入朝詠詩',[12] '양제주설도형여왕주煬帝誅薛道衡與王冑',[13] '장손구양상조長孫歐陽相嘲'[14] 등이 보인다. 이 가운데서 이의부영시조시는 남송南宋 위경지魏慶之가 편집한 『시인옥설詩人玉屑』[15]에도 수록되어 있다.

그런데 위 경우와는 다르게 『설부』에는 유공권의 『소설구문기』를 인용하고 있는데, '인사경망人死鏡亡', '이구수李龜壽', '연화봉蓮花峯', '배광원裴光遠'[16] 등 4편이 실려 있어 내용과 형식에서 판이한 대조를 이루고 있다. 그런데 위에서 열거한 책의 제목이나 내용을 검토해 보면 『삼국사기』 보장왕 8년조 사론에 등장하는 '유공권 소설'에서

---

9   『宋史』卷206, 藝文志159 藝文5.
10   『詩話總龜』卷4, 稱賞門.
11   『詩話總龜』卷第5, 自薦門.
12   『詩話總龜』卷27, 書事門.
13   『詩話總龜』卷29, 詩累門.
14   『詩話總龜』卷37, 譏誚門上.
15   魏慶之, 『詩人玉屑』卷10.
16   陶宗儀, 『說郛』卷49.

언급하는 내용은 전혀 없다. 그렇다면 유공권의『소설구문』이든『소설구문기』이든 간에 적어도『삼국사기』사론의 '유공권 소설'은 그동안 알려지지 않은 새로운 내용의 자료가 된다는 뜻이다.

『삼국사기』사론에 나오는 '유공권 소설'은 유공권의『소설구문기』또는『소설구문』의 다른 명칭일 뿐 동일한 책이다. 그러므로『시화총귀』나『설부』에『소설구문』·『소설구문기』라는 이름이 보인다는 점에서『삼국사기』사론에 나오는 책도 앞의 두 책과 대조를 해야 한다. 내용 면에서 검토해 보아도 주필산 전투에서 당 태종이 고구려군과 말갈군의 합친 군대가 40리에 뻗친다는 것을 보고 두려워하는 빛이 있었다는 내용 등은 매우 이례적인 서술이다. 그 때문에『삼국사기』사론에 나타나는 '유공권 소설'의 명칭과 내용은 일반적으로 통용되는 소위『소설구문기』의 실체를 심층적으로 파악하는데 결정적인 단서를 제공한다.

여기서 유공권의 소위『소설구문기』를 또 다른 시각에서 조명해볼 필요가 있다. 앞에서『시화총귀』와『설부』에 각각 유공권의『소설구문』과『소설구문기』의 잔편이 들어 있다는 사실을 지적한 바 있다. 그러나 이 자료들을 더 분석·검토하면『시화총귀』에 나오는 유공권의『소설구문』기사는 당 현종玄宗 연간(712~756) 후기에 유속劉餗이 지은『수당가화』에 동일한 내용의 기사가[17] 이미 기재돼 있음을 확인할 수 있다. 유공권의 생몰 연대를 고려하면 동일한 기사가

---

17 劉餗·程毅中 點校, 1979, 앞의 책, 1, 2, 19, 23, 32쪽.

『수당가화』에 먼저 나타난다는 것은 유공권의 『소설구문』이 적어도 원래의 기록이 아니라는 사실을 반증한다.

다시 말하면 원래 유속의 『수당가화』에 있던 기사가 뒤에 유공권의 『소설구문』에 옮겨 실렸다는[18] 뜻이 된다. 이 사실은 아주 중대한 의미를 내포하는바 『수당가화』가 주목의 대상이 된다. 『수당가화』에 대해서는 뒤에서 다시 논의하도록 하겠다.

반면에 『설부』에 나오는 『소설구문기』의 기록은 당의 황보매皇甫枚가 찬한 『삼수소독三水小牘』(907)에 모두 실려 있어 원전의 출처에 대하여 역시 새로운 의문점이 제기되었다. 이 책은 함통咸通 연간(860~874) 이래의 전문들을 모아 놓은 내용을 담고 있는데 신령스럽고 괴이한 전기傳奇를 많이 싣고 있다. 결국 『설부』의 『소설구문기』도 실제로 『삼수소독』에서 출처를 찾을 수 있다. 양자를 비교해 보면 『설부』의 글이 『삼수소독』보다 문장 말미에서 한 구절이 더 많다. 예컨대 '인사경망人死鏡亡'조를 보면 말미에 "光啓丁未歲于鄴下與河南元恕遇因話焉"이라는 구절이 추가로 보인다. 이와 같이 『삼수소독』보다 『설부』에 있는 글들이 결미에 일부 문구가 더 있어 새로운 자료들을 제공하고 있다.

특히 『설부』에 기록된 유공권의 『소설구문기』에는 연대를 알 수 있는 연호가 나타나고 있어 책이 만들어진 연대를 추정하는 데 도움을 주고 있다. 인사경망조에는 광계光啓(885~887)라는 연호가, 그리

---

18 중국의 고전문학계는 이 사실을 일찍부터 주목한 바 있다.

고 배광원조에는 건녕乾寧(894~897)이라는 연호가 각각 적혀 있기 때문에 책의 제작 연대를 분명하게 거론할 수 있다. 광계와 건녕은 각각 당 희종僖宗과 소종昭宗의 연호이므로 당 후기에 해당한다. 그런 데 문제는 여기서 제기된다.

『소설구문기』에 나오는 광계와 건녕은 유공권의 사후 20년 이후 시기에 해당된다. 따라서 유공권 자신이 『소설구문기』의 저자가 아 니라는 결론에 이르면서 위서라는[19] 이야기가 나오게 된다. 『소설구 문기』는 결국 『수당가화』와 『삼수소독』의 관련 기록을 거의 그대로 전재해서 만든 책이지만 중국학계에서는 유공권의 이름을 빌려 책 을 만들었다고 보고 있다. 『송사』 예문지에 유공권의 『소설구문기』 (6권)가 보이는 것을 감안하면, 이 책은 당말에서 오대 사이에 누군 가에 의해 후대에 편찬된 것으로 보고 있다.

이제 위에서 언급하였던 『삼국사기』 사론에 등장하는 '유공권 소 설'에 대해서 논평할 차례가 되었다. 이미 유공권이 『소설구문기』의 원저자가 아니라는 사실이 확인되었기 때문에 이 점은 『삼국사기』 보장왕 8년조 사론 분석에도 영향을 끼치지 않을 수 없다.

보장왕 8년조 사론에는 '유공권 소설'을 인용해서 당 태종이 주 필산 전투에서 고구려군과 말갈군의 합군이 40리에 뻗친 것을 보 고 두려워하는 빛이 있었다고 기술해 놓았다. 그러나 이 내용은 『시 화총귀』나 『삼수소독』에 인용되어 있는 『소설구문』이나 『소설구문

---

19 程毅中, 1982, 「唐代小說瑣記」, 『社會科學戰線』 1982-4, 297~298쪽; 程毅中, 1990, 앞의 책, 301쪽.

기』에는 없는 이야기이다. 이것은 기왕의『소설구문기』기록 이외에
『삼국사기』사론에서 보는 바와 같은 '유공권 소설' 내용이 더 있었
다는 것을 의미한다.

　김부식은 위에서 말한 '유공권 소설'의 진위 여부는 전혀 몰랐
다. '유공권 소설'의 내용이 중국의 다른 정사正史에는 없는 기록이라
『삼국사기』사론에 인용하여 저술한 것이다. 필자가『삼국사기』사
론에서 언급한 '유공권 소설'의 실체를 광범위하게 추적한 결과 이
기록의 문장은 바로 당대 유속의『수당가화』에서 적출된 것임을 알
게 되었다.

　고구려의 대당 전쟁에서 당 태종의 언행이 도처에 언급되어 있
지만 위풍당당했던 당 태종이 두려워하였다는 기록은『수당가화』의
일구一句로 말미암아 세상에 알려지기 시작하였다. 이것은 세인의
주목을 끌기에 충분한 기사였다.『삼국사기』보장왕기 중에서 제시
한 사료1의 1~4 기사는 바로 유속의『수당가화』에 그대로 실려 있
어 해답의 단초를 열어 주고 있다.

『수당가화』와 보장왕기 사론의 원전

『수당가화』는 당 현종 때 유속이 편찬한 책이다.[20] 유속은 당의 저

명한 사학자 유지기劉知幾의 아들이며 그의 행적은『신당서』·『구당서』의 유자현전劉子玄傳21에 보인다.『구당서』에는 다음 기록이 있다.

사료 2 속餗은 우보궐右補闕을 지냈다. 집현전 학사로 국사國史를 수찬하고 사례史例 3권, 전기傳記 3권, 악부고제해樂府古題解 1권을 지었다.22

사료2에서 사례史例 3권, 전기傳記 3권이 주목되는 책들이다. 그런데『신당서』에는 유속의 저술이 아주 간략하게만 보인다.

사료 3 속餗의 자字는 정경鼎卿으로 천보天寶 초에 집현전 학사 겸 지사관知史官을 역임하고 우보궐로 벼슬을 마쳤다. 부자父子 3명이 번갈아 사관史官에 임명되었다. 사례를 저술하였는데 자못 본받을 것이 있었다.23

기(傳記)』,『소설(小說)』등의 이명(異名)으로 여러 책에 보인다. 수 양제부터 당 현종 개원 연간(713~741)까지의 쇄문(瑣聞)·잡사(雜事)를 기록하였다. 특히 당 태종과 측천무후(則天武后) 및 당시 신료들의 활동에 관한 기사가 상세하고,『신당서』에도 많이 인용되어 있다.『속백천학해(續百川學海)』,『역대소사(歷代小史)』,『설부(說郛)』,『고씨문방소설(顧氏文房小說)』,『계고당총각(稽古堂叢刻)』등에 실려 있는데, 1979년 중화서국에서 여러 판본을 교감하여『조야첨재(朝野僉載)』와 합책[「당송사료필기총간(唐宋史料筆記叢刊)」]한 정의중(程毅中)의 점교본(點校本)이 참고할 만하다(侯忠義 主編, 1986,『中國歷代小說辭典』1, 雲南人民出版社, 167~170쪽; 神田信夫·山根幸夫 編, 1989,『中國史籍解題辭典』, 燎原書店, 185쪽 참조).

21 『舊唐書』卷102, 列傳52 劉子玄;『新唐書』卷132, 列傳57 劉子玄.
22 "餗 右補闕 集賢殿學士 修國史 著史例三卷 傳記三卷 樂府古題解一卷".
23 "餗 字鼎卿 天寶初 歷集賢院學士 兼知史官 終右補闕 父子三人更莅史官 著史例 頗有法".

사료3에서도『사례』만 보일 뿐 다른 책은 보이지 않는다. 현재는
『수당가화』1종만 남아 있다.『수당가화』는『구당서』경적지와『신
당서』예문지에는 책 이름이 보이지 않으며 남송南宋 진진손陳振孫의
『직재서록해제直齋書錄解題』[24] 소설가류小說家類에 유속의『수당가화』
1권과『유속소설劉餗小說』3권이 기록되어 있다.『송사』예문지[25]에는
다음과 같이 유속의 저서가 나열되어 있다.

사료 4 유속劉餗 전기傳記 3권, 우수당가[가]화又隋唐佳[嘉]話 1권, 소설小
說 3권

위 사실을 검토하면『수당가화』1권이 여타의 전기傳記나 소설과
함께 기술되어 있어 각각 별개의 저술로 나타나 있다.『수당가화』는
남송 소흥紹興 27년(1157)에 완성된『소씨견문후록邵氏見聞後錄』[26]에
이미 책 이름이 인용되고 있어 당시에 그 책이 넓게 통용되고 있었음
을 알 수 있다. 특히 사마광의『자치통감』고이考異에 유속의 소설이
인용되는 것으로 보아 유속이 사학가로 명망이 있었음을 알려준다.

앞에서 거론한『신당서』유속전을 보면 부자 3명이 사관의 자리
를 계승하였다고 기술하고 있어 유씨 가문이 사학과 연관이 깊다는
사실을 부각해 놓고 있다. 사실『수당가화』가 현존하는 사료로서 홀

---

24 陳振孫,『直齋書錄解題』卷11, 小說家類.
25 『宋史』卷206, 藝文志159 藝文5.
26 邵博,『邵氏見聞後錄』卷30, 中華書局, 234쪽.

량한 내용을 담고 있지만, 위에서 살펴본 바와 같이 다른 이름으로 나오는 책과의 동일 여부 때문에 다소 혼선이 있다. 이 점에 대해서 『수당가화』를 교감한 정의중程毅中은 "상술한 각종 서적에서 인용된 바를 종합해 보면 유속은 일찍이 세 종류 이상의 사료 필기가 있었으나 이를 자세히 비교해 보면 곧 소위『국조전기國朝傳記』, 『국사이찬國史異纂』, 『소설』의 일문佚文이라는 것을 발견하게 된다"[27]고 언급하고 있다.

그는 송대에 4종의 서명이 존재하였다고 보고 위 책들이『수당가화』와 동일한 책이라고 보았다. 이에 근거해서 주훈초周勛初는『전기』·『국조전기』가 이 책의 원제라고 보고, 『국사이찬』과 『소설』이라는 명칭을 거쳐 뒤에『수당가화』라는 이름을 얻게 되었다고 그 과정을 논하였다. 그리고『수당가화』라는 명칭은 북송 때부터 나타나기 시작해서 남송 때는 광범위하게 통용되었다고[28] 보았다.

『수당가화』는 상·중·하로 엮어진 분량이 적은 책이다. 여기에는 모두 174조가[29] 있지만 짧은 문장으로 구성되어 있고, 각 조는 독립적인 단위의 내용을 갖고 있다. 문장이 100자 이하인 것이 142조인 반면 200자 이상으로 이루어진 문장은 8조에 불과하다. 가장 긴 문장이라야 300여 자에 그치고 있다.

---

27 程毅中, 1979,「隋唐嘉話 點校說明」, 中華書局, 4쪽.

28 周勛初, 1993,「隋唐嘉話考」,『中國典籍與文化論叢』1, 中華書局, 167~182쪽; 周勛初, 1994,「隋唐嘉話考」,『唐代文學研究』5, 廣西師範大學出版社, 672~680쪽.

29 韓雲波, 2002a,「論唐代 '史化小說' 的形成和發展」,『西南師範大學學報』28-3, 156쪽.

앞에서 『수당가화』에 유공권의 『소설구문기』 내용이 존재한다고 하였는데 그 문장의 글자 수도 288자에 지나지 않는다. 『수당가화』에서 이와 관련된 문구를 인용하면 다음과 같다.

사료 5·1 주필산 전역에서 고구려와 말갈이 합친 군대의 길이가 40리에 달하였다. 당 태종이 이를 바라보고 두려워하는 빛이 있었다.

사료 5·2 강하왕 도종이 말하기를, "고구려가 나라를 기우려 황제의 군대를 막으니 평양의 수비가 반드시 약할 것입니다. 신에게 정병 5천을 주시어 그 근본을 뒤덮으면 수십만의 무리를 싸우지 않고 항복시킬 수 있습니다"라고 말하였다. 황제가 응하지 않았다. 이미 합전하여 적에게 패하여 거의 떨쳐 일어나지 못하게 되었다.

사료 5·3 경사로 돌아와 위공에게 말기하길, "내가 천하의 무리로써 작은 오랑캐에게 괴로움을 당하는 것은 무슨 일이냐"고 하였다. 이청이 말하기를 "이것은 도종이 해명할 것입니다" 하였다. 이때 강하왕 도종이 곁에 있었는데 황제가 돌아보았다. 도종이 전언을 모두 이야기하였다. 태종이 한탄해서 말하기를 "당시는 총총해서 내가 생각하지 못하였다"고 하였다.

사료 5·4 주필의 전역에서 황제의 6군이 고구려에 패하여 거의 떨쳐 일어나지 못하게 되었을 때, 당 태종이 흑기 영공의 대장기를 살펴보라고 명하였다. 척후병이 흑기가 포위되었다고 알리자 황제가 크게 두려워하였다. 다시 말하기를 포위를 풀고 고구려의 곡하는 소리

가 산과 골짜기에 진동하고 이적군이 크게 승리하여 참수한 자가 수
만 명이고 포로로 잡은 자 역시도 수만 명이라고 하였다.[30]

사료 5의 네 기록을 보면 앞에서 『삼국사기』를 인용한 사료 1의
기사들과 내용이 일치한다는 사실을 단번에 확인할 수 있다.

이외에 『삼국사기』 보장왕 4년조와 보장왕 8년조 사론에는 위징
魏徵과 관련된 기사가 있는데, 그 문구는 다음과 같다.

사료 6 또 안시성으로부터 회군한 후 성공하지 못하였음을 깊이 후
회하며 탄식하여 이르길, "만약 위징이 살아 있었다면 나로 하여금
이 원정에 나서게 하지 않았을 것이다"라고 하였다.[31]

태종은 안시성 전투의 패배 후 이를 뉘우치면서 위징이 살아 있
었다면 자신으로 하여금 이 원정에 나서게 하지 않았을 것이라고 탄
식하였다. 이와 동일한 기록이 『자치통감』 태종 정관 19년조에도 다
음과 같이 보인다.

사료 7 상[태종]이 성공하지 못하였음을 깊이 후회하며 탄식하여 이
르길, "위징이 만약 있었다면 나로 하여금 이 원정에 나서게 하지 않

---

30 劉餗, 『隋唐嘉話』 上, 中華書局, 10~11쪽. 『隋唐嘉話』 원문에는 말갈이 '靺鞨'로 표기되
어 있다.
31 "又自安市旋軍之後 自以不能成功 深悔之 歎曰 若使魏徵在 不使我有此行也".

앞을 것이다"라고 하였다.[32]

이 기록은『삼국사기』기사와 같은 내용이다. 그런데『수당가화』
에도 사료5의 네 문장 다음에 다음과 같은 기사가 있다.

사료 8 고려[고구려] 정벌이 여의치 않았던 데 대해 원정을 깊이 후
회하였다. 이에 탄식하여 이르길, "만약 위징이 살아 있었다면 나로
하여금 이 일을 하게 하지 않았을 것이다"라고 하였다.[33]

이 기록을 토대로 해서 다시 살펴보면『수당가화』의 이 자료가
기본을 이루는 원형이고,『자치통감』도 이 자료를 이용하였을 개연
성이 높다.『자치통감』고이에서 유속의『소설』을 인용한 바 있다는
것과,『신당서』·『구당서』고구려전에 위징에 관한 기사가 없다는
것에서 짐작된다. 앞서 거론하였던 정병 5천에 관한 기록도『수당가
화』와『자치통감』에는 관련 기사가 있고,『신당서』·『구당서』고구
려전에는 그 내용이 없다는 사실과 유사하다.

그런데『삼국사기』사론에 인용된 '유공권 소설'의 내용에는 정
병 5천에 관한 기사나 위징에 대한 기사는 없다. 그럼에도 불구하고
『삼국사기』보장왕기 본문에는 정병 5천과 위징에 대한 기사가 실

---

32 "上以不能成功 深悔之 歎曰 魏徵若在 不使我有是行也".
33 劉餗,『隋唐嘉話』上, 中華書局, 11쪽. "及征高麗不如意 深悔爲是行 乃歎曰 若魏徵在 不使
我有此擧也".

려 있어 이에 대한 약간의 정리가 필요하다.

앞에서 『삼국사기』 보장왕기에서 인용한 사료 1의 네 기사가 『수당가화』에 그대로 실려 있다고 언급한 바 있다. 그 가운데 사료1-1과 1-4는 보장왕기 사론에 인용된 '유공권 소설'에는 있지만, 1-2와 1-3은 없다. 이는 김부식이 『삼국사기』를 편찬하면서 『자치통감』과 '유공권 소설'을 모두 활용하였지만, 『수당가화』는 직접 보지 못한 데서 연유한 혼선으로 보인다.

이상을 통해 『수당가화』의 사료를 '유공권 소설'이 전부 채록하지 않은 듯하고, 주필산 전투와 안시성 전투에서 태종이 두려워하는 빛이 있었다는 점을 기술해 놓은 『수당가화』의 기사를 『자치통감』이 제외시킨 점 역시 드러났다. 사실 『수당가화』에 있는 기록이 『신당서』·『구당서』 고구려전에는 없고 『자치통감』에 다시 나타난다면, 『자치통감』이 『수당가화』를 보고 일부나마 자의적으로 인용하였다는 뜻이 된다.

김부식은 『삼국사기』를 편찬하면서 '유공권 소설'과 『신당서』·『구당서』 그리고 『자치통감』을 참고한 바 있다. 사론에 있는 '유공권 소설'의 내용은 『수당가화』에서 갖고 온 것이며, 그 외의 사료 1-2와 1-3은 『자치통감』을 통해서 기록한 것이다.

이런 사실은 위징에 관한 기록과 비교하면 한층 명료해진다. 『수당가화』에서 사료 5의 네 기사 다음에 별도의 조를 두어 위징을 언급하고 있다. '유공권 소설'에는 이 내용이 없으며 결국 『수당가화』의 기사가 『자치통감』에 반영되고, 김부식은 『삼국사기』 편찬 시에

『자치통감』의 기록을 참고하면서 위징에 대해 기술한 것이다.

유속의『수당가화』보다 조금 이른 시기(720)에 편찬된 오긍吳兢 (670~749)의『정관정요貞觀政要』에도 당 태종의 고구려 정벌에 관 한 기록이 10여 곳에 보인다.[34] 하지만 거기에도 앞서 보았던『수당 가화』의 주필산 전투나 위징과 관련된 기록은 보이지 않는다. 이는 『삼국사기』에 보이는 '유공권 소설'의 기록이 원래『수당가화』에서 비롯되었을 가능성을 시사해 주는 것이다.

이상의 사실을 토대로 필자는 김부식이 인용한 '유공권 소설'의 내용이 실은『수당가화』에서 기반한 것으로 판단하였다. 유공권의 이름을 가탁해서 만든『소설구문기』에는 위에서 언급한『수당가화』 에 있는 위징에 관한 내용은 찾을 수 없다. 따라서 위 사실이 새롭게 부각되었으므로 기왕의『소설구문기』에 이 자료를 보완해 복원할 필요가 있다.

김부식은『수당가화』라는 책이 있었다는 사실을 몰랐으며, 유공 권이『소설구문기』의 저자가 아니라는 사실 역시 알지 못했다. 그러 나 김부식이 당시 횡행하던 '유공권 소설'을 그나마 인용해서 고구 려의 대당 전쟁을 서술하면서 당 태종이 고구려와 말갈의 합군을 두

---

34 『정관정요(貞觀政要)』 제35장 정벌(征伐)에는 당 정관 22년(648) 태종이 고구려를 또 다시 정벌하려고 하자, 방현령(房玄齡)이 표(表)를 올려 간언한 내용이 자세히 실려 있 다. 방현령은 고구려를 다시 칠 조건이 전혀 갖추어져 있지 않다고 하며, 안으로는 연개 소문에게 피살당한 과거 군주 고건무(高建武)의 원한을 씻어 주기 위해서이고, 밖으로 는 신라 침략에 대한 복수라고는 하나, 이는 얻는 것은 너무 작고 잃는 것은 너무 크다 고 하며, '만족한 줄 알면 치욕을 당하지 않고 적합함을 알고 멈추면 위험을 만나지 않 는다'고 한 노자(老子)의 교훈을 따를 것을 간곡히 청하였다.

려워하였다는 내용을 기록한 덕분에 이를 근거로『수당가화』의 원
문을 찾아보는 계기가 되었다.

그뿐만 아니라 당 태종과 연관된 위 구절은 당 헌종 원화 연간에
작자 실명인『대당전재大唐傳載』[35]에 동일한 내용이 수록되었고, 송
宋의 왕당王讜이 찬한『당어림唐語林』[36]에도 역시 같은 기록이 실려 있
다. 한 가지 특이한 점은 위에서 인용한『수당가화』의 한 조條가 김
부식이『삼국사기』에서 기술할 때『자치통감』처럼 그 자료를 일부
분산시켜 인용하고 있다는 사실이다.

지금까지 학계는 안시성의 축성 연대를 모르고 있었지만 늦어
도 510년[37]경부터 축성된 것으로 안시성은 대당 방어의 요충지이자
대당 전쟁을 승리로 이끈 대격전의 장소이다. 당의 군대가 안시성
을 공략하려 하자 고구려와 말갈의 15만 군대가 이를 구하러 가다
가 먼저 도착해서 기다리던 당군에게 패전한 것이 주필산 전투이다.
『자치통감』은 신성·건안과 아울러 주필의 전투를 삼대전三大戰으로[38]
간주하고 있으며, 이러한 연유로 당 태종이 머문 산을 주필산이라

---

35 『大唐傳載』, "駐蹕之役 高麗與靺鞨合軍 四十里 太宗有懼色 江夏王進曰 高麗傾國以拒王師
平壤之守必弱請假臣精卒五千 覆具本根 則千萬之衆 不戰而降". 『수당가화』는 數萬之衆으
로 기록하고 있는데『대당전재(大唐傳載)』는 千萬之衆으로 표기하였다.

36 王讜, 『唐語林 校證』卷5, 中華書局, 428~429쪽.

37 안시성 성벽에서 1990년대 초반에 얻은 것으로 알려진 목편의 수종은 참나무와 참
나무 속 상수리나무 아속 졸참나무류로 판명되었다. AMS 측정에 대한 결과(SNU06-
007)에 따르면, 이 목편의 방사선 탄소 연대는 1560±60(BP)이며 연대 눈금 맞춤 결과
(Calibrated Ages)는 510년이다.

38 『資治通鑑』卷198, 唐紀14 太宗 貞觀19年條.

명명하였다.

이 전투에서 고구려군의 전사자에 대해『삼국사기』는 3만여 인으로[39] 기록하고 있으며,『구당서』고구려전은 참수가 만여 급,[40]『신당서』고구려전은 2만 급으로[41] 수를 늘려 기록하고 있다.『대당신어大唐新語』역시 참수 2만여 급, 항복한 자 2만여 인으로[42] 전사자 수를 적고 있다.『수당가화』는 참수 수만, 포로 수만이라고 기술하면서 '고구려의 곡소리가 산과 계곡을 흔들었다'라고[43] 고구려 패전의 참상을 서술하였다.『소설구문기』에는 이 문구가 없었는지『삼국사기』에는 이와 같은 표현은 보이지 않는다.

그렇다면『수당가화』는 어떤 성격의 사서이며, 또한 종종 소설이라는 이름으로 통용되기도 하는데 이 경우 '소설'은 어떤 의미를 뜻하는지 간략하게 고찰해 볼 필요가 있다.

당대 이전인 위진남북조시대에는 지괴志怪와 지인志人 계통의 두 계열 소설이 있었다. 지괴는 귀신지괴鬼神志怪를 의미한다. 기본적으로 귀신과 인간의 존재를 인정하면서도 당시 사상계의 영향과 전통의식의 결합으로 괴이한 사물과 일에 대한 내용이 소설의 주류를 이루고 있다. 반면 지인소설은 지괴소설과 달리 인간에 초점을 맞추되 청담사상과 사서에서 인품을 중시하는 영향으로 인간의 언행과 생

---

39 『三國史記』卷21, 高句麗本紀9 寶臧王上.
40 『舊唐書』卷199上, 列傳149上.
41 『新唐書』卷220, 列傳145.
42 劉肅,『大唐新語』, 中華書局, 112쪽.
43 劉餗,『隋唐嘉話』上, 11쪽.

활상을 담담하게 묘사하는 데 중점을 두었다. 노신魯迅이 평한 바와 같이 지인이 지괴의 울타리를 벗어나서[44] 인간 생활의 현실적인 묘사를 추구하면서 초기 소설의 영역을 구축하기 시작하였다.

『세설신어世說新語』는 이 단계를 대표하는 저작이며[45] 당시의 역사, 문학 그리고 사회와 사상을 연구하고 이해하는 데 백과사전 같은 책이다. 『세설신어』는 동한東漢 말에서 동진東晉 말까지 약 200년간 실존했던 제왕과 귀족, 그리고 문인, 학자, 현사, 화상, 부녀자 등 628명의 언행과 질사軼事를 수록하였으며, 그 가운데 70%가 넘는 797조가 동진의 인물에 관한 기록이다.[46] 이 책은 36편에 모두 1,131조가 실려 있고, 그중 797조가 동진의 인물로 비중이 크다. 특히 학문, 품성에서부터 일상생활의 특이성 등 모든 사실을 기록해놓아 가히 인사 자료집이라 부를 만하다. 그 때문에 당초唐初에 『진서晉書』를 편찬할 때 열전 부분에 『세설신어』의 자료를 많이 수록하였다. 매 조가 짧은 문구로 구성되었지만, 모두가 독립적 단위의 성격을 띠고 있으며 전반적인 내용은 유교적 교화가 바탕에 흐르고 있다. 한 조가 보통 100자 정도이고, 10자밖에 안 되는 조가 있는가 하면, 좀 긴 조도 300~400자를 넘지 않고 있다. 앞에서 『수당가화』의 서술 형식을 간단히 언급하면서 3권에 174조로 이루어졌다고 말한

44 魯迅, 2005, 『中國小說史略』, 上海世紀出版集團, 34쪽.
45 侯忠義, 1989, 『漢魏六朝小說史』, 春風文藝出版社; 金長煥, 1992, 『魏晉南北朝志人小說研究』, 延世大學校 博士學位論文.
46 金長煥, 1992, 앞의 글, 170~171쪽.

바 있는데 『세설신어』가 1,131조인 것에 비하면 『수당가화』는 분량
이 상대적으로 적다는 사실을 알 수 있다.

『수당가화』보다 뒤에 출간된 『대당전재大唐傳載』는 117조이며, 대
부분이 100자 이내의 문장으로 구성되어 있다. 따라서 세 권을 서로
비교해 보면 우선 규모 면에서 대체적인 윤곽이 드러난다. 요컨대
『세설신어』는 지인소설의 정점에 위치하면서 후대에 이 방면 저술
에 큰 영향을 끼치고 있는데 사실상 이를 충실하게 모방한 책이 『대
당전재』라고 볼 수 있다.

『수당가화』도 넓은 의미에서는 『세설신어』의 영역에 속한다고
보아도 무방한데, 후충의侯忠義는 체제와 문자가 『세설신어』의 유파
라고 간주하였다. 육조六朝시대 배계裵啓의 『어림語林』이나 유의경劉義
慶의 『세설신어』와 언어 일문의 서술 방식은 대체로 같으나, 육조의
기언소설記言小說의 언어가 다소 함축적인 데 반해 『수당가화』의 인
물 언어는 비교적 구어화口語化되었다는[47] 점에서 다르다. 『수당가화』
에 다소 지괴적인 고사가 있으나, 실제로 중요한 것은 당대 역사 사
실을[48] 기술한 점이라고 적시하였다. 유속은 『수당가화』를 저술한
동기를 다음과 같이 쓰고 있다.

사료 9 서술하길, "나는 유년 시절부터 왕설往說을 많이 듣는 데 익숙

---

47 侯忠義, 1997, 『隋唐五代小說史』, 浙江古籍出版社, 202쪽; 齊裕焜, 『中國歷史小說通史』, 江
蘇教育出版社, 55쪽.
48 程毅中, 1979, 『唐代小說史』, 文化藝術出版社, 295쪽.

하였다. 대전大典으로 갖추기에는 부족한 까닭에 소설小說의 끝으로
엮는다. …"[49]

여기서 유속이 어려서부터 '왕설'을 많이 들었다는 점을 확인할
수 있다. 왕설은 지난 이야기 즉 과거의 역사 자료를 의미한다. 유속
은 여기서 자신의 뜻을 솔직히 밝혔는데, 대전으로 갖추기에는 부족
하여 소설의 형태를 취해 글을 쓴다는 것이다.

실제로 유속의 『수당가화』는 당 천보天寶(742~756) 연간에 찬술
된 것으로 알려져 있으며 수(589~618) 시기부터 당 현종 개원開元
(713~741) 시기의 역사적 사실과 문인들의 일사逸事를 기록하고 있
다. 수말~당초의 일사가 주류이므로 『수당가화』라고 명명하였지만,
기록된 내용들은 상당히 정치적 성향을 보여 준다는 평가를 받고 있
다. 수말과 무주武周(측천무후) 시기에는 완곡한 비평을 하고 있으나,
당 고조와 태종 시기에는 찬양하는 글이 넘치고 있다. 그런 점에서
수말에서 당 개원 연간의 조야질사朝野軼事를 기록하였지만 당 태종
시기 인물들의 대표적 언행이 많다[50]고 보기도 한다. '가화嘉話'라는
말은 이와 같은 맥락에서 쉽게 이해된다.

그런데 당 문종 태화太和(827~835) 연간에 이조李肇는 『당국사보
唐國史補』를 쓰면서 서문에 유속의 소설인 『전기傳記』를 이어서 속편

---

49 劉餗·程毅中 點校, 1979, 앞의 책, "述曰 余自髫丱之年 便多聞往說 不足備之大典 故繫之
小說之末…".

50 苗壯, 1998, 『筆記小說史』, 浙江古籍出版社, 209쪽.

인 『당국사보』를 찬술한다고[51] 기술하였다. 자신의 『당국사보』가 유속의 『전기』를 이은 속편이라고 상호 계승 관계를 밝히고 있다. 한운파韓雲波는 이와 관련하여 다음과 같은 견해를 피력하고 있다.

> **사료 10** 헌종 원화 연간의 작자미상 작품인 『대당전재大唐傳載』, 문종 태화 연간 이조李肇의 『당국사보唐國史補』, 희종 중화 연간의 고언휴高彦休의 『당궐사唐闕史』 등 제서諸書의 문체는 비교적 분명히 일문야사逸聞野史적 속성을 보이고 있지만, 모두 약속이나 한 듯이 그 서언에서 스스로를 소설이라고 하여 정사의 부족함을 보충한다는 목적에 기초해 소설 체계를 형성하고 있다. 이것은 '전기傳記', '전傳' 혹은 '기記' 등 문학적 특징이 매우 분명한 작품들과는 분명한 차이를 보여 주고 있다. 나는 여기서 이것을 '사화소설史化小說'이라고 부르기로 하겠다.[52]

그는 『수당가화』·『대당전재』·『당국사보』·『당궐사』를 여타의 소설과 다르게 '사화소설史化小說'이라고 명명하였다. 앞에서 열거한 책들이 기본적으로 역사 사실에 기초하여 저술하였고, 여기에 약간

---

51 李肇, 『唐國史補』, "公羊傳日 所見異辭 所聞異辭 未有不因見聞而備故實者 昔劉蝸集小說 涉南北朝至開元 著爲傳記 余自開元至長慶撰國史補 慮史氏或闕則補之意 續傳記而有所不 爲 言報應 敍鬼神 證夢卜 近帷箔 悉去之 紀實事 探物理 辨疑惑 示勸戒 採風俗 助談笑 則 書之".

52 韓雲波, 2002a, 앞의 글, 1쪽; 韓雲波, 2002b, 『唐代小說觀念與小說興起研究』, 四川民族出 版社, 85~101쪽.

의 소설적 요소가 가미되었다고 보면서 위 사서들을 사화소설이라고 본 것이다.

그러나 오예권吳禮權은 이 자료들이 역사에 비교적 국한되었다 하지만 당의 역사 편찬이 활발하였고, 사가들의 역사관이 왕성하게 표출되었던 시기에 보사補史의 의지가 담겨 있다고 보아 국사파國史派 필기소설筆記小說이라고[53] 말한 바 있다. 정국부程國賦는 사학을 중시한 풍조와 수사修史가 당대 문사의 인생 목표 중 하나라는 점, 소설가들 다수가 사관史官 출신이라는 점, 그리고 사재史才가 실록 편찬의 표준이라는 사실을 들어 사관문화史官文化로[54] 보고 당대 소설과 대비시키고 있다. 정헌춘鄭憲春은 『수당가화』 등 일련의 저서를 당대唐代 야사필기野史筆記의 범주에 두고 있다.[55] 사실을 추구하고 진실에 접근하는 사관들은 정사를 보충하는 의미로 소설이라는 이름 아래 역사 문헌에 나오는 기록을 남겼다. 이 자료들이 때로는 자부子部에 들어가고 때로는 사부史部에 편입되는 것이 이러한 사정을 반영한다.

일찍이 유지기는 『사통史通』에서 사씨유별史氏流別을 10종류로 구분하면서 편기소설偏紀小說을 언급하고 있다.[56] 이 가운데서 일사逸事·쇄언瑣言·잡기雜記 등이 소설 부분에 해당하는 대상이지만, 역사

---

53 吳禮權, 1993, 『中國筆記小說史』, 臺灣商務印書館, 125쪽.

54 程國賦, 2000, 『唐代小說與中古文化』, 文津出版社, 181~183쪽.

55 鄭憲春, 2004, 『中國筆記文史』, 湖南大學出版社, 209~216쪽.

56 劉知幾, 『史通』卷10, 雜述34, "其流有十焉 一曰偏紀 二曰小錄 三曰逸事 四曰瑣言 五曰郡書 六曰家史 七曰別傳 八曰雜記 九曰地理書 十曰都邑簿".

기록에서 빠진 부분이나 가담항의街談巷議 같은 내용이 들어 있어 역사 연구에 단연 참고가 되는 항목이다. 유지기는 『세설신어』의 유효劉孝 표주標注를 높이 평가하였지만,[57] 황실에서 진사晉史를 편찬할 때 『세설신어』를 인용한 것을 두고 책의 저자인 유의경의 망언이라고 혹평을 한 바 있다.[58]

그럼에도 불구하고 유지기는 소설의 문체가 정사와 함께 갈 수 있다고 보고 역사 편찬에 도움이 된다는 입장이었으며, 그의 아들 유속은 여기서 한 걸음 더 나아가 역사 편찬 이외에 필기소설의 창작에도 힘을 기울였다.[59] 유속이 부친인 유지기의 학문과 자세를 익히 알고 있었고 자신도 사관으로 역사 편찬에 참여하고 있었기 때문에 그가 『수당가화』를 저술한 것은 위와 같은 시대 상황의 한 단면을 보여 주는 것이라 할 수 있다.

맺음말

김부식이 편찬한 『삼국사기』 고구려본기 보장왕 8년조 사론에는 소위 '유공권 소설'을 인용한 기사가 있다. 그 내용은 안시성 전투에 앞서 벌어진 주필산 전투에서 고구려와 말갈 군대 15만 명이 40리

---

57 劉知幾, 『史通』 卷5, 補注17.
58 劉知幾, 『史通』 卷17, 雜說中8.
59 韓雲波, 2002, 앞의 글, 156쪽.

에 뻗친 것을 보고 당 태종이 두려워하는 빛이 있었다는 요지를 담고 있다.

물론 이 기록은 『신당서』·『구당서』나 『자치통감』 등에는 없는 기사이다. 『삼국사기』 원전에서 인용한 사료1의 네 기사는 원래 '유공권 소설'에 처음부터 있었던 기록이 아니다. 이 내용의 기사는 유지기의 아들 유속이 지은 『수당가화』에 모두 먼저 수록되어 있었다. 이상을 토대로 필자는 다음과 같이 이 글의 논점을 요약하려고 한다.

첫째, 김부식은 '유공권 소설'의 존재를 믿었지만, 유공권은 소위 『소설구문기』를 저술하지 않았다. 이 책은 당말~오대에 후대인이 유공권의 이름을 빌려 출간한 것이다.

둘째, 『소설구문기』라는 이름 아래 보이는 자료들은 『시화총귀』와 『설부』에서 각각 확인된다. 『시화총귀』 기사는 『수당가화』에서 나온 것이고, 『설부』의 기사는 『삼수소독』에서 찾을 수 있다.

셋째, 『삼국사기』 보장왕 8년조 사론에 나타나는 '유공권 소설'은 소위 『소설구문기』라는 이름으로 『시화총귀』·『설부』에 실린 데 이어 세 번째로 그 내용이 학계에 알려지게 되었다.

넷째, 『삼국사기』에 보이는 '유공권 소설'의 내용이 알려지면서 『소설구문기』가 기괴한 것만을 찾는 지괴소설이 아니라는 것을 확인할 수 있게 되었다.

다섯째, 김부식은 고구려의 대당 전쟁 사실을 기술하면서 중국 정사의 기록은 물론 소위 유공권의 『소설구문기』까지 인용하면서 전쟁의 실상과 당 지휘부의 분위기를 묘사하였다. 그러나 김부식은

『소설구문기』가 유공권의 저서가 아니라는 사실은 알지 못하였다.

　　여섯째, 『삼국사기』 고구려본기 보장왕 8년조 사론에 나타나는 소위 '유공권 소설'이라는 이름의 기사 내용은 실은 당 유지기의 아들 유속이 지은 『수당가화』라는 책에서 나온 것이다.

　　일곱째, 『삼국사기』 보장왕기에 나타나는 위징 등의 기사는 물론 『수당가화』에는 실려 있지만, 여기서 영향을 받은 『자치통감』의 관련 기사를 통해 『삼국사기』에 실리게 되었다.

안시성 전투에 대한 인식의 흐름

이준성

머리말

각국의 운명을 건 동아시아의 연쇄적인 갈등과 긴장이 점차 고조되던 645년, 당 태종은 직접 군사를 이끌고 고구려를 침략해 왔다. 연개소문의 정변을 빌미로 삼은 것이었다. 고구려는 요동성, 백암성, 비사성 등을 지키지 못하고 고전하였지만, 안시성에서 항전하며 반격하였다. 안시성을 함락시키지 못한 채 퇴각한 당 태종이 "만일 위징魏徵이 살아 있었다면, 나로 하여금 이번 전쟁을 하도록 하지는 않았을 것이다"라고 후회하고 탄식하였음은 잘 알려진 사실이다.

우리는 안시성을 고구려의 역사에서 가장 중요한 승리의 공간으로 인식하고 있지만, 그 중요성에 비해 안시성에 대해 모르는 것이 여전히 많다. 안시성의 위치가 어디였는지에 대한 논란은 최근까지도 이어져 오고 있으며, 안시성 전투에서 큰 승리를 거둔 안시성주의 이름 '양만춘'이 문학적 서사의 결과인지 역사적 사실에 부합하는 것인지에 대해서도 확언하지 못한다. 당시의 정황을 정확히 살필 수 있는 사료의 부족이 가장 큰 원인이라 할 수 있다.

한편 안시성을 둘러싼 관심의 방향과 초점 역시 과거부터 현재에 이르기까지 계속 변해 왔다. 이 글에서는 고려시대 이래 전근대사회에서 안시성에 대한 인식의 어떻게 변화되어 왔는지를 추적하고, 근대사회로 들어선 이후 교과서 및 역사 콘텐츠에서 안시성에 대한 인식이 어떻게 교육되고 재현되며 소비되어 왔는지를 살필 것이다.

용사와 충신: 전근대의 안시성·양만춘 인식

고려의 지식인들은 삼국의 자체적 전승과 함께 당시 유통되던 중국의 역사서를 통해 안시성에 대한 정보를 접할 수 있었다. 특히 『자치통감』 및 『구당서』, 『신당서』에는 안시성 전투의 대체적인 경과가 수록되어 있기에, 그것을 바탕으로 대강의 내용을 파악할 수 있었으리라 생각한다. 이를 토대로 형성된 고려 지식인들의 안시성 인식 및 평가를 살필 수 있는 기초적인 자료는 『삼국사기』이다. 김부식은 주로 『자치통감』을 참고하여 당 태종의 고구려 친정 과정 및 안시성 전투에 대한 기록을 남긴 후, 다음 사론史論을 통해 당 태종과 안시성주에 대해 역사적 평가를 내렸다.

사료1 논하여 말한다. 당 태종은 총명하여 세상에 보기 드문 군주였다. 난을 평정한 것은 탕왕湯王과 무왕武王에 비견되고, 훌륭히 정치한 것은 성왕成王과 강왕康王에 가깝다. 군사를 운용하였을 때에는 기묘한 계책을 무수히 내었고, 향하는 곳마다 대적할 자가 없었다. 그러나 동방 원정의 일은 안시성에서 무너졌으니, 그 성주는 호걸로 비범한 인물이었다고 할 수 있다. 그러나 역사서에 그 성명이 전하지 않으니, 양자楊子가 말하기를, "제齊와 노魯의 대신이 역사서에 그 이름이 전하지 않는다"라고 한 것과 다르지 않다. 매우 애석하다.[1]

---

1   『三國史記』卷21, 高句麗本紀9 寶臧王, "論曰. 唐太宗聖明, 不世出之君. 除乱比扵湯‧武,

김부식은 안시성주에 대해 그가 고립된 상황에서도 영웅적 활약을 한 호걸이었다는 점을 부각한다. 아울러 그의 이름이 역사에 보존되지 못한 점에 대해 아쉬움을 드러낸다. 이름을 남기지 못한 이유에 대해서는 고구려의 도의가 이미 제齊와 노魯처럼 실종된 상황 때문이라고 파악하였다. 한편 당 태종에 대해서는 '세상에 보기 드문 군주'라는 극찬과 함께 그가 역사상 가장 훌륭한 왕들에 비견될 수 있는 업적을 지니고 있다고 평가하였다. 이 대목은 『신당서』 태종 본기의 기사를 인용하여 작성된 것이지만, 이는 결국 그를 패퇴시킨 안시성주의 인물됨을 더욱 부각하는 역설로 이어졌다.[2]

『고려사』 유청신柳淸臣 열전에 등장하는 원元 통사사인通事舍人 왕관王觀의 상소 중에도 안시성이 등장한다. 유청신은 충숙왕대 역관 출신으로 고려 국왕은 물론 원 황제 쿠빌라이에게까지 총애를 받았던 인물이다. 사료2는 유청신이 원 도성都省에 상서하여 고려를 원의 내지內地와 동등하게 만들 것을 요청한 것에 대한 불가 상소 내용 중 일부이다.

사료 2 옛날에 큰일을 이루려면 널리 여러 사람들과 상의하였는데 그것은 옹색하게 가리는 것을 방지하자는 뜻이었습니다. … 옛날 당

致理幾於成·康. 至於用兵之際, 出奇無窮, 所向無敵. 而東征之功, 敗於安市, 則其城主可謂豪傑, 非常者矣. 而史失其姓名, 與揚子所云, '齊魯大臣, 史失其名.' 無異. 甚可惜也".

2 　이강래, 2018, 「『삼국사기』의 '고구려 멸망' 관련 사론의 맥락」, 『한국고대사연구』 90, 95~97쪽.

태종이 고구려를 정벌하고자 하여 안시성에 이르렀는데, 공격하였으나 함락시키지 못하고 회군하게 되었습니다. [이에] 그 성주에게 비단 한 꾸러미를 주면서 임금을 잘 섬기라고 권면하였습니다. 대개 태종은 고려와 더불어 서로 적국으로 대치하였는데, [태종은] 천하의 군사력으로 조그만 성 하나를 능히 함락시키지 못하고 패배한 것을 수치로 여기지 않고 도리어 [그 성주의] 충의를 권면했으니, [후대에서는] 이를 역사에 기록해 미담으로 삼고 있습니다. 하물며 성조는 고려에 대해 도의로는 군신관계이며 친척으로 보면 장인과 사위 지간인데 어찌 안위安危와 고락을 같이하지 않음이 있겠습니까? … 이것이 합병이 불가한 여섯 번째 이유입니다.[3]

왕관은 총 여섯 가지의 이유를 들어 유청신의 주장에 대해 반박하는데, 사료2가 그중 마지막 여섯 번째 이유에 대한 설명이다.[4] 왕관은 이미 고려가 원의 동쪽 번병이 되었고 여러 대에 걸쳐 혼인을 맺는 것이 관례가 된 상황이기에 원의 법을 고려에 적용하는 것

---

3 『高麗史』卷125, 列傳38 姦臣 柳淸臣, "古者集大事則, 博謀於衆, 防壅蔽也. 竊聞, 首獻立省之策二人, 乃其國之故相, 以讒間得罪於其主. 懷毒自疑, 遂謀覆其宗國, 以圖自安, 迹其本心, 初非獻忠於聖朝也. 由是觀之, 梟獍犬豕之不若, 當明正典刑, 以戒人臣之不忠者. 昔唐太宗伐高麗, 至安市城, 攻之不下, 師還, 以束帛賜其城主, 以勉事君. 夫太宗之與高麗, 敵國也, 以天下之力, 攻一小城不能拔, 不以喪敗爲恥, 仍以忠義相勉, 書之史策, 以爲美談. 況聖朝之於本國, 義則君臣, 親則甥舅, 安危休戚, 靡不同之. 奈何反聽二人欺誕之言, 賣主自售果得, 遂其奸計, 有累政化, 可勝旣乎? 其不可六也".

4 이 상소에 이어 이제현(李齊賢)도 도당(都堂)에 글을 올리면서 입성(立省) 논의는 중지되었다.

은 필요하지 않다는 논리를 편다. 그러면서 원 세조 역시 중국의 법을 고려에까지 일률적으로 적용하는 것보다는 충의와 도의를 지키는 것에 만족한다는 점을 설명하기 위해 당 태종과 안시성의 사례를 언급한다. 안시성주의 전략이나 안시성 전투의 승리에 주목한 것이라기보다는, 유청신이 자신의 임금을 속인 자라는 점과 대비하여 당 태종이 패배 후 돌아가면서도 그것을 수치로 여기지 않고 안시성주에게 충의를 권면했다는 점을 부각한 것이다.

한편, 고려 후기가 되면 안시성 전투에 대한 관심과 지식이 좀 더 널리 확산된 것으로 보인다. 역사서뿐 아니라 문인들의 시를 통해서도 안시성 전투가 회자되고 있기 때문이다. 특히 안시성 전투에 대한 평가뿐 아니라 이 전투에 직접 참전한 당 태종에 대한 평가에서 앞선 시기와 다른 변화가 감지된다.

사료 3-1 주머니 속 물건을 취하는 것처럼 쉽다고 말하더니,
화살이 눈동자 흰 것에 적중될 것을 누가 알았으랴?[5]
사료 3-2 황금 궁전 위에 앉아 수의垂衣하였어도
백전 영웅은 마음을 어찌하지 못하였네.
당 태종이 친히 정벌하던 날을 생각해 보니
풍부가 수레에서 내린 때와 같았으리.[6]

---

5   李穡, 「貞觀吟楡林關作」, "謂是囊中一物耳, 那知玄花落白羽".
6   鄭夢周, 「安市城懷古」, "黃金殿上坐垂衣, 百戰雄心不自持, 想見太宗親駕日, 宛如馮婦下車時".

사료3-1에서 제시한 「정관음유림관작」은 3은三隱의 한 사람으로 문신이자 학자인 목은 이색이 원에서 유학한 후 고려로 돌아오는 길에 남긴 시이다. 이색은 이 시에서 당 태종이 안시성 전투에서 눈 부상을 당했음을 말하였는데, 이는 조선시대를 넘어 지금까지 안시성 전투를 기억하는 대표적인 전승이다.[7] 이색이 지은 또 다른 시인 「독당사讀唐史」에서는 "궐 아래 넘어뜨린 비를 다시 세우고 요동에서는 화살 비껴 잡고 돌아갔네"[8]라는 구절이 확인된다. 당 태종의 안시성 공략 실패에 초점을 맞추고 있는 것이다. 고려 말의 대표적인 유학자라 할 수 있는 정몽주 역시 사행 중에 「안시성회고」라는 시를 남겼다(사료3-2). 정몽주는 당 태종을 『맹자』 「진심」장에 나오는 풍부에 비유하면서 그가 여러 전투에서 승리한 것에 만족하지 못하고 고구려를 정벌하러 온 것이 사려 깊지 못한 행동이었음을 꼬집었다.[9]

고려 후기 지식인들의 시를 통해서는 당시 안시성의 위치를 어떻게 파악하고 있었는지와 관련되는 단서도 찾을 수 있다. 정몽주는 앞서 살핀 「안시성회고」 이외에도 「숙개주宿蓋州」를 통해 당 태종

---

7 김철웅, 2018, 「고려시대의 안시성 위치 인식과 당 태종 눈 부상설의 검토」, 『군사』 109, 323쪽. 조선시대의 관련 기록으로는 김종직(1431~1492)의 『청구풍아』(1473)를 비롯하여 서거정(1420~1488)의 『동인시화』(1474)와 『필원잡기』(1487) 등이 확인된다. 특히 서거정의 『필원잡기』에는 시의 내용에 이어 당서와 통감에서는 이 내용을 확인할 수 없고 『삼국사기』에서도 기재되어 있지 않아 의아하다면서도, 그것은 "당시 사관(史官)이 필시 중국을 위하여 숨긴 것이니, 기록하지 않은 것을 괴이하게 여길 것이 없다"라고 언급하고 있다.

8 「讀唐史」, "闕下仆碑立, 遼東撚箭歸, 朝來讀唐史, 忠諫至今稀".

9 이승수, 2009, 「고려말 對明 使行의 遼東半島 경로 고찰」, 『한문학보』 20, 27쪽.

의 고구려 침략을 언급하였는데, 그 내용 중에는 중국 요령성 개주
가 '당 태종이 몸소 싸움하던 곳'이었다는 내용도 포함되어 있다. 이
숭인의 시 「개주蓋州」에서도 "문황文皇은 무슨 일로 이 황량한 곳까지
이르렀나"라고 하여 당 태종이 황량한 개주에 이르러 정벌에 실패
하고 철수한 사실을 거론하였다. 이러한 인식은 "안시성이 개주위
동북 70리에 있었다"고 언급한 『대명일통지』 등 원·명 교체기의 상
황을 보여 주는 사료에 기반한 것으로 볼 수 있다.[10]

조선시대에 들어서도 안시성 전투에 대한 기억은 지속적으로 소
환되었다. 조선왕조실록을 살펴보면 대부분 평소에 성을 잘 지키고
방비를 해야 한다는 내용, 혹은 산성의 수축 필요성을 강조하는 상소
내용에서 안시성의 사례가 강조된다.[11] 특히 임진왜란과 병자호란을
겪으면서 군사적 중요성은 더욱 부각되었기에, 고구려의 강한 군사
력과 승리의 기억을 상기하는 경우가 늘고 있음을 확인할 수 있다.[12]

안시성의 위치에 대한 논의도 이어졌다. 앞서 고려시대 문인들이
안시성의 위치에 대해 현재의 개주 지역으로 인식해 왔음을 살폈지
만, 고려 말기에 들어서면서 그 인식에 변화의 조짐이 보이게 된다.
이는 고구려의 영역을 압록강 이남으로 보고자 하는 인식과 연동된
것이었다. 이로 인해 조선 전기에는 안시성의 위치를 평안도 용강현

---

10 김철웅, 2018, 앞의 글, 336쪽

11 『태조실록』 권5, 태조 3년 1월 무진조; 『세종실록』, 세종 32년(1450) 1월 18일; 『선조실
록』, 선조 31년(1598) 4월 5일; 『숙종실록』, 숙종 14년(1688) 6월 14일 등. 구체적인 내
용은 김락기, 2013, 「17~19세기 고구려 안시성 인식과 '城上拜'」, 『역사민속학』 42 참조.

12 허태용, 2006a, 「임진왜란의 경험과 고구려사 인식의 강화」, 『역사학보』 190, 48쪽.

으로 비정하는 경우가 확인된다.

> **사료 4** 안시성은 오석산烏石山에 있다. 현의 치소와 5리 거리로 험
> 고함이 견줄 데가 없다. 돌로 쌓아 1만 2,580척을 둘렀는데 안으로
> 10개의 샘이 있고 합쳐 흐르는 곳에 군창軍倉이 있다. 세상에 떠도
> 는 말로는 "이 성을 당 태종이 친히 정벌하였으나 함락시키지 못하
> 였다"고 한다. 진가유陳嘉猷의 시에, "성루는 백 척인데 맑은 구름 떨
> 치니, 이 땅에서 일찍이 6군六軍이 머물렀다 들었네. 어가御駕는 험한
> 길 경유함을 마다하지 않았고, 백포白袍 입은 설인귀薛仁貴는 거듭 공
> 훈 세웠구나. 망망한 옛일은 흐르는 물을 따르고, 적적한 봄 산은 석
> 양을 전송하네. 사해가 한 집 되어 융성한 치세 만났으니, 바라건대
> 충성을 닦아 요 임금에게 보답하리라"고 하였다.[13]

관찬 사료인 『신증동국여지승람』에서는 '세상에 떠도는 말'이라
는 단서를 달아 안시성을 압록강 이남의 평안도로 비정하였다. 이는
명백한 오류라고 볼 수 있지만, 이후 오랫동안 안시성의 위치에 대
해 혼란을 야기하는 빌미가 되었다. 이로 인해 안시성의 위치 논쟁
은 산발적이지만 한동안 이어질 수밖에 없었다.

---

13 『新增東國輿地勝覽』卷52, 平安道·龍岡縣, "安市城: 在烏石山, 距縣治五里, 險固無比, 石
築周一萬二千五百八十尺, 內有十泉, 合流有軍倉, 世以此城爲唐太宗所親征不下者. 陳嘉猷
詩, '城樓百尺拂晴雲, 此地曾聞駐六軍, 翠輦不辭經險道, 白袍屢見立奇勛. 茫茫舊事隨流水,
寂寂春山送夕曛, 四海一家逢盛治, 願修忠藎答堯君'".

이후 안시성 위치 인식의 진전은 중국으로 사행을 떠나는 지식인들이 많아진 17세기에 이르러서이다. 이와 관련하여서는 특히 이수광李睟光(1563~1628)의 『지봉유설芝峯類說』이 주목된다.

사료 5 안시성은 『한서』 지리지를 살펴보면 바로 요동의 속현屬縣이다. 또 『동사東史』에 이르기를, "안시성은 요동의 북쪽에 있다"고 하였다. 지금 사람들은 망령되이 천착하여 압록강 동쪽에서 찾으려고 하는데 잘못이다. 김시습의 『유관서록遊關西錄』에 안주安州를 안시성이라 하였으니 가소롭다.[14]

이수광이 안시성의 위치 비정과 관련한 기존의 오류를 비판할 수 있었던 것은 그가 중국에 사신으로 세 차례 다녀오면서 견문을 넓혔기 때문이다.[15] 점차 한반도를 벗어나 요동을 역사의 무대로 상상할 수 있게 되면서 안시성의 위치를 '압록강 동쪽에서 찾으려고 하는 잘못'을 지적할 수 있게 된 것이었다.

안시성 위치에 대한 구체적인 비정도 이어졌다. 먼저 주목받은 곳은 봉황성인데 허균許筠(1569~1618)은 봉황성 부근에서 「주필산가駐蹕山歌」라는 시를 지으며 자신이 있는 그곳이 안시성이라고 말하

---

14 李睟光, 『芝峯類說』卷2, 諸國部·郡邑, "安市城, 按漢書地理志, 乃遼東屬縣. 又東史曰: '安市城在遼東之北'云. 今人妄生穿鑿, 欲求之於鴨綠以東則錯矣. 金時習遊關西錄, 以安州爲安市城, 可笑".

15 김세호, 2014, 「연행을 통해 되살아난 安市城과 梁萬春 楊萬春」, 『한문학보』 31.

였다.[16] 조위한趙緯韓(1567~1649)이나 김육金堉(1580~1658) 등도 봉황산을 지나면서 안시성의 위치를 언급하였다.[17]

이후 안시성이 봉황성이라는 견해에 대한 비판도 제기되었다. 남구만南九萬(1629~1711)은 봉황산을 지나면서 『대명일통지』에 근거하여 이곳이 거리상으로나 경관상으로나 안시성일 수 없다고 보았다.[18] 남구만과 함께 서장관으로 중국에 다녀온 오도일吳道一(1645~1703) 역시 봉황성이 안시성일 수 없다는 인식에 동의했다. 이 문제는 국왕과 신하들이 토론하는 경연經筵의 소재로까지 이어졌다. 정조의 질문에 대해 정약용(1762~1836)은 『한서』, 『요사』, 『성경속지』, 『삼국사기』, 『신증동국여지승람』 등을 거론하며 '안시는 넷이나 있는 셈'이라는 내용의 대책을 내놓을 수밖에 없었다.[19]

한편, 안시성주에 대한 인식에도 변화가 있었다. 특히 윤근수

---

16 許筠, 『惺所覆瓿藁』卷1, 丁酉朝天錄, 駐蹕山歌, "安市城頭鼓鼙紞, 英公黑麾沙塵暗".
17 이익(1681~1763)의 경우 『성호사설』에서 "안시성은 곧 지금의 봉황성이다. 봉황은 우리나라 풍속에 '아시새(阿市鳥)'라고 한다. 아시와 '안시'의 발음이 근사하여 그것으로 명명한 것이다. 지금 중화군(中和郡)에 안시성이 있다(又按安市城, 即今鳳凰城也. 鳳凰東俗謂阿市鳥, 阿市與安市音近, 故名之也. 今中和郡有安市城)"라고 주장하였다.
18 南九萬, 『藥泉集』卷2, 鳳凰山[幷序], "距鴨綠江幾至三日程, 而非其入海處, 則指此謂安市城者, 果何所據耶?".
19 丁若鏞, 『茶山詩文集』卷8, 對策, "安市有三者, 臣按班固之志, 安市縣本屬遼東郡, 又云遼水西至安市入海, 遼史地理志云鐵州建武軍, 本漢安市縣, 此安市之一也. 又按盛京續志云遼陽東北間, 有安市故城, 此文雖若無憑, 恐亦可信. 今據唐書李勣旣渡遼水, 先拔蓋牟城, 又東拔沙卑城, 又東拔遼東城, 又東拔白巖城, 始至安市城. 若使安市果在蓋牟之傍七十里, 則及到白巖, 已茫茫然二百里之外矣. 李勣必欲勿攻建安, 先攻安市者, 畏安市之斷其後也. 苟使安市本在白巖之西, 則雖不攻建安, 而安市已議其後矣. 安市之在白巖之東, 不旣明乎! 以此言之, 唐之安市, 與漢之安市不同, 此安市之二也. 金富軾地理志云安市城一名丸都城, 丸都在今江界府北隔水之地也. 句麗山上王時, 嘗遷都是城, 此安市之三也. 臣又按輿地書, 謂龍岡縣亦有安市故城, 以此言之, 安市有四, 不特三也".

(1537~1616)가 『월정만필月汀漫筆』에서 안시성주의 이름이 '양만춘梁
萬春'[20]이라고 언급한 이후 그 이름이 점차 알려지기 시작한 것이 큰
변화였다. 앞서 살핀 이색의 시 「정관음유림관작」이 거듭 회자되는
과정에서 안시성주 양만춘이라는 이름이 함께 언급되는 경우가 늘
었다. 하지만 그것을 의심하는 견해도 당시부터 있었다.[21] 대표적으
로 김시양(1581~1643)은 "애석하게도 역사에서 그의 이름을 잃었
는데 명대에 이르러 당서연의唐書衍義에 그의 이름을 드러내어 양만
춘이라고 하였다. 어떤 책에서 찾은 것인지 알 수 없으나 국가를 안
정시킨 공적이 책에서 찬란히 빛나고 있다. 만약 그의 이름이 실전
되지 않았다면 『통감강목通鑑綱目』과 우리나라의 역사책에 응당 모두
유실되지는 않았을 텐데 어찌 수백 년을 기다려서야 비로소 연의衍義
에 나온 것인가? 거의 믿을 수가 없다"[22]는 견해를 피력하였다.

　그런데 연행사들이 안시성을 반복적으로 언급하는 이유와 관련
하여 그것이 대체로 『삼국사기』에 보이는 '성안에서는 모두 자취를
감추고 나오지 않았으나, 성주가 성에 올라가 예의를 갖추었다'[23]라
는 표현 때문이라는 분석이 주목된다. 그것은 군사력으로 더 강한

20　이후 양만춘의 성이 '梁'이라 아니고 '楊'으로 표기해야 한다는 점에 대한 논쟁도 진행
　　되었다. 이에 대해서는 김세호, 2014, 앞의 글에 자세하게 정리되어 있다.

21　정호섭, 2020, 「고구려 안시성의 위치와 안시성주 전승의 추이」, 『고구려발해연구』 67.

22　金時讓, 『涪溪記聞』, "安市城主, 以蕞爾孤城, 能抗王師, 不特籌略不世, 登城拜辭, 詞氣從容,
　　得禮之正, 實聞道君子也. 惜乎史失其名, 至明時唐書衍義, 出表其名, 爲梁萬春, 未知得之何
　　書, 安甫之功, 輝映簡策. 苟非名不失傳, 通鑑綱目, 及東國史記, 不應弁遺, 豈待數百年, 始出
　　於衍義耶? 殆不可信也".

23　『三國史記』卷21, 高句麗本紀9 寶臧王 4年, "城中皆屛跡不出, 城主登城拜辭".

상대에게 승리한 무력적인 강함과 함께 중국 황제에게 예를 표하는 유학적 가치를 동시에 충족시키는 '용사이자 충신'의 이미지를 안시 성주에게 투영할 수 있기 때문이라는 것이다.[24] 이처럼 안시성을 바 라보는 전근대의 시선은 고정되지 않고 몇몇 계기에 의해 변하였으 며, 조선 후기에 들어서는 여러 인식이 동시에 중첩되며 나타나기도 하였다.

국난 극복과 민족 영웅: 교과서에서의 안시성 서술

1. 한말~일제시기 교과서

근대 이후의 역사인식을 살필 수 있는 유용한 방법 중 하나는 교 과서의 서술을 확인하는 것이다. 이 절에서는 한말에서 오늘날에 이 르기까지 교과서에서의 안시성과 관련한 기술이 어떻게 변화해 왔 는지를 추적하고자 한다.

한국에서 근대적 성격의 역사교육이 시작된 것은 1894년 갑오개 혁 이후이다. 당시 의정부 아래 설치된 학무아문(1895년 3월 학부로 개편)에서는 학무아문고시를 통해 영재 교육의 시급성을 이야기했 고, 이듬해인 1895년 3월 내각아문에서는 국민국가를 지향하며 '본 국사本國史와 본국문本國文을 가르칠 것'을 강조하였다. 이에 따라 학

---

24 허태용, 2006b, 「17세기 중·후반 중화회복의식의 전개와 역사인식의 변화」, 『韓國史硏 究』 134; 김락기, 2013, 앞의 글.

부 편집국에서는 소학교에서 성균관 경학원에 이르기까지 단계별
로 사용할 수 있는 몇몇 교재를 출간하였다. 그중 『조선역대사략朝鮮
歷代史略』은 당시 고등교육기관인 한성사범학교나 성균관 경학원에
서 사용할 수 있도록 순한문체로 편찬한 교과서이다. 주로 『동국통
감』 및 『동사강목』을 토대로 하고 있으며, 내용상으로는 자강과 자
주독립의 성취가 절박한 당시 상황이 일부 엿보인다. 하지만 전통적
인 역사 서술에서 벗어나지 못하는 한계도 있다는 점이 함께 지적된
다. 다음은 『조선역대사략』 1책의 안시성 관련 서술이다.

사료 6 삼국기: 신라·고구려·백제

당나라 황제가 고구려 안시성安市城을 공격하였으나 이기지 못하고
군사를 거느리고 돌아갔다. 처음 당나라 군대가 요동에 이르러 안시
성을 공격하며 60일 동안 대치하였지만 함락시키지 못하였다. 황제
가 요동 지방은 북쪽으로 위치하여 추위가 일찍 찾아오고 군량미마
저 떨어지자 군사를 이끌고 돌아오라는 칙령을 내렸다. 이에 군사들
이 성 아래에서 함성을 지르며 위용을 과시하며 회군하였다. <u>성주가
성에 올라가서 배사拜辭하니, 황제가 성을 굳게 지킨 것을 가상하게
여겨 비단 백 필을 하사하여 임금을 섬긴 일을 격려하였다.</u>

『조선역대사략』에서는 안시성 전투와 관련하여 그 전투 상황 및
결과를 간략하게 언급한 후 안시성주가 성에 올라가 배사拜辭하였고
이에 당 태종이 비단을 하사하였다는 부분을 기술하고 있다. 전통시

대에 강조되던 부분이 여전히 비중 있게 다루어지고 있는 것이다. 사료6에 이어서는 두 가지 이야기를 주석 형태로 덧붙여 놓았다. 하나는 "'안시성은 요동에 있고 성주城主의 이름은 양만춘楊萬春이다'라는 내용이 태종동정기太宗東征記에 보인다"는 대목이다. 태종동정기를 인용하며 양만춘의 이름을 언급한 것이다. 안시성주의 이름을 다른 사료를 통해 확인할 수 없는 상황에서 전거를 언급하면서 나름대로 서술의 객관성을 유지하려는 의도를 인정할 수 있다. 다른 하나는 앞서 살핀 이색의 시「정관음유림관작」을 소개한 후 태종의 눈 부상설에 대해 평가하는 부분이다. "태종이 눈을 다친 일은 역사책에는 기록되어 있지 않으니, 이색이 중국 유학 중에 어찌 들은 바가 아니겠는가!"라는 김종직金宗直의 언급,[25] "당시 사관史官이 필시 중국을 위하여 숨긴 것이니, 기록하지 않은 것을 괴이하게 여길 것이 없다"라는 서거정徐居正의 언급[26]을 덧붙이면서 당 태종의 눈 부상설이 사실에 부합하다는 쪽으로 유도하고 있다.

이후 편찬된 한말 교과서들에서는 『조선역대사략』에 보이는 안시성에 대한 기술과 대부분 대동소이한 내용을 다루고 있다. 서술에 변화가 간취되는 것은 1900년을 전후하여 출간된 한말 교과서들에서이다. 여기서는 기존 인식과 달리 점차 '자주의식'을 고취하는 소재로 소환되는 변화가 보인다. 대표적으로 관립외국어학교 부교관 및 학부 편집국 의원 등을 역임한 현채가 1899년 편찬한『(보통교

---

25 『청구풍아(靑邱風雅)』.
26 『동인시화(東人詩話)』.

과) 동국역사』, 1907년 편찬한『중등교과 동국사략東國史略』등에서
는 많은 지면을 할애하여 안시성 전투의 전개 과정을 자세하게 언급
하였다. 특히 '성주 양만춘梁萬春이 죽음으로써 성을 지키며 항복하
지 않았다'는 등의 서술은 기존에 보이지 않던 것으로, 이를 통해 그
를 국가적 영웅으로 부각시키고 있다.

현채는 역사 교과서뿐 아니라 국어 교과서에서도 안시성과 양만
춘을 소재로 활용하고 있다. 1907년 그가 편찬한 국어 교과서『유년
필독』에서는 16~18과를 '양만춘'에 할애하여 자세하게 다루었다.

사료7 제16과 양만춘 일一

<u>양만춘楊萬春</u>은 <u>고구려高句麗</u>의 <u>안시성주安市城主</u>라. 1262년 전에 지나
支那의 당唐나라 군인 이세민李世民이 군사 30만을 거느리고 와 범犯
할 새, 그 신하臣下에게 일러 가로되, 수씨隋氏가 고구려高句麗에게 네
번 대패大敗하였으니 내가 그 원수를 갚는다 하였나이다.

제17과 양만춘 이二

세민世民이 요수遼水의 돌아갈 다리를 끊어 반드시 죽을 뜻을 보이고,
등에 친親히 흙을 지고 내왕하여 요동성遼東城의 해자를 매우며 북 치
고 부르짖는 소리가 천지天地를 움직이더니 세민이 또 <u>안시성安市城
을 치거늘 만춘萬春이 성문城門을 굳게 닫고 기병奇兵을 내어 음습하
여 친지 두 달 만에 또 궁전수弓箭手로 하여금 세민의 눈目을 쏴 맞췄
나이다.</u>

제18과 양만춘 삼三

세민世民이 눈을 상傷하고 와상臥床에 누워 돌아갔더니 그 신하臣下들에게 일러 가로되, '위징魏徵이 살았으면 내가 이 패敗를 당當하지 않이 하였으리라' 하니 이는 위징魏徵이 생시生時에 세민을 간諫하여 고구려高句麗를 범犯치 말라 한 연고이다.

이 책은 아이들이 흥미를 느낄 수 있는 소재를 중심으로 목차를 구성하였는데, 그중 삼국시대의 인물로는 을지문덕과 계백, 성충 및 양만춘 등 주로 전쟁에서 활약한 네 명이 표제어로 등장한다. 이 중 양만춘을 제외한 다른 인물들이 여러 사서들을 통해 명확하게 행적을 확인할 수 있는 인물이라는 점을 고려하면, 사료적 기반이 약한 양만춘을 배치한 것은 그가 안시성 전투에서 승리한 것이 지니는 역사적 의미를 부각하고, 그것을 학생들이 '필독'하게 함으로써 '자주의식'을 고취하기 위한 의도가 강하게 투영된 결과라 하겠다.

황의돈이 1910년 출간한『대동청사』에서도 기존의 서술에 비해 '자주의식'이 강조된다. 성주가 성에 올라가서 배사하였다는 서술이나 황제가 그것을 가상하게 여겼다는 서술은 더 이상 찾아볼 수 없다. 그 대신 고구려와 당의 전투 과정이 이전보다 자세하게 묘사되고 있으며, '이세민이 크게 패배하여 병사를 퇴각시켰는데 그 군사 중에 살아서 돌아간 자는 겨우 1천여 명에 불과하였으며, 죽은 말도 또한 10 중 7, 8이나 되었다'고 하는 전투의 승리 과정이 자세히 서술되었다.[27] 이러한 인식은 일제시기를 거치면서 더욱 확대될 수밖에 없었다. 대표적으로 신채호는 『조선상고사朝鮮上古史』에서 "안시성의 전역戰役은 또한 동양 고대사의 대전쟁이라, 비록 숫자상의 군사는 살수薩水 전역의 양국兩國에 불급하나, 그러나 피차 방략의 주도와 군대의 정련精鍊과 자력의 모비耗費는 살수 전역보다 초과하며, 전역이 곧 양 민족의 운명을 걸게 한 대전역"이었다고 평가하였다.[28]

한편, 일제시기 발행된 교과서의 인식은 앞서 살핀 내용과는 판이하게 다르다. 다음은 1920년 조선총독부가 발행한 『심상소학일본역사 보충교재 교수참고서(1)』의 내용이다.

사료8 6.백제·고구려의 멸망

고구려 멸망의 전말

신라 선덕여왕善德女王은 당나라에 구원을 요청했으므로, 당나라의 태종은 고구려에게 명하여 신라를 공격하지 말라고 했지만, 개소문은 명을 받들지 않고 오히려 당나라의 사신을 잡아 가두었다. 이에 태종은 고구려의 임금과 대신을 죽이고, 백성을 잔학하게 다루고, 또 그의 명령을 위반한 책임을 물어 대군을 동원하여 고구려를 친히 정벌했다. 당나라 군대는 요동에 들어가 여러 성들을 함락시켰지만, 오로지 안시성安市城【지금의 개평현蓋平縣 동북부인 탕지湯池】을 함락시키

27 황의돈, 1910, 「중고사(中古史), 제2편 부여족(扶餘族)의 웅비(雄飛) 시대, 제4장 을지문덕(乙支文德)과 천개소문(泉蓋蘇文)의 위대한 업적」, 『대동청사(大東靑史)』.
28 신채호는 안시성의 위치에 대해 '개평현(蓋平縣)'의 '아리티'가 안시(安市)의 고허(古墟)라고 보았다.

지 못했는데, 추위가 점점 닥쳐오고 군량이 곧 바닥나게 되자 명령을 내려 군대를 철수했다. 이때가 바로 보장왕 4년이다.

먼저 안시성의 위치에 대해서는 '개평현蓋平縣 동북부인 탕지湯池'로 비정하고 있다. 이는 요遼의 철주鐵州가 본래 한漢의 안시현安市縣이라는 기록에 의거한 것이지만, 안시현의 실제 위치와는 차이가 있는 기록이라는 점에서 성립하기 어렵다. 고구려의 멸망 원인에 대해서는 선덕여왕의 구원 요청에 응한 당의 '정벌'에서 찾고 있다. 연개소문이 '고구려의 임금과 대신을 죽이고, 백성을 잔학하게 다루'었기에 그 책임을 물어 당 태종이 '친히' 고구려를 정벌하게 되었다는 것이다. 전쟁의 전개 과정에서 당의 군대가 여러 성들을 함락시켰지만 안시성을 함락시키지 못했음을 이야기하며, 그 원인을 안시성의 항전에서 찾는 대신 추위와 군량 부족에 의한 것으로 보았다. 이러한 서술은 중국을 중심에 놓고 그 주변을 동심원적으로 배치하는 시선에 기인한 것으로, 한국사가 타율적으로 전개되었음을 의도적으로 드러낸 서술이라 하겠다.

2. 해방 이후 남·북한 교과서

해방 이후에는 남한과 북한의 역사학 연구가 점차 질적·양적으로 발전하면서 고구려-당 전쟁 및 안시성 전투에 대한 역사적 평가도 다양화되고 구체화되었다. 이러한 연구 추이에 따라 교과서에 서로 다른 내용들이 반영되기 시작하였다.

1) 남한 교과서의 안시성 인식

남한에서는 1946년부터 1955년까지의 교수요목기에 수시 검정을 통해 교과서가 발행되었다. 광복 직후 미군정청으로부터 위촉을 받아 진단학회에서 1946년 편찬한 『국사교본』에서는 안시성 전투에서의 승리에 대해 다음과 같이 기록하고 있다.

사료 9　제1편 상고(태고 – 삼국시대), 상고의 후기(삼국 시대)

　　　　제2장 신라의 융성과 고구려의 무위武威

　　　　안시성의 승리와 당 태종의 패귀敗歸

당나라 군사는 요동 각처에서 고구려의 중요 성들을 공격하였으나 쉽게 뜻을 이루지 못하고 요동성(요양)을 공략함에도 많은 희생을 내어 겨우 그곳을 빼앗았다. 당시 요동 지방에 있던 고구려의 주력은 안시성(개평 동북의 영성자)에 모여 있으므로 이 성을 빼앗지 못하면 평양으로 쳐들어올 수가 없었다. 이에 당 태종은 전군을 몰아 안시성을 쳤으나 우리 군사들은 교묘히 이를 잘 막아내었다. 당나라 군사는 성 밖에 토산을 쌓아 그 위에서 성안을 내려다보고 치려 하였으나 그 토산조차 우리 군사들에게 빼앗겼다. 이리하여 88일 동안 안시성을 치던 당 태종은 마침내 맥이 풀려서 남은 군사를 거두어 요동의 진펄을 간신히 건너 허둥지둥 도망하고 말았다.

『국사교본』의 상고·중고 편은 한국 동양사학의 개창자이면서[29] 이후 한국 전근대사 관련하여 「한예맥이동고」, 『고려시대사』 등을 집필한 김상기가 담당하였다. 해방 직후의 상황에서 임시로 편찬된 교과서였지만, 당 군사가 성 밖에 토산을 쌓아 공격했다는 내용이나, 태종이 맥이 풀려 허둥지둥 도망하고 말았다는 기술 등은 기존에 볼 수 없던 것이다. 특히 안시성의 위치를 '개평 동북의 영성자'로 비정하고 있는데, 영성자산성설이 1927년 시마다 요시미島田好에 의해 처음 제기되고,[30] 1935년 김육불金毓黻이 현지를 답사한 후 조금씩 동의를 얻어간 점을 상기해 보면 비교적 이른 시기에 영성자산성설을 채택한 것임을 알 수 있다. 또 다른 교수요목기 교과서인 이병도의 『우리나라의 생활(역사)』(1950, 동지사)에서는 당 태종이 안시성에서 군사를 돌이킬 수밖에 없었음을 언급하며 "이 싸움이야말로 물량物量에 대한 정신력의 승리로 당군의 손해는 여간 컸던 것이 아니다"라고 평가했다. 안시성 전투에 대한 평가가 이전 시기와 비교했을 때 다시 한번 확연하게 바뀐 것을 확인할 수 있다.

이후 검정제의 틀 안에서 발행된 1차 교육과정과 2차 교육과정기의 역사 교과서에서는 대체로 대동소이하게 비교적 간단한 서술을 통해 수·당과 고구려의 전쟁으로부터 삼국 통일에 이르는 과정이 다뤄지고 있다. 안시성 전투에 대한 서술과 관련하여 다시 한번 큰 변화가 간취되는 시기는 1970년대 초반 국정 교과서로 발행된 제3차 교육과정 이후이다. 이때 발행된 교과서에서는 안시성 전투

29 이성규, 2002, 「김상기」, 『한국사시민강좌』 31, 일조각, 182쪽.
30 島田好, 1927, 「高句麗の安市城の位置に就て」, 『歷史地理』 49-1.

의 과정과 승리가 부각되며 강조되고 있다.

사료 10 Ⅱ. 삼국의 발전

    2. 수·당과의 전쟁과 삼국 통일

    학습 개요

오랫 동안 분열되었던 중국이 수·당의 통일 국가를 이루게 되자, 우리나라에 침략을 개시하였다. 그러나, 고구려는 중국의 침략을 잘 막아 세계의 전사상 빛나는 큰 승리를 거두었다. 살수 대첩과 안시성 승리가 그것이다.

      당의 침략과 안시성의 승리

… 정복 전쟁을 계속하던 당 태종은 이러한 국제관계를 구실로 삼아 고구려를 침략하였다. 당군은 신무기를 이용하여 요동성을 함락시키는 등 한때 기세를 올렸으나, 수개월 동안 치열하게 계속된 안시성 싸움에서 크게 패하고 물러났다(645). 그 후에도 당은 몇 차례나 고구려를 침략해 왔으나, 모두 실패하였다. 이것은 고구려 국민들이 일치 단결하여 국난을 극복한 빛나는 승리로서, 우리 민족사상 특기할 만한 일이다.

위에 인용한 3차 교육과정(1979) 『국사』 교과서에서는 안시성 전투를 포함한 고구려와 당의 전쟁을 '세계의 전사상 빛나는 큰 승리'로 칭하고 있으며, 그것이 또한 '우리 민족사상 특기할 만한 일'이라고 마무리하고 있다. 2차 교육과정에서부터 '민족주체성 강화'의 논리가 일부 강조되기는 했지만, 그것이 1960년대 후반 국가주의적 논리로 변질되면서 이에 호응하는 서술들이 등장하고 있다고 판단된다. 이러한 인식은 4~7차 교육과정의 교과서에서도 큰 변화 없이 수용되었고, 안시성을 다루는 내용 역시 크게 변화가 없다.

이후 몇 차례의 교육과정을 거쳐 2015개정교육과정에 의해 현재 발행되고 있는 중학교 역사 교과서에서는 "당은 요동성과 백암성을 함락하며 기세를 올렸지만, 안시성 전투에서 결국 패배하여 퇴각하였다"(미래엔), "당군은 요동성, 백암성 등을 차례로 함락하고 안시성을 포위하였다. 그러나 성주와 백성들의 군건한 저항으로 결국 안시성에서 물러났다"(천재교육) 등의 서술로 정리되고 있다. 안시성 전투에 대한 내용이 빠짐없이 등장하고 있지만, 안시성주를 양만춘으로 지칭하는 경우는 찾아보기 어렵다.[31]

앞선 시기에 비해 서술의 강도가 다소 약화되기는 하였지만, 한국사상 안시성 전투의 중요성에 대한 강조는 현행 교과서에서도 지속된다. 예를 들어 천재교육에서 발행한『중학교 역사② 지도서』를 살펴보면, 「멀티미디어를 활용한 역사수업」에서 '영화 〈안시성〉으로 살펴본 고구려의 전술'을 살펴보는 과제를 제시하고 있다.[32] 영화 〈안시성〉을 통해 고구려가 승리할 수 있었던 원동력에 대해 '1. 견고

31 노대환 외,『중학교 역사② 지도서』(2015개정교육과정), 동아출판, 80쪽에서는 '안시성 성주는 양만춘(楊萬春)이라 전하는데, 그의 이름은『삼국사기』등 정사에는 등장하지 않고『열하일기』등 야사(野史)에만 전하고 있다'는 점에 유의할 것을 언급하였다.
32 김덕수 외,『중학교 역사② 지도서』(2015개정교육과정), 천재교육, 126~127쪽.

한 고구려의 산성 축조술, 2. 당의 침입으로부터 나라를 지키려는 단합된 마음, 3. 안시성 성주의 포용적 지도력' 등을 이야기할 수 있도록 유도한다.

2) 북한 교과서의 안시성 인식

해방 이후 북한에서는 1947년 이청원을 위원장으로 하여 '조선력사편찬위원회'를 조직하면서 역사 연구가 본격화되었다. 이 위원회는 이듬해 정부 수립 이후 백남운을 위원장으로 하여 재조직되었고, 김석형과 박시형 등이 상임위원으로 임명되었다. 역사교육의 측면에서는 소련을 본보기로 삼아 사회주의 국가 건설 노선을 밟아 가고자 하는 현실적인 요구로 인해 세계사에 대한 비중이 더 높았다. 하지만 1950년 한국전쟁 이후 국사교육이 점차 강조되기 시작하였고, '애국주의 교양'이 중시되었다.[33]

> **사료11** 제5장 7세기 초의 외래 침략자를 반대하는 고구려 인민의 투쟁
>   2)당군의 침입과 그 격퇴
>
> … 요동성이 함락된 후 그 이듬해 적은 안시성을 포위하였다. 안시성은 오늘날 개평 동북방 요하의 하구에 있는 고구려의 중요한 성이었다. 안시성을 포위한 적은 철갑으로 단단히 돌려 싼 충차로써 성벽을 깨뜨리고 돌과 천환을 포차로부터 날려 성벽을 파괴하였으나,

---

33 김정인, 2003, 「北韓의 初等 歷史敎育」, 『역사교육』 87, 108~111쪽.

성안에서는 파괴되는 대로 재빨리 이를 수선하여 적의 계획을 번번이 실패로 돌아가게 하였다. 적이 높게 토산을 쌓아 성안을 내려다보려고 하면, 성안에서는 성벽을 다시 더 높게 쌓아 올려 안을 보지 못하게 하였다. … 당 태종과 그의 군대는 마침내 큰 손해를 입고, 물러가지 않을 수 없었다. 이때에 안시성을 지휘하던 고구려의 장군은 양만춘이었다고 한다.

위에 제시한 1954년판 『조선력사』는 당시 북한 역사학계에서 중추적 역할을 하던 김석형과 박시형이 집필한 교과서이다. 서술 내용 중 '철갑으로 단단히 돌려 싼 충차로써 성벽을 깨뜨리고 돌과 천환을 포차로부터 날려 성벽을 파괴'하였으며, '토산을 쌓아 성안을 내려다보려고 하면, 성안에서는 성벽을 다시 더 높게 쌓아 올려 안을 보지 못하게 하였다' 등의 표현은 사료에 기반하여 당군의 전략을 구체적으로 묘사한 것으로, 전반적으로 사실史實적인 언급에 충실한 느낌을 준다. 후술하는 바와 같이 1970년대 이후 북한 역사교과서에서 확인할 수 있는 특정 역사 사건에 대한 과도한 강조, 그리고 미리 설정해 놓은 역사 서술의 기조에 맞춰 역사인식을 바꾸는 시도 등은 아직 확인되지 않는다.

한편 1960년대 북한에서는 삼국시대와 고조선을 둘러싼 시기 구분 논쟁 결과 이 시기는 봉건사회로 규정되었고 그에 따라 서술의 초점이 달라졌다.[34] 이에 더하여 기존 '마르크스 · 레닌주의 세계관'에 입각하여 역사를 서술한다는 기존 원칙이 점차 '교조주의'와 '수

정주의'로 비판받으며 '주체적 입장'이라는 새로운 이론 틀이 마련
되었다. 또한 1970년대 이후 민족 개념의 요소에 '혈통적 공통성'을
추가하고 이를 점차 강조하게 되면서 주체사상과 민족주의 논리를
점차 결합해 나갔다. 소위 '북한만의 역사 서술 방식'이 본격화되어
가는 모습을 보이기 시작한 것이다.[35]

사료 12 **제3장 봉건사회의 성립, 세 나라와 가야국들**

제4절 수, 당 나라 침략가들을 처물리친 고구려인민들의 투쟁

당나라 침략자들을 쳐 물리친 고구려 인민들의 투쟁

… 전투는 안시성(오늘의 해성 부근)으로 옮겨졌다. 안시성은 요동
성 다음가는 고구려 서쪽의 요새였다. 요동성과 같은 중요한 성들이
적들에게 한때나마 빼앗긴 조건에서 안시성을 지켜내는 것은 고구
려에 있어서 매우 중요하였다. 안시성에는 양만춘의 지휘 밑에 10만
의 군민들이 지키고 있었다. … 이 전투에서 침략자의 우두머리인
당나라 왕놈은 고구려 군사의 화살에 맞아 왼눈이 빠지었다. 애꾸눈
이 된 당나라 왕은 살아남은 놈들을 긁어모아 가지고 도망치기 시
작하였다. 그러나 패잔병들마저 먹을 것이 떨어져 굶어죽었다. 겨우
제 목숨만 건졌던 당나라 왕놈은 고구려 군대와 인민들에게 얼마나
혼이 났던지 죽을 때 자기 졸개들에게 다시는 고구려를 치지 말라는

---

34 이준성, 2020a, 「1950~60년대 『조선통사(상)』 간행과 북·소 역사학계 갈등」, 『사학연
    구』 137.

35 한국역사연구회 북한사학사연구반, 2003, 『북한의 역사만들기』, 푸른역사, 7쪽.

<u>유언까지 하였다고 한다.</u>

위 1983년판 『조선력사』(고급중학교 3학년용)는 앞서 언급한 이유들로 인해 북한 역사학계에서 조금씩 무리한 논리가 제시되고 서술의 짜임새가 느슨해지기 시작한 시기에 발행된 교과서이다. 여기에서는 '당나라 왕놈', '애꾸눈' 등 여타 교과서에서 찾아보기 어려운 자극적인 표현들이 등장한다. 대내외적으로 조금씩 위축되어 가던 당시의 현실적 상황이 역사에 투영되면서 고구려와 수·당 사이의 전쟁과 관련해서도 과격한 표현이 증가한 결과로 볼 수 있다.

특히 1983년판 『조선력사』에는 1979년에서 1983년에 걸쳐 사회과학원 역사연구소에서 통사로 간행된 『조선전사』의 서술이 영향을 준 것으로 보인다. 예를 들어 『조선전사』에서는 당의 침략을 막아낸 주체로 '통치층'이 아닌 '인민'이 강조되고 있는데, 1983년판 『조선력사』에서도 연개소문이나 양만춘 등의 지휘관들은 '봉건지배계급의 한 사람이었으므로 참다운 인민의 편에 서서 인민의 이익을 옹호하여 싸울 수는 없었을 것'이며, '봉건통치배들의 편안과 권세를 위한 봉건국가의 보존과 안전을 위해서 싸웠던 것'이라고 표현하고 있다. 주체사관에 입각하면 지배계급은 착취와 지배를 위한 억압을 강조할 수밖에 없기 때문에 전근대 시기 '위인'의 활동에 대한 평가에서도 큰 변화가 있었던 것이다.[36]

하지만 1990년대 이후 '조선민족제일주의'가 사회 전반에 걸쳐 지도방침으로 강조되면서 '위인'들에 대한 역사학계의 평가는 다시 변화하였다. '인민대중'에 놓였던 방점이 '자주성'으로 옮겨지면서 외세에 대항한 인물들의 활동이 강조되고 부정적 서술이 줄어든 것이다. 이에 더해 김정은 체제 등장 이후에는 '세계적 추세'의 수용이라는 측면이 새롭게 강조되면서 교과서 서술에서도 변화된 모습이 확인된다.

사료13 제2장 세 나라와 발해 및 후기 신라, 세 나라 시기의 세계

제1절 고구려를 비롯한 첫 봉건국가들

4)고구려-수, 당 전쟁

고구려-당 전쟁

… 요동성이 근 20일 만에 점령되고 6월 중순에는 안시성을 제외한 요하계선의 거의 모든 성이 점령되였다. 당 태종은 안시성을 겹겹이 포위하고 하루 6~7차례씩 공격을 들이대였다. 나중에는 안시성보다 높게 흙산까지 쌓아 성을 내려다보면서 공격하였다. 양만춘 장군의 지휘 밑에 안시성 방위자들은 성을 높이 쌓으면서 희생적으로 싸웠다. 당 태종은 안시성을 88일 동안이나 공격하였지만 끝내 점령하지 못하고 9월 중순 쫓겨가고 말았다. 당 태종은 그 후에도 수많은 무력을 동원하여 2차례나 침공하였지만 참패만 당하였다. 당 태종은 죽으면서 다시는 고구려를 치지 말라고 유언까지 남겼다. 이렇게 고구려는 그 어떤 대규모의 침략에도 끄떡없는 동방의 대강국이였다.

---

36 김한종, 2006, 「주체사관과 북한의 한국사인식」, 『역사교육과정과 교과서 연구』, 선인.

645년 전쟁표

기간	지휘자(아군, 적군)	적 인원 수	대표적 전투
4월~9월	연개소문, 양만춘, 당 태종	100만 명	요동성 전투(17일 만에 실패), 안시성 전투(88일)

2013년판 『력사』(고급중학교 1학년용)에서는 앞서 살핀 것과 같은 과격한 표현들이 줄어든 대신 고구려가 '동방의 대강국'이었다는 평가가 강조된다. 연개소문이나 양만춘 등 전쟁을 지휘한 장군들은 '영류왕을 비롯한 비겁한 통치배들'과 구분되어 민족의 운명과 존엄을 지킨 고구려의 애국명장으로 평가된다. 지배층이라는 계급적인 측면보다 인물의 활동과 성과가 부각되고 있는 것이다.[37] 고구려-수·당 전쟁의 승리 요인에 대해서는 '고구려군대와 인민의 높은 애국심 발휘, 전략 전술적 우세' 등이 강조되고 있다. 이는 최근 북한을 둘러싼 고립적 국제 정세 속에서 필요한 현실적 요구를 강하게 투영한 것으로 판단된다. 아울러 정권의 정통성 확보 및 사회통합과 권력 공고화를 위해 꾸준하게 고구려사를 활용해 온 북한의 상황을 상기해 보면,[38] 이와 같은 서술은 국제정세의 극적인 변화가 진행되기 전까지는 지속될 것으로 예상된다.

---

37 김인선, 2022, 「김정은 계승 이후 역사 교과서 변화에 나타난 북한 역사교육의 성격」, 『한국사회교과교육학회 2022년 연차학술대회』.

38 이준성, 2020b, 「북한의 문화유산 정책 변화와 고구려사-『민족문화유산』을 중심으로-」, 『고구려발해연구』 66.

강대한 고구려: 역사 콘텐츠로서의 안시성 소비 방식

역사 콘텐츠에 대한 역사학계의 평가는 해당 콘텐츠가 대중에게 끼치는 영향력 측면에 집중되어 왔다. 즉, 완성된 콘텐츠가 관련 사실史實을 얼마나 잘 담아 냈는지 혹은 역사 왜곡의 여지는 없는지를 진단하는 것이 중심이 되어 왔고, 진지한 과거의 역사상을 효율적이면서도 의미 있는 방법으로 전달할 수 있는 방안이 아직 부족하다는 식의 평가로 마무리되었다.[39]

그런데 대중들의 역사적 사고력 및 시민으로서의 역사인식을 함양하는 것이 역사학계가 감당해야 할 하나의 임무라 할 때, 역사 콘텐츠는 보다 직관적이고 접근하기 쉬운 방법으로 대중들에게 역사적 상상을 할 수 있도록 돕는 수단이 된다. 최근 들어 역사 콘텐츠 제작 과정에서 그동안 추진되지 못했던 다양한 시도들이 늘어가고 있고, 그 과정에서 주변 학문과의 교류를 통한 융합이라는 성과가 도출되기도 하였다. 또한 유사한 콘텐츠가 감당할 수 없을 만큼 증가하는 추세 속에서, 이를 소비하는 대중의 입장에서는 점차 '생산자의 문제의식'에 민감하고 적극적으로 반응을 보인다는 점이 확인된다.[40]

역사 콘텐츠 제작에 있어서 고대사 분야에 대한 관심은 이른 시

39 최희수, 2016, 「체험형 역사콘텐츠와 한국고대사–역사적 상상력의 제고를 중심으로」, 『한국고대사연구』 84, 218쪽.

40 조정미·최희수, 2017, 「역사사료의 역사콘텐츠 창작사례연구」, 『글로벌 융합의 시대, 지역학과 인문학의 역할(글로벌문화콘텐츠학회 학술대회자료집)』, 212쪽.

기부터 있어 왔다. 처음에는 출판 분야에서 주로 역사 콘텐츠의 생산이 진행되었지만, 이후 영화와 드라마, 다큐멘터리 등으로 영역이 확장되었다. 특히 고구려사를 소재로 하는 콘텐츠의 제작이 꾸준하게 이어졌는데, 이를 통해 고구려는 '만주대륙', '제국', '군사강국', '동북아시아의 패자' 등의 몇몇 대표적인 이미지로 고착화되는 결과를 초래하기도 했다.[41] 다음에서는 안시성을 소재로 하는 역사 콘텐츠를 살피며 그 소비 방식을 분석해 보고자 한다.

고구려사에 대한 대중적 관심이 커진 기점으로는 주로 1980년대 초반이 지목된다. 그 원인으로는 당시 정권 차원에서 의도적으로 국수주의적인 사회 분위기를 조장한 측면이 지적되어 왔다. 또한 1992년 한·중 수교 이후 고구려의 문화유산을 직접 접할 수 있게 된 것도 원인이라 할 수 있는데, 이듬해인 1993년 말에는 언론사 주최로 '아! 고구려'라는 조금은 자극적인 제목의 고분벽화 전시회가 예상을 뛰어넘는 대중들의 호응 속에 성황을 이뤘다.[42]

1989년 출간된 이남교 작가의 소설 『고백신조高百新鳥』는 이러한 사회적 분위기 속에서 출간되었다. 작가는 「작가의 말」을 통해 이 소설이 '고대문화의 태양이 한반도를 가장 강렬하게 비추었던 시대 … 고구려·백제·신라 3국의 각축전과 그 통일, 수·당의 집요한 공

---

41 임기환, 2012, 「대중교육과 대중매체에 나타난 광개토왕대 고구려 역사상」, 『한국고대 사연구』67, 271쪽.

42 임기환(2012, 앞의 글)의 분석에 의하면 고구려사 관련 다큐멘터리는 광개토왕과 수당 전쟁, 고구려 고분벽화 관련 주제가 상당한 비중을 차지하고 있다. 이는 고구려사에 대한 대중적 이미지의 편향성을 잘 보여 주고 있다.

격에도 굴하지 않았던 고구려의 강인함'을 그리고 있다고 밝힌다. 실제 소설 속 주인공은 삼국통일 과정의 경험을 지닌 채 바다를 건너 '왜倭를 야마토로, 다시 새로운 일본으로 변모시켜 가는 일대 로망'을 이룬다. 식민사관에 대한 극복이 당시 역사학계의 과제였는데, 이 소설에서는 소위 임나일본부에 대한 적극적인 반박으로 왜국을 백제의 분국 혹은 후국의 위치로 그리고 있는 것이다. 안시성 전투에 대해서는 양만춘이 냉철하게 대응하고 군사와 성민 모두가 악전고투하며 대비하는 장면이 묘사되며, 말갈군과 거란군으로 구성된 기마 군단이 유격대로 편성되어 당군의 후방과 측면을 공격하는 계획도 추진된다. 당군이 물러간다는 소식에 양만춘이 군사를 성벽에 정렬시키고 당군에게 작별인사를 하는 장면도 극적으로 표현되었다.

이 소설은 1992년 KBS에서 〈삼국기〉라는 대하사극으로도 방영되었다. 〈삼국기〉는 삼국의 관계를 본격적으로 다룬 최초의 드라마로 평가받는데, 안시성 전투를 비롯한 전투 장면에서는 당이 사용했던 무기들을 재현하여 공성전 촬영에 활용하였다. 또한 안시성주 양만춘과 연개소문이 정치적으로 갈등관계에 있었던 것으로 그려지는데, 이는 이후 여러 영화와 드라마에서 차용되는 모티브가 되었다.

안시성 전투를 다룬 장면은 〈삼국기〉 이외에도 2006년 방영된 KBS 드라마 〈대조영〉, 같은 해 SBS에서 방영된 드라마 〈연개소문〉 등을 통해 확인할 수 있다. 두 드라마가 방영되던 시기는 중국에서 동북공정東北工程이 한창 진행되고 있던 시기이다. 주변국의 역사 왜곡에 어떻게 대응할지가 사회 전반에 걸쳐 관심사로 떠오른 분위기 속에서 같은 시기에 두 방송국에서 선택한 소재는 고구려와 수·당의 전쟁이었던 것이다.

먼저 〈대조영〉에서 양만춘은 연개소문의 친구 혹은 적수로 묘사된다. 극 중에서 연개소문이 "나와 겨룰 수 있는 자는 이세민이도, 그의 아들 이치도 아닌 오직 양만춘뿐이다"라고 하는 대사가 등장하는데, 실권자로서 카리스마가 앞서는 연개소문에 대비되는 인물로 충성스러우며 때로는 직언도 마다하지 않는 인물로 양만춘을 설정하고 있다. SBS 드라마 〈연개소문〉에서 양만춘은 앞선 드라마에 비해 비중이 높지는 않지만, 강이식 등과 함께 수 양제의 침공 시기부터 활약하던 인물로 그려진다. 이 드라마에서는 안시성 전투를 다루면서 당 태종이 눈에 활을 맞고 퇴각하는 장면을 매우 자세하고 극적으로 연출하고 있다.

안시성과 양만춘에 대한 서사는 영화에서도 몇 차례 등장한 바 있다. 2018년에 총 220억 원을 투입하여 제작한 영화 〈안시성〉이 대표적이다. 영화 〈안시성〉은 '40배의 전력 차이에도 불구하고, 안시성 성주 양만춘과 전사들은 당나라에 맞서 싸우기로 결심하는데 … 동아시아 역사상 가장 위대한 승리를 이끈 안시성 전투가 시작된다!'라는 홍보 문구를 앞세웠다. 이 영화에서 재현되는 안시성 전투의 모습은 앞서 살펴본 소설 및 드라마에서 재현된 이미지와 크게 다르지 않은데 나라를 구하는 전쟁 영웅으로서의 모습이 주를 이룬다. 고구려 '역사'의 다양한 측면에 대한 관심보다 고구려의 '이미지'를 소비하는 경향이 이 영화에서도 이어진 것이다.[43] 이로 인해 영화 〈안시성〉은 2003년 개봉한 〈황산벌〉이나 2011년 개봉한 〈평양성〉 등과 함께 정복 전쟁의 승패를 중심으로 영웅의 이야기를 소환하는 작품으로 기억될 여지가 크다.[44]

　다만 〈안시성〉에는 기존의 서사와 차별되는 요소도 있다. 이 영화에서 두드러지는 모티브 중 하나인 '신녀'의 존재는 『삼국사기』 보장왕 4년 5월조에 보이는 기사를 참고한 것으로 보여 주목된다. "[요동]성에 주몽의 사당이 있고 … 포위되어 위급해지자 [주몽의 사당에서] 미녀를 단장하여 여신(婦神)으로 모시고, 터무니없이 말하기를, '주몽께서 기뻐하시니 성은 필시 안전할 것이다'라고 하였다"는 내용이 그것이다.[45] 사료를 기반으로 역사적 상상이 추가되는 시도로서 긍정적으로 평가받을 만하다.[46]

　고구려와 당의 전쟁은 한국의 미디어뿐 아니라 중국에서도 등

---

43 임기환, 2012, 앞의 글, 291쪽.

44 양윤모·이효인, 2021, 「2000년대 사극영화의 신화적 속성 연구: 프라이의 대위법적 양식이론과 애니미즘 개념으로 본 〈명량〉, 〈안시성〉, 〈황산벌〉」, 『아시아영화연구』 14-3, 83쪽.

45 '주몽사(朱蒙祠)'에 대한 내용은 『신당서』 권220, 열전145 동이 고려에도 보이며, 『주서』 권49, 열전41 이역상(異域上) 고려에 보이는 등 고신묘(登高神廟)와도 유사한 것으로 여겨진다.

46 역사학계에서는 이에 대해 한인(漢人)을 비롯하여 다양한 계통으로 구성되었던 요동 지역 주민의 고구려화를 보여 주는 사례로 해석하기도 한다(노태돈, 1999, 『고구려사 연구』, 사계절, 364~366쪽). 이러한 요소들이 보다 세밀하게 영화 속에 녹아들 수 있다면 더욱 다양한 역사적 상상력을 자극하고, 사료에 내재해 있는 이야기들을 '발견'하는 데 기여할 수 있으리라 생각한다(김기봉, 2007, 「팩션(faction)으로서 역사서술」, 『역사와 경계』 63).

장한다. 대표적으로 2014년 12월부터 중국 후난TV에서 96부작으로 방영한 〈무미랑전기武媚娘傳奇〉는 당 태종이 고구려를 침공하는 과정을 그대로 따르면서 줄거리가 형성된다. 자연스럽게 설인귀와 같이 고구려와의 전쟁에 참전한 다수의 당의 장수가 등장한다. 당 태종 이세민이 전쟁 중 실패하여 회군하는 장면도 포함되는데, 그 원인이 '안암성'에서 오랫동안 발이 묶였기 때문이었던 것으로 설정된다. 당시 고구려에는 '안암성'이라는 이름의 성은 존재하지 않았지만, 이는 아마도 실제 고구려와 당의 전쟁 무대가 되었던 안시성安市城 및 백암성白巖城을 섞어서 만들어 낸 가상의 이름으로 짐작해 볼 수 있다.[47] 즉 645년 고구려군과 당군이 80일 동안이나 공방을 벌인 안시성을 염두에 두고 있는 설정이라고 볼 수 있는 것이다. 이 드라마에서 당 태종 이세민이 전투 중에 큰 부상을 입고 결국 안암성에서 퇴각을 결정하는데, 이를 통해 안시성에서 패배한 후 후퇴하는 당군의 모습을 충분히 연상해 볼 수 있다.

마지막으로 다큐멘터리 분야에서 다뤄진 안시성 관련 내용을 살펴보고자 한다. 역사 다큐멘터리는 실재했던 역사적 사실을 기반으로 제작되기 때문에, 제작 과정에서도 사실관계를 면밀하게 따져 보는 과정이 가장 필수적이다.[48] 이 때문에 앞서 살펴본 역사소설, 드

---

47 이승호, 2020, 「동북공정 이후 중국 대중미디어의 고구려 서사 방식: TV 역사드라마를 중심으로」, 『동서비교문학저널』 53, 297~298쪽. 이승호는 이 글에서 동북공정 이후 중국 대중미디어에서 그려지는 고구려의 이미지는 '의도적인 격하와 배제' 혹은 '철저한 배제'의 서사 방식으로 점차 변화해 가고 있다는 점을 지적하였다.

48 조관연, 2008, 「역사 다큐멘터리에서의 재현과 진정성의 문제」, 『역사문화연구』 31,

라마, 영화 등과 달리 역사 다큐멘터리는 오랜 기간 '리얼리즘'의 대표주자로 각인되며 역사 속 사건과 인물들을 재조명해 왔다. 또한 이러한 신뢰를 바탕으로 다큐멘터리에 등장하는 영상 이미지는 실제로 존재했던 상황을 '재현'하고 있다는 특권적인 위치를 차지해 왔다.[49]

한국의 대표적인 역사 다큐멘터리 프로그램이라 할 수 있는 'KBS 역사스페셜'에서는 2002년과 2005년 두 차례에 걸쳐 안시성 전투에 대해 다뤘다.[50] 두 다큐멘터리 모두 동북공정 진행 시기에 다뤄졌다는 공통점이 있는데, 안시성의 위치에 대한 논쟁을 비롯하여 주변국들의 정세를 바탕으로 한 전쟁의 경과, 당군의 전략으로 등장하는 황량대謊糧臺에 대한 추적, 위성 사진의 분석을 통해 토루의 흔적을 살피는 등의 시도를 하고 있다. '강대한 고구려'라는 이미지만을 강화하는 측면이 있다는 점에서는 자유로울 수 없겠지만, 역사학계의 논쟁점을 다루며 여러 가지 가능성을 타진하고 시도했다는 점은 평가가 필요하다.

가장 최근에는 2021년 4월 27일 방송된 〈KBS 역사저널 그날: 중국 당 태종, 고구려에 무릎 꿇던 날〉에서 양만춘과 안시성 전투의 오

306쪽.

49 이기형, 2010, 「영상미디어와 역사의 재현 그리고 '기억의 정치학': 안중근 의사의 순국 100주년 기념 텔레비전 역사다큐멘터리들을 중심으로」, 『방송 문화 연구』 22, 65쪽.

50 KBS 역사스페셜, 〈안시성 싸움, 고구려는 어떻게 당을 이겼나〉, 2002년 8월 3일 방송; KBS HD역사스페셜, 〈고구려 수당전쟁 2편-당 태종, 안시성에서 무릎 꿇다〉, 2005년 10월 7일 방송.

해와 진실을 다루었다. 당 태종의 역사적 평가에 대한 대담과 더불어, 영화 〈안시성〉에서 그리고 있는 역사상에 대한 오해를 다루며 역사적 실체에 다가서려는 노력이 엿보인다. 또한 안시성주 양만춘의 진위에 대한 설명, 토산을 쌓았으나 붕괴되고 만 사건에 대한 설명, 중국 강소성에 위치한 '몽롱탑朦朧塔'을 둘러싼 연개소문과 당 태종에 관한 이야기 등과 관련하여 권위 있는 역사학자의 설명을 통해 안시성과 관련된 최근 연구 성과까지도 다뤄지고 있다는 점에서 긍정적이다.

맺음말

이 글에서는 전근대 시기와 근대 이후 시기를 나눠 안시성과 양만춘을 바라보는 인식의 변화에 대해 살펴보았다. 고려시대 안시성은 승리의 공간인 동시에 중국의 황제에게 충의를 증명할 수 있는 사례로 인식되었다. 고려 말기가 되면 문인들의 시에서 당 태종의 일화가 자주 등장하였고, 당 태종이 여러 전투에서 승리한 것에 만족하지 못하는 인물로 그려지는 변화가 보인다. 조선시대 이후에는 연행사들에 의해 안시성의 위치에 대한 논쟁이 활발하게 진행되었고, '성주가 성에 올라가 예의를 갖추었다'는 『삼국사기』 기사에 기반해 안시성주에게 전쟁에서 승리한 '용사'이자 중국 황제에게 예를 표하는 유학적 가치를 동시에 충족시키는 '충신'의 이미지를 투영하였다.

근대 이후의 인식은 교과서와 역사 콘텐츠를 통해 살펴보았다. 한말 교과서에서는 전통적인 서술에 머무르는 경우도 많았으나, 1900년을 전후하여 출간된 교과서에서는 점차 '자주의식'을 고취하는 소재로 안시성과 양만춘이 활용되었다. 반면 일제시기 교과서에서는 한국사의 타율성을 강조하면서 안시성 전투도 중국의 시선에서 바라보고 있었다. 해방 이후 남·북한 교과서에서 모두 국가와 민족을 강조하는 분위기 속에서 이전보다 과격한 표현이 등장하고, 승리의 의의가 더욱 부각되었다.

역사 콘텐츠에 등장하는 안시성과 양만춘은 해당 소재를 다루는 미디어에 따라 다소 차이를 보이기는 하지만, 기왕에 대중들이 갖고 있는 고구려에 대한 역사상을 더욱 강화하는 경우가 많았다. 대체로 드라마 속 양만춘은 연개소문의 친구 혹은 적수로 묘사되었고, 영화 속 양만춘은 백성을 사랑하고 전략을 통해 전쟁을 승리로 이끄는 전형적인 영웅의 모습으로 그려졌다. 다큐멘터리 속 안시성의 경우 학계의 논쟁점을 다루며 여러 가지 역사적 가능성을 살펴보고 있지만, '강대한 고구려'의 이미지를 강화하는 측면에 있어서는 자유로울 수 없었다. 고구려사 연구와 역사교육, 대중교육의 측면에서 고구려의 다채로운 역사에 대해 상상할 수 있도록 하기 위해서는 교과서 및 역사 콘텐츠를 통해 형성되는 이미지의 경계선을 끊임없이 환기해야 할 것이다.

고구려 산성의
발굴 현 단계와 안시성

백종오

머리말

6~7세기 고구려의 대중국 방어선은 요하를 중심으로 형성되어 있었다. 그 첫 관문이 요동성이고 그다음은 개모성, 신성, 백암성, 안시성, 건안성, 비사성 등이다. 요하와 요택을 자연 해자로 삼아 방어선을 형성하였는데 이후 연개소문의 천리장성에 의해 보다 체계적인 다중의 방어체계가 완성하게 된 것으로 추정된다. 이들 고구려와 중국의 전쟁을 생각할 때 떠오르는 키워드가 있다. 고수 전쟁인 살수대첩(612)과 요동성 전투(613), 고당 전쟁인 안시성 전투(645) 등이다. 7세기 전반의 긴박한 국제 정세를 이들 전투를 통해 알 수 있다.

한국의 역사적 사건을 연대순으로 정리한『한국사 연표』[1]에는 이들 전투의 주요 기사를 다음과 같이 수록하고 있다.

612년 2월 고구려, 수의 군대가 요동성을 포위함. 7월 을지문덕乙支文德이 살수薩水(청천강)에서 수의 군사를 섬멸함(살수대첩); 여수장우중문시與隋將于仲文詩를 지음.

613년 2월 고구려, 수가 다시 침입해 옴. 4월 수 양제煬帝가 요동성에 침입해 옴. 6월에 철수.

645년 3월 신라, 황룡사9층탑 건립. 5월 신라, 당과 함께 고구려를 공격함. 6월 고구려, 당의 군대가 안시성安市城을 포위함. 9월 성주

1   백태남, 2016,『한국사 연표』, 다홀 미디어, 124, 128쪽.

양만춘楊萬春이 격퇴함. 11월 신라, 비담毗曇을 상대등에 임명함.

모두 승전하였다. 그것도 대승이다. 역사적 인물은 을지문덕과 양만춘이다. 그리고 아주 드라마틱한 스토리가 있다. 그렇다면 이들 역사의 현장은 어디일까 하는 궁금증이 생긴다. 현재 살수는 청천강으로, 안시성은 중국 요령성 해성시 일대로 보고 있다. 그러나 정확히 주필산 전투와 안시성 전투의 현장을 특정하기에는 매우 어려움이 많다. 그 이유는 문헌과 고고 자료의 영세성이다. 특히 고고학 조사가 진행되지 않은 성들을 가지고 역사지리적 측면에서만 접근하다 보니 많은 허점과 오류들을 되풀이하고 있다. 안시성의 경우 조선 후기부터 그 위치에 대한 논쟁이 있어 왔다. 그만큼 우리 역사에서 차지하는 비중이 크기 때문이다. 우리 민족의 대중국 항쟁사에서 승전에 대한 자부심과 이에 따른 자존감의 원천이라고 할 수 있다. 그러나 연구자들마다 위치를 비정하는 성곽이나 지역이 다르다. 왜 그럴까 하는 의문을 던져 보면, 그 해답은 명확해진다. 고고 자료의 부재 때문이다.

안시성과 관련한 유적 중 발굴조사가 이루어진 곳은 아주 적다. 대부분 약식의 지표조사만 이루어진 상태이다. 대석교시 주가진 해룡천산성의 경우는 최근에 산성으로 보고된 신규 유적이다. 그렇지만 그 실체가 불분명하다. 유적이 있는지 아니면 없는지도 모른다. 현재까지 필자가 답사한 바로는 산성이 들어서기 힘든 지형이고 어떠한 인공 구조물도 볼 수 없었다. 그런데도 현지 학자들은 유력 후

보지로 올려놓고 논쟁이 논쟁을 불러일으키고 있다. 필자의 과문한 생각일 수도 있다. 게다가 중국 경내라는 점에서 조사를 위한 접근 조차 용이하지 않다. 이런 상태에서 비정과 추정이 난무할 수밖에 없다.

그리고 이와 관련하여 또 하나의 궁금증이 생긴다. 안시성주라고 하는 역사적 인물은 어떠한가이다. 그 답은 위치 비정과 별반 차이가 없다. 살수대첩의 을지문덕과 같이 명확하지 않다. 안시성 전투의 양만춘은 실존하지 않은 가공의 인물이었다는 사실이 최근 정호섭의 글에서 밝혀진 바 있다.[2] 즉 『당서지전통속연의唐書誌傳通俗演義』에 등장한 소설 속의 인물이 조선시대 학자들에 의해 실존 인물처럼 알려지게 되었던 것이다. 안시성이 어디인가라는 위치 비정과 무엇인가 비슷한 맥락으로 읽을 수 있다.

고구려는 전통적으로 산성의 나라이다. 험준한 지형과 지세를 이용하였다. 그리고 다양한 방어시설들을 갖추었다. 말 그대로 난공불락의 요새를 만들었던 것이다. 당의 장손무기도 고구려의 침략을 후회하는 기사를 남기고 있다. 그 말인즉 "고구려는 산에 의지하여 성을 쌓고, 성을 잘 지키기 때문에 쉽게 항복시킬 수 없다"라고 하였다.[3] 이것은 고구려의 성들의 입지와 구조가 매우 체계적으로 구성되었으며 방어시설도 매우 촘촘하게 구비되었다는 사실을 말해 준

---

2   정호섭, 2020, 「고구려 안시성의 위치와 안시성주 전승의 추이」, 『高句麗渤海硏究』 67; 정호섭, 2022, 「『唐書誌傳通俗演義』의 간행과 '太宗東征記'의 성격」, 『東洋學』 88.
3   『三國史記』 卷22, 高句麗本紀10 寶藏王6年條(647).

다. 예를 들면, 산성의 입지 조건과 평면 플랜, 성벽과 여장, 성문과 배수시설, 치성雉城과 망대, 집수시설集水施設과 수구, 각종 건물지 등 성 내외 시설물에 대한 축조 및 운영을 대단히 효율적으로 활용하였다는 것을 알려 주고 있다. 하지만 이러한 고구려 산성의 명성에 비해 그 실체적 접근은 이제부터 시작된다. 그간 문헌이나 일부 보고문에만 의존하다가 최근 들어 정식보고서 등이 발간되고 있기 때문이다. 또한 동북공정東北工程의 연장선상에서 도성 중심의 발굴이 지방 거점성들로 점차 확대되어 가는 양상을 보여 준다. 그러다 보니 20여 개소의 고구려 산성들이 발굴되거나 발굴 진행 중에 있다.

따라서 이 글에서는 중국 내 고구려 산성의 발굴 약사와 함께 요동지역을 중심으로 그 발굴 현황을 살펴보도록 하겠다. 이후 안시성 비정을 위한 전제 조건과 고구려 산성의 축성술, 성문, 치성 등의 특징을 검토해 보고자 한다. 그리고 마지막으로 안시성 비정지, 6~7세기 고구려와 그 주변국의 전투 기사, 당시 공성기계와 수성기계를 개설적으로 소개하여 독자들의 이해를 돕고자 한다.

고구려 산성의 발굴 현 단계

1. 고구려 산성의 발굴 약사 및 동향

중국 내 고구려 산성은 일본 학자에 의해 1905년 환인 오녀산성을 시작으로, 일제강점기인 1915년 집안 환도산성, 1933년 무순 고이산성 등이 조사되었다. 이때 조사는 유적의 현황 파악을 위한 평면도 및 입면도 작성 등 기초조사 위주였다. 이후 1936년과 1937년 집안 환도산성丸都山城, 1944년 환인 오녀산성, 그리고 1940년과 1944년에 무순 고이산성 등이 초창기의 기초조사 결과를 바탕으로 발굴되었다. 그런데 고이산성의 경우, 동문지와 서문지, 산성 중앙부와 서문 내측 주거지 등 주요 시설물을 중심으로 계획적인 발굴조사를 진행한 점이 주목된다.[4]

중국 학자들은 1949년 중화인민공화국 수립 이후인 1950년대 길림 용담산성龍潭山城, 유하 나통산성, 무순 고이산성, 1960년대 집안 패왕조산성霸王朝山城, 길림 용담산성, 1970년대 서풍 성자산산성城子山山城, 길림 용담산성, 1980년대 길림 용담산성과 동단산성, 삼도령자산성, 남성자고성, 통화 자안산성自安山城, 신빈 흑구산성과 태자성, 봉성 봉황산성鳳凰山城, 1990년대 요원 용수산성, 해성 영성자산성, 등탑 연주성燕州城, 철령 최진보산성, 심양 석대자산성石臺子山城, 단동 호산산성, 환인 오녀산성, 신빈 오룡산성, 2000년대 환인 오녀산성, 집안 환도산성, 심양 석대자산성, 서풍 성자산산성, 봉성 봉황산성 등을 발굴하였다.

앞서 보듯이 1950년대부터 1970년대까지는 이전 시기에 비해 상대적으로 적은 수의 유적만 집중 발굴하는 경향을 보이는데 이

---

4 일본 학자가 조사한 내용은 다음 문헌을 참고하였다. 朝鮮總督府, 1915,『朝鮮古蹟圖譜』; 池內宏, 1938,『通溝』上; 山上次男·田村晃一, 1990,『北關山城』, 中央公論美術出版社; 遼寧省文物考古硏究, 2004,『五女山城』, 文物出版社.

는 중국 내 대약진운동(1958~1962)과 문화대혁명(1966~1976)의 영향으로 여겨진다. 그리고 1980년대부터 서서히 조사가 증가하고 있으며 1990년대에는 길림성과 요령성의 광범위한 유적을 대상으로 발굴조사가 확산되고 있음을 보여 준다. 1983년에 '중국사회과학원변강사지연구중심中國社會科學院邊疆史地研究中心'이 설립되었으며 1997년에 중국 정부의 지원하에 동북사범대학과 공동으로 '중국변강지구역사여사회연구동북공작참中國邊疆地區歷史與社會研究東北工作站'을 조직하였다. 2000년 12월에 중국 정부의 승인 후 2002년 2월부터 시작된 '동북변강역사여현상계열연구공정東北邊疆歷史與現狀系列研究工程' 등 일련의 과정과 연동되는 것으로 파악된다. 즉 '동북공정'과 가장 밀접하게 추진된 유적이 '고구려 산성'인 것이다.

또 이 기간 중 도성유적인 환인 오녀산성, 집안 국내성과 환도산성 등이 왕릉급 고분들과 함께 대대적으로 발굴되었으며 2004년 7월 중국 소주에서 열린 세계유산위원회WHC 총회에서 '고대 고구려 왕국의 수도와 무덤군'이 중국의 세계유산, '고구려고분군'이 북한의 세계유산으로 동시 등재되었다. 이로써 고구려 유적은 중국과 북한, 남한으로 삼등분되는 비운을 맞이하게 되었다. 이러한 상황은 고구려 산성 역시 마찬가지다. 이들 조사 내용과 성과의 신속한 정보 공유는 삼등분된 고구려 역사를 올바로 복원하는 기초작업이 될 것으로 판단된다.[5]

---

5 이 절에서는 고구려 산성의 발굴조사 현황과 그 주요 유구 및 유물에 대한 최근 성과

아울러 중국의 세계유산 등재 이전에는 고구려 도성인 환인 오녀산성, 집안 국내성과 환도산성 등을 중심으로 발굴하였다. 하지만 등재 이후인 2005년부터 현재까지 지방 거점성을 중심으로 중국 동북지방에서 광범위하게 이루어지고 있다. 예컨대, 환인 고검지산성, 봉성 봉황산성, 통화 자안산성, 등탑 연주성, 집안 패왕조산성, 도문 성자산산성, 개주 고려성산성, 혼춘 살기성 등이 대표적이다.

조사기관은 중앙의 중국사회과학원 고고연구소, 지방의 요령성 문물고고연구소나 길림성문물고고연구소 그리고 해당 현·시급 박물관이나 문물국 등이 공동조사하는 형식을 띠고 있다. 고구려 산성의 발굴 초창기에는 중앙정부의 주도로 추진하였으나, 현재 지방정부 주도로 주체가 달라지는 경향이 농후하다. 이는 과거 추진된 동북공정이 어느 정도 안착되는 분위기이기에 가능하지 않을까 한다.

또한 최근 발굴조사는 성벽, 문지, 치성, 성내 주거지와 건물지, 집수지, 수구 등의 시설물에 집중되고 있다. 그리고 조사 후 보수 정비가 연이어 진행된다는 점이 우리와 사뭇 다르다고 하겠다. 따라서 이와 같은 경향성은 고구려 산성에 대한 각종 보호 방안이나 공정 등이 중앙이나 지방 정부 단위에서 결정되고 연차적인 계획하에 시

를 살펴보고자 한다. 그 시기는 2004년 세계유산 등재 이후인 2005년부터 최근까지 발굴된 20여 개소의 산성 중 그 결과가 보고문이나 인터넷상에 일부라도 공개된 유적을 대상으로 삼았다. 주지되듯이 중국 내 고구려유적의 조사 결과는 우리와 같이 신속하게 정보가 공개되는 것이 아니기 때문에 단편적인 인터넷 자료나 간략보고문에 의존할 수밖에 없다. 그러므로 이로 인한 유구와 유물의 세세한 검토는 현실적인 어려움이 따른다는 점을 먼저 밝히고자 한다. 백종오, 2017, 「中國內 高句麗 山城의 發掘 現況과 主要 遺構 遺物의 檢討-2005年~2016年 發掘調査를 중심으로-」, 『先史와 古代』 53.

굴조사와 발굴조사, 보수와 정비 등이 순차적으로 진행되기에 가능하다고 할 수 있다. 집안 국내성과 환도산성, 심양 석대자산성, 통화 자안산성 등이 그 예이다.

2. 고구려 산성의 발굴 현황

고구려 산성의 발굴조사 현황을 살펴볼 대상은 서풍 성자산산성, 심양 석대자산성, 등탑 연주성, 환인 고검지산성, 봉성 봉황산성, 통화 자안산성, 유하 나통산성, 개주 고려성산성, 길림 용담산성 등 대부분 요동지역을 중심으로 진행되었으며 이외 두만강 유역의 도문 성자산산성이 있다.

1) 서풍 성자산산성

성자산산성은 요령성遼寧省 서풍현西豊縣 양천진凉泉鎭의 성자산(해발 740m)을 둘러친 고로봉식 산성이다(그림 2). 산성의 평면은 동서가 길고 남북이 좁은 불규칙한 형태로 지세는 동쪽이 높고 서쪽은 낮은 형상이다. 성문은 동남, 동북, 서쪽 등 3개소인데 서문 외측으로 외위성外圍城이 돌아간다. 둘레는 4,400m이다. 성내에는 저수지와 건물지, 요망대點將臺 등이 남아 있다. 성내에서 고구려의 8엽 연화문 와당과 승문·격자문 계통의 평기와 등이 출토되었다(그림 3).[6]

요령성문물고고연구소는 2007~2008년에 서문과 수문, 요망대,

---

6   周向永, 2011, 「西蓴城子山, 鐵嶺催陣堡兩山城中戍卒營地的相關問題」, 『東北史地』 2011-1.

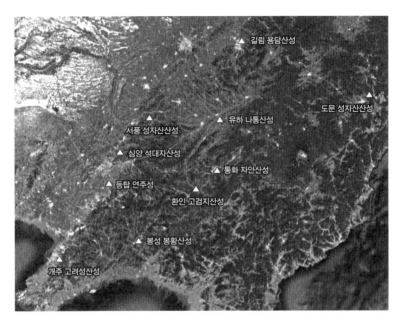

그림 1 중국 내 고구려 산성 현황도
구글 지도(google.com/maps) 활용

주거지 등을 발굴하였다.[7]

서문의 남측벽은 서벽 북쪽 구간의 시작점이고 그 안쪽 체성과 접해서 남측벽과 평행한 방형석대를 축조하였다. 서문 너비는 5.1m 이고 외형은 옹성 구조이다. 양측벽으로 인해 상대적으로 좁은 문도 門道가 형성되었는데, 외측 성벽은 약간 안으로 둥근 형태이며 내측 성벽은 곧고 경사도는 비교적 완만한 편이다. 상부 벽체에는 계단

7 　周向永은 성내 망대와 서문지 출토 연화문와당을 근거로 고구려 말기에 축조한 것으로 파악하고 있다(周向永, 2009,「西豐城子山城始建年代再考」,『東北史地』2009-2).

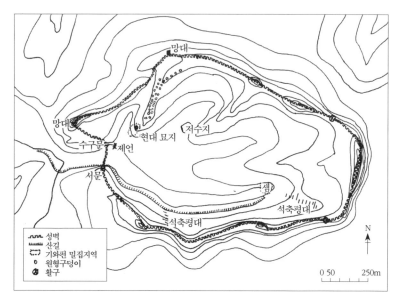

그림 2 서풍 성자산산성 평면도

周向永, 2011, 「西豐城子山, 鐵嶺催陣堡兩山城中戍卒營地的相關問題」

그림 3 서풍 성자산산성 출토 연화문와당

周向永, 2011, 「西豐城子山, 鐵嶺催陣堡兩山城中戍卒營地的相關問題」

형태의 대臺 흔적이 남아 있다.[8]

수문水門은 길이 9m, 너비 9.9m, 높이 5m이다. 북측벽의 경우, 기단은 길이 약 1m, 너비 0.3~0.5m, 두께 약 0.3m의 장방형의 대형 석재를 사용하였고 성벽 내외 양측의 벽면은 비교적 잘 다듬은 방형혹은 장방형의 석재로 축조하였다. 벽체 속채움은 거칠게 다듬은 할석을 채우며 층단 엇물림식干挿法으로 체성 내외면이 일체가 되도록 정교하게 조성하였다. 요망대는 북벽과 서북벽 모서리에서 각각 1기씩 확인되었는데 조사 당시에는 이를 치성으로 파악하였다.[9]

한편 북벽부의 정상에서 남쪽으로 향한 완경사 지점에 18기의 큰 구덩이大坑가 밀집하여 분포하고 있다. 이곳은 병영지로 추정되며 남쪽편의 수혈주거지戌卒營址(F1) 1기가 발굴조사되었다. 주거지 내부의 북쪽과 서쪽에서는 'ㄱ'자 형태의 2줄 고래 온돌이 노출되었다.

2) 심양 석대자산성

석대자산성은 심양시瀋陽市 동릉구東陵區 만당향滿堂鄉 휘산輝山 풍치지구風致地區의 기반산棋盤山 댐 상류 우안右岸에 자리한 고로봉식의 산성이다. 댐 건설 시 수몰된 석대자촌石臺子村의 마을 이름에서 명칭이 유래되었다고 한다. 지세는 서고동저의 형상을 띠고 있다. 평면

---

8 2008년 성문 원형을 찾기 위해 해체하던 중 서벽부에 덧대어진 서문지의 북측벽 일부에서 원 성벽이 확인되었다. 이 부분은 기본의 고구려 성석과는 다른 장대석으로 축조하였으며 이들 서문 북측벽 아래에서 요대(遼代)의 회색 포문 기와편이 다량으로 수습된 바 있다.

9 周向永·許超, 2010, 『鐵嶺的考古與歷史』, 遼海出版社.

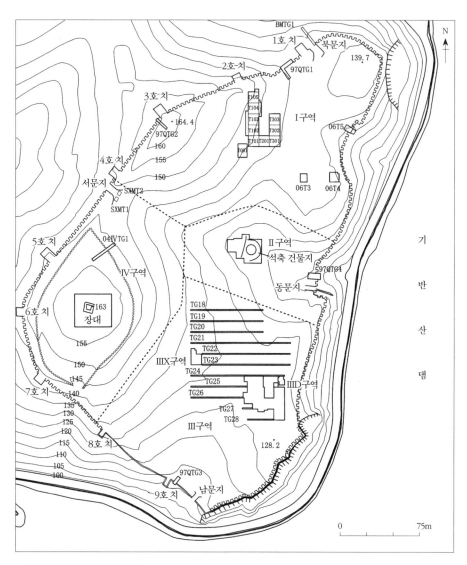

그림 4 심양 석대자산성 평면도

遼寧省文物考古硏究所・瀋陽市文物考古硏究所, 2012, 『石臺子山城』

은 불규칙한 다변형으로 둘레는 1,384m 정도이다(그림 4).

이 산성의 조사는 심양시문물고고공작대에서 1987~1989년의 지표조사 이후 요령성문물고고연구소에서 1990~1991년의 시굴조사, 그리고 1997~2006년의 3차에 걸친 발굴조사를 지속적으로 추진하였다.[10] 그간 발굴된 유구는 성내의 주거지 45기, 수혈유구窖穴, 灰坑 190기, 성벽 절개조사 5지점, 문지 4개소, 치성 9개소, 암거涵洞 4개소, 문지 내외 배수시설 3개소, 대형 석축 건물지(1·2호), 요망대瞭望臺, 點將臺 등을 발굴하였다. 이외 청동기시대 주거지 1기와 명대明代의 토성과 주거지 4기도 조사하였다.

특히 심양시문물고고연구소는 2000~2005년에 대형 석축 건물지의 발굴조사를 통해 집수시설(보고서상에는 대형 석축 건물지로 명명)의 구조와 특징을 규명하였으며, 이는 최근의 보고문을 통해 보다 상세히 알려지게 되었다.[11]

---

10 李曉鍾·劉長江·伨俊岩, 1993, 「瀋陽石臺子高句麗山城試掘報告」, 『遼海文物學刊』 1993-1; 遼寧省文物考古研究所·瀋陽市文物考古工作隊, 1998, 「遼寧瀋陽市石臺子高句麗山城第一次發掘間報」, 『考古』 1998-10; 遼寧省文物考古研究所·瀋陽市文物考古工作隊, 2001, 「遼寧瀋陽市石臺子高句麗山城第二次發掘簡報」, 『考古』 2001-3; 瀋陽市文物考古研究所, 2007a, 「瀋陽市石臺子高句麗山城2002年Ⅲ區發掘簡報」, 『北方文物』 2007-3; 瀋陽市文物考古研究所, 2007b, 「瀋陽石臺子山城2004年Ⅲ區發掘簡報」, 『瀋陽考古文集』 1, 科學出版社; 瀋陽市文物考古研究所, 2007c, 「瀋陽石臺子山城西門址的補充發掘」, 『瀋陽考古文集』 1, 科學出版社; 瀋陽市文物考古研究所, 2007d, 「瀋陽石臺子山城2006年Ⅲ區發掘簡報」, 『瀋陽考古文集』 1, 科學出版社; 遼寧省文物考古研究所·瀋陽市文物考古研究所, 2010, 「瀋陽市石臺子高句麗山城蓄水設施遺址」, 『考古』 2010-12; 遼寧省文物考古研究所·瀋陽市文物考古研究所, 2012, 『石臺子山城』, 文物出版社.

11 遼寧省文物考古研究所·瀋陽市文物考古研究所, 2010, 앞의 글; 李曉鍾, 2006, 「석대자 고구려 산성의 복원 연구」, 『高句麗研究』 22; 정원철, 2016, 「석대자산성의 구조와 축조방식」, 『古朝鮮學報』 4.

주목할 점은 그간의 발굴조사 시 미진한 부분에 대한 보완조사를 2006년에 대대적으로 진행하였다는 사실이다. 학문에 대한 진지함이 돋보인다. 대상은 북문지, 서문지, 10호 치성, 91SIT6, 91SITG2, SIF1 아궁이, SⅢD 구역의 일부 유적 등이 해당되었다. 그 결과, 북문지는 문도의 불탄 퇴적층의 층위관계를 면밀히 검토하여 북문이 2차에 걸쳐 조영된 사실을 파악하게 되었다. 서문지는 문도와 그 외측을 전면 조사하였고, SⅢD 구역에서는 주거지 6기를 새로 발굴한 후 다른 주거지와 층위 간 비교를 통해 그 선후관계를 보다 명확히 설정하는 계기가 되었다. 또 91SIT6 트렌치를 확장하여 주거지 1기, 회갱 3기를 추가 조사하였으며, 97SITG2와 SⅢ06DT404에서도 각각 1기의 주거지를 새롭게 확인하였다. 특히 10호 치성에 대한 추가 발굴을 통해 치성이 아니라 배수구의 낙수 방지 석축시설散水臺이었다는 사실을 추가로 밝힐 수 있었다. SIF1 아궁이의 보완조사에서는 탄화 곡물을 추출하는 성과를 거두어 당시의 식생을 복원하는 기초 자료를 확보하게 되었다.

3) 등탑 연주성

연주성은 등탑시燈塔市 서대요향西大窯鄕 관둔촌官屯村 관할 성문구 촌城門口村의 동쪽 산 정상부(해발 197m)에 위치하는 사모봉식 산성이다(그림 5). 성내 최고지점은 동남 모서리로 이곳에서는 동·남·서 세 방향을 선명하게 감제할 수 있다. 한국에서는 백암성, 중국에서는 연주성으로 부르며 당이 점령한 후에는 암주성巖州城이라 하였

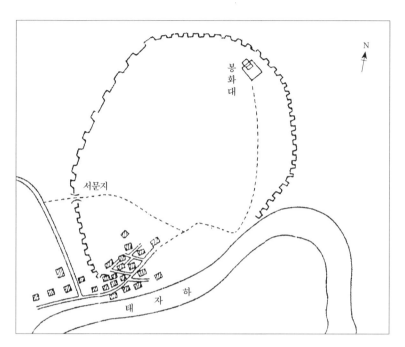

그림5 등탑 연주성 평면도
三上次男, 1997, 『高句麗と渤海』

다. 둘레는 약 2.2km이다. 시설물은 성벽, 성문, 치성, 석대石臺, 요망
대, 여장, 배수시설, 토척土脊, 건물지, 봉화대, 수원시설 등이 있다.
요령성문물고고연구소는 2009~2010년, 2015년에 걸쳐 이 성의 발
굴조사를 실시하였다. 2009년에 서쪽과 남쪽 절벽의 개구부開口部와
성내 진입로 주변을 중심으로 발굴한 결과, 고구려 시기의 성벽과
치성, 요·금 시기의 옹성 문지가 확인되었으며 동 시기의 토기류,
철기류, 동기류 등도 출토되었다. 2010년 조사에서는 1호 문지, 치
성 5개소, 회곽도 1개소, 배수시설 등을 노출하였으며, 특히 동벽 북

**그림6 등탑 연주성
1호 문지 및 5호 치성**

요령성문물고고연구소 홈페이지
(www.inwwkg.com)

1·2. 연주성 발굴 전경
3. 연주성 1호 문지
4. 연주성 5호 치성

단의 1호 치성 근처에서 문지 1개소와 서북벽에서 치성 4개소를 새롭게 밝히는 성과를 거두었다(그림 6 참조). 유물은 고구려부터 요·금 시기까지의 토기류와 철기류, 청동기류, 골기류 등 300여 점이 수습되었으나[12] 지표에서 채집되던 고구려 기와류에 대해서는 두 차례 조사에서 모두 별 언급이 없다. 2015년에는 서남문 내부도 조사하였으나 보고문 부재로 그 내용은 알 수 없다.[13]

4) 환인 고검지산성

고검지산성은 요령성 본계시本溪市 환인현桓仁縣 화래진華來鎭 고검지촌高儉地村 요단조腰段組 동북쪽에서 약 1.5km 되는 산정(해발 831m)에 있는 고로봉식 산성이다. 평면은 타원형으로 동서가 넓고 남북이 좁으며 성내 지세는 북쪽이 높고 남쪽이 낮은 형상이다(그림 7). 성벽 길이는 동벽 333m, 서벽 254m, 남벽 510m, 북벽 369m 등 총 1,466m(『東北史地』, 1,373m)이다. 외벽 높이는 3.2m, 내벽은 1m이고 하단부 너비 약 5m, 상단부 너비 2.5m가량이다. 사각추형의 치석된 면석을 바른층쌓기로 축조하였는데 하부는 큰 면석을, 상부는 비교적 작은 면석을 사용한 점이 특징적이다. 동벽과 남벽, 북벽에는 여장과 주동柱洞이 잔존하며 이 중 여장 크기는 너비 0.6~1m, 높이 0.4m 정도이다. 성문은 남쪽과 북동쪽에 1개소씩, 북서쪽에 2개소

---

12 蘇鵬力, 2011, 「燈塔市燕州城城址」, 『中國考古學年鑑』, 文物出版社.
13 요령성문물고고연구소 홈페이지(www.lnwwkg.com/index.asp).

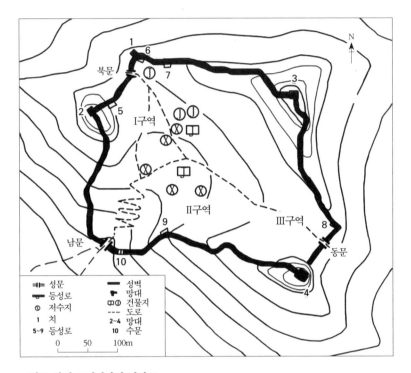

그림 7 환인 고검지산성 평면도

遼寧省文物考古硏究所, 2012, 「2008~2009年遼寧桓仁縣高儉地高句麗山城發掘簡報」

등 모두 4개소이다.

　이 성에 대해 요령성문물고고연구소에서는 2008~2009년까지 각종 시설물이 집중한 북벽 서쪽 구간의 북문지와 치성, 등성시설墱墻坡道 1·2호 등을 발굴조사하였다.[14] 북문지는 북벽 서편에 위치하

14　遼寧省文物考古硏究所, 2012, 「2008~2009年遼寧桓仁縣高儉地高句麗山城發掘簡報」, 『東北史地』 2012-3(정원철, 2012, 「2008-2009年 遼寧 桓仁縣 高儉地高句麗山城 發掘簡報」 (번역문), 『白山學報』 93).

는데, 동쪽의 약 16m 거리에 치성과 2호 등성시설이, 서쪽 약 50m
지점에 1호 등성시설이 자리한다. 문도는 사다리꼴梯形의 평면으로
문구부 선단부 너비는 1.6m, 내측 선단부 너비는 3m이다. 1호 등성
시설은 북벽 서단 안쪽에 위치하며 그 서쪽으로 35m 거리에 서북각
요망대가, 동쪽으로 49m 거리에 북문이 있다. 2호 등성시설도 북벽
서쪽 구간 내측에 자리하며 서쪽으로 북문에서 16m 정도 떨어져 있
다. 치성과는 성벽을 사이에 두고 서로 마주하는데 이 구간 성벽은
직각으로 꺾이는 전각부에 해당한다. 각종 시설물이 집중한 북벽의
서쪽 구간이다. 앞서 언급했듯이 치성은 2호 등성시설과 성벽을 사
이에 두고 서로 마주하는데 평면은 사다리꼴이며 서측 하부 너비는
약 5.8m, 동측 하부 너비는 약 7.4m, 동서 너비 약 6.8m 정도이다.
이들 시설물은 성 내외를 한눈에 조망하는 북벽 서단 구간을 중심으
로 조성되었으며 이는 북문의 방어능력을 강화시키는 역할을 했던
것으로 판단된다.

　집수지水池, 池A·池B는 성내 가운데에서 북편의 완만한 비탈면에
자리하며 타원형池A(길이 8m×너비 7.4m×깊이 3m)과 장방형池B(길
이 10m×너비 5.4m×깊이 1.4m)의 집수지가 도수로溝로 연결된 형
태이다. 이외 수혈유구土坑, 大坑 3기, 小坑 4기, 석축 수혈石砌地穴, 주거지
房址, 원구형圓丘形의 돌더미石堆 등이 있다.[15]

　유물은 토기류와 철기류가 주종을 이룬다. 토기류는 호, 옹, 완 등

15　梁志龍·王俊輝, 2011, 「遼寧省桓仁縣高儉地高句麗山城調査」, 『東北史地』 2011-1.

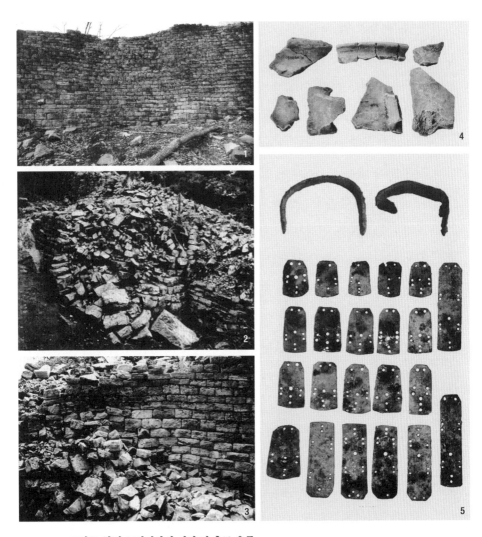

그림 8 환인 고검지산성 성벽 및 출토 유물

遼寧省文物考古研究所, 2012, 「2008~2009年遼寧桓仁縣高儉地高句麗山城發掘簡報」

1. 고검지산성 북벽 모습 2. 고검지산성 1호 등성시설 3. 고검지산성 2호 등성시설
4. 고검지산성 출토 토기류 5. 고검지산성 출토 철제류

의 구연부편, 저부편, 대상파수 등으로 모래가 혼입된 니질태토에 회갈색과 황갈색이 많다. 철기류는 찰갑편과 철정, 철촉, 철도, 철착, 차관車輨 등이다(그림8).

5) 봉성 봉황산성

봉황산성은 요령성 봉성진鳳城鎮 고성리古城里 봉황산鳳凰山의 주봉인 찬운봉攢雲峰(해발 836.4m)과 맞은편의 동대정자봉東大頂子峰(해발 800m)을 둘러친 고로봉식 산성이다(그림9). 이 두 봉우리가 동·서 최고점을 이루며 천연적인 험산준령險山峻嶺으로 이어진 환형環形 대분지大盆地에 해당한다. 둘레는 15,955m로 약 16km인데 자연 절벽을 제외한 석축성벽은 7,525m로 계측된다. 요령성에서 가장 큰 규모이다. 성문은 남벽과 북벽, 동벽 등 3개소이고 점장대, 초소哨臺, 기간좌旗杆座, 우물枯井, 채석장 등과 이외 적석묘, 와요지瓦窯址 등의 관련 유구가 있다.[16] 유물은 고구려 토기류, 연화문와당과 평기와류 등의 기와류가 기보고된 바 있다. 이 성은 요령성문물고고연구소에서 2006~2007년, 2010년에 발굴조사를 실시하였다. 2006년은 '요령성고구려유적보호공정항목'의 일환으로 발굴을 진행하였으며 주로 북벽부의 망대, 1호 문지와 2호 문지, 치성, 초소, 석동石洞 등을 조사

---

16 와요지는 남문에서 서남쪽 1km 거리에 면적이 넓은 평지와 황토 고대지(高臺地)가 있는데 이곳 언덕 아래에서 고구려 시기의 기와편과 소토(燒土), 가마벽체 등이 다량으로 발견되었다(崔玉寬, 1994, 「鳳凰山山城調査簡報」, 『遼海文物學刊』 1994-2).

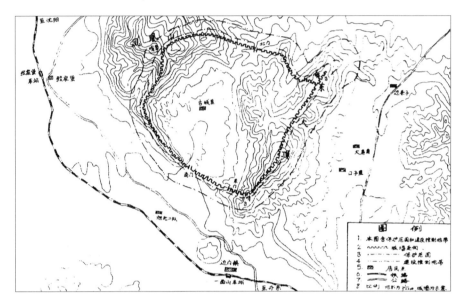

그림 9 봉성 봉황산성 평면도
崔玉寬, 1994, 「鳳凰山山城調査簡報」

하였다.[17] 요망대는 산성의 서북쪽에 자리하는데 쐐기형 돌楔形石을
사용하여 축조한 고대식高臺式 건물과 그 부속 계단으로 구성되어 있
다. 규모는 동서 9.9m, 남북 8.6m, 잔고는 2.8m이다.

그리고 북벽부에는 여장과 내측 석동石洞이 30개가량 연속적으
로 전개되고 있다. 석동의 평면은 방형 또는 장방형이며 한 변은 약
25m, 깊이는 0.5~1.2m이다. 이들 간격은 1.5~1.7m가량이고 내부
퇴적토에는 목탄 흔적이 남아 있었다. 치성은 1호 문지에서 동쪽

---

17 李龍彬, 2007, 「遼寧丹東鳳凰山山城首次發掘取得重大收穫」, 『中國文物報』 2007-3.

50여 m 지점에 자리한다. 평면은 장방형이고 남북 너비 5.7m, 동서 길이 7.5m, 잔고는 3.7m이다. 측벽과 내벽은 체성과 연결되어 있으며 치성과 마주하는 성벽 내측에 장방형 건물지(초소)가 배치되어 있다.

2007년 요령성문물고고연구소와 봉성시문물관리소가 산성 주변의 고구려 고분 183기 및 성내의 2호 요망대 및 대형 건물지 등에 대한 조사를 실시하였다.[18] 그리고 2010년 3호 문지와 4호 문지를 조사한 바 있다.[19]

6) 통화 자안산성

자안산성은 길림성吉林省 통화시通化市 강동향江東鄉 자안촌自安村 5조組의 북쪽 산(해발 534.4m)에 자리하는 고로봉식 산성이다. 평면은 남북으로 길고 동서가 좁은 역삼각형이다. 내부는 평탄하며 전체적으로 동쪽이 높고 서쪽이 낮다. 둘레는 2753.5m이다(그림10). 길림성문물고고연구소와 통화시문물관리판공실은 이 성을 2004년에 '전국중점문물보호단위全國重點文物保護單位'로 신청하면서 실측조사와 함께 배수시설(1·2호), 주거지(F1, 房址) 등의 시굴조사를 실시하였으며[20] 2007~2009년에는 성벽, 문지, 배수시설, 주거지 등 대규모

---

18 李龍彬·司偉偉, 2008,「鳳城市高句麗鳳凰山山城」,『中國考古學年鑑』, 文物出版社.

19 요령성문물고고연구소 홈페이지(www.lnwwkg.com/index.asp).

20 通化市文物保護研究所, 2010,「吉林省通化市自安山城調査報告」,『北方文物』2010-3; 徐坤, 2011,「自安山城的考古收穫與初步認識」, 吉林大學 碩士學位論文.

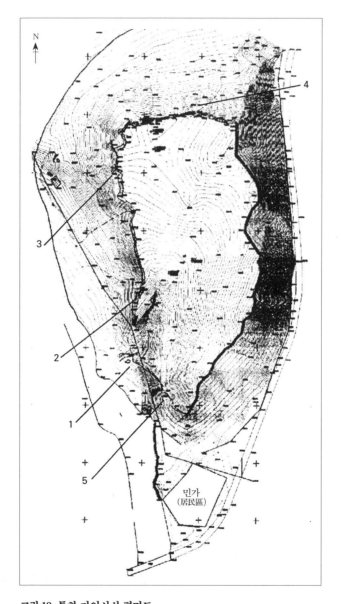

그림 10 통화 자안산성 평면도

通化市文物保護研究所, 2010,「吉林省通化市自安山城調査報告」

발굴조사를 진행하였으나[21] 아직까지 보고서는 발간되지 않았다.

먼저 성문은 서벽(2·3호), 북벽(4호), 남벽(1·5호) 등에 5개소가 있다. 이 중 1호 문지는 남벽의 서북단에 위치하며 너비는 5.78m, 북측벽의 잔존 높이는 3.68m, 남측벽의 잔존 높이는 4.34m 정도이다. 문지 외측에 직경 22m, 높이 7m의 문궐門闕이 2개소 확인되었다. 문궐은 문지 외측에 서로 마주보는 원형의 인공 언덕土丘의 형태로 남아 있다. 잔존 상태가 가장 양호한 2호 문지는 양측벽의 선단부가 직각으로 꺾이며 문도의 내측 너비는 1.6m, 외측 너비는 1.82m로 넓어지는 나팔상을 띠고 있다. 3호 문지는 현문식으로 서벽 중부의 북쪽 구간에 자리하고 문도 너비는 1.7m이다. 북측벽은 보존 상태가 좋으며 잔존 너비는 5m 정도이다. 그러나 남측벽은 군시설 조성으로 파괴된 상태이다. 그리고 북벽 동쪽 구간의 4호 문지는 어긋문식錯門式 옹성 구조이다. 문의 동벽은 안쪽을 향해 어긋나 있고 벽체 높이는 안쪽 0.26m, 바깥쪽 3.22m이다. 서벽은 바깥쪽을 향해 어긋나 있고 벽체의 안쪽 높이 0.17m, 바깥쪽 높이 3.02m가량이다. 문도甬道 너비는 3.88m로 계측된다.

그리고 배수시설涵洞은 북벽 중부의 서쪽 구간에 1호 배수시설, 1호 문지 문도의 아래에 2호 배수시설이 있다(그림 11). 각루는 북벽 4호 문지의 동북 모서리에 있으며 서벽 B구간의 2호 돌출부, 서벽 C구간의 3호 돌출부 등은 성벽 바깥으로 돌출하여 주변 지역을 잘 조

---

21 徐坤·聶勇·張迪, 2012,「再論吉林省通化自安山城的年代」,『博物館研究』2012-2.

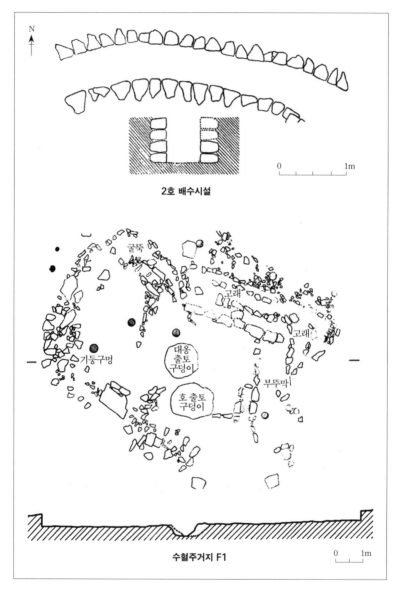

그림 11 통화 자안산성 2호 배수시설 및 수혈주거지 F1 평·입·단면도

通化市文物保護研究所, 2010, 「吉林省通化市自安山城調査報告」

망할 수 있는 지점으로 치성雉城의 입지와 유사한 지형을 갖추고 있다. 평대는 북벽 4호 문지와 동북 모서리 사이에 위치하며 너비는 약 5.02m이다. 이외 성내 동부와 중부에 우물水井 2개소, 북벽부에 집수지蓄水池 등이 있다.

7) 유하 나통산성

나통산성은 길림성 유하현柳河縣 대통구향大通溝鄕과 성수하자향聖水河子鄕이 접하는 지역의 해발 960m 봉우리에 자리하는 고로봉식 산성이다. 산성은 동성과 서성의 복곽식으로 평면은 마치 인체의 두허파 모양을 하고 있다. 둘레는 동성 3,479m, 서성 3,737m로 전체 둘레는 7.216m 정도이고 공유벽의 길이는 352m이다. 동성은 비교적 커다란 분지를 에워싼 산등성이를 의지하였으며 서성은 작은 산과 등성이로 나누어진 6개의 작은 분지를 감싸고 있다. 성문은 모두 5개소로, 동성에 3개소, 서성에 2개소가 남아 있으며 이 중 3개소의 성문은 반원형 옹성문 형식이다. 이외 여장과 각루가 있다. 서성에는 건물지臺地, 요망대點將臺, 저수지, 샘 등이 있다.

이 성은 길림성문물고고연구소에서 2006년 시굴조사, 2007~2009년 발굴조사를 진행하였다.[22] 먼저 2006년 조사는 서성 내 저수지와 성벽에 대한 소규모 절개조사를 실시하였다. 다음 조사를 위한 사전 시굴조사의 성격이었다. 2007년 조사는 서성 내부의 전면적인

---

22 李東, 2010, 「羅通山城考古調査與試掘」, 『中國考古學年鑑-2009』, 文物出版社; 李東, 2011, 「柳河縣羅通宋金時期山城」, 『中國考古學年鑑-2010』, 文物出版社.

그림12 유하 나통산성 북문지 및 서측 배수시설

중국사회과학원 고고연구소 홈페이지(www.kaogu.cn/cn/kaoguyuandi/
kaogubaike/2013/1025/34510.html)

1. 나통산성 북문지 2. 나통산성 북문 서측 배수시설

탐사를 통해 지하 매장 유구를 확인하였으며 이와 함께 성내 용담 북부 대지와 남문지, 서북 각루를 발굴조사하였다. 그 결과 보존상 태가 양호한 수혈주거지를 조사하였으나 남문지는 성벽이 붕괴되 면서 형성된 입구로 문지와는 무관하다는 사실을 확인하게 되었다. 서북 각루 역시 각루와 관련된 유구는 없고 다만 소성 흔적 일부만 발견되었다. 2008년 북문 서쪽 대지에서는 주거지 12기가 발굴되었 는데 남쪽에서 북쪽으로 3열로 분포된 상태이다. 온돌 평면은 'ㄱ'자 형태가 대부분이다. 이외 용담 북쪽 대지에서도 주거지 1기를 추가 조사하였다.

그리고 2009년 조사는 2008년 조사의 연장선상에서 진행하였는 데 북문 서쪽 주거지 12기의 중복 양상 및 선후관계를 중점적으로 확인하였다. 또 북문에 대한 발굴 결과 문구부 너비는 3.5m이고 문 도 양측벽의 기단석을 조사하였으며 장대는 평면 방형이고 한 변이 약 5m 길이이다. 외측은 치석된 대형 석재를 한 줄로 두르고 중간에 는 일정치 않은 크기의 할석재로 충진하였다.

8) 개주 고려성산성

고려성산성은 개주시蓋州市 청석령진靑石嶺鎭 고려성자촌高麗城子村 의 동쪽 석성산石城山(고려성산)에 축조한 고로봉식 산성이다(그림 13).[23] 전국중점문물보호단위로 승격되면서 명칭을 '청석령산성靑石

---

[23] 王禹浪·王海波, 2009, 「營口市靑石嶺鎭高句麗山城考察報告」, 『民族歷史』2009-5.

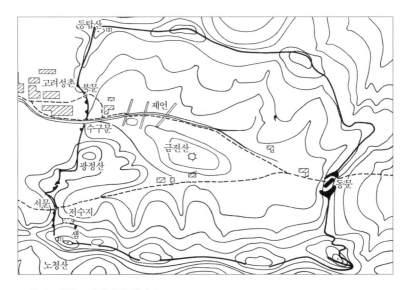

그림 13 개주 고려성산성 평면도
王飛峰, 2015, 「2015年度遼寧省盖州市高麗城山城調査和考古發掘收獲」

嶺山城'으로 변경하였다. 산성을 포함하는 산들은 천산산맥千山山脈 서부 지맥에 속하며 험준한 산세를 형성하고 있다. 성내는 동·남쪽이 높고 서·북쪽이 낮은 지세이다. 평면은 불규칙한 장방형이고 남북 길이 1,300m, 동서 길이 1,500m로 총 둘레는 약 5km 정도이다. 시설물은 성벽, 성문, 요망대, 치성, 수문, 토패土壩, 저수지, 우물 등이 남아 있다. 이 성은 2015년 4월부터 중국사회과학원 고고연구소와 요령성문물고고연구소, 개주시문물국이 합동으로 '고구려산성고고대高句麗山城考古隊'를 조직하여 제1단계 5개년 발굴조사를 시작하였다. 특히 4호 문지, 요망대(금전산 유적), 금전산金展山 동남편 대형 건물지 등 3개소에 대해 부분적인 조사를 진행하여 고구려 유물(기와

그림 14 개주 고려성산성 4호 문지 및 금전산 유적 항공사진
중국사회과학원 고고연구소 홈페이지(www.kaogu.cn)
1. 개주 고려성산성 4호 문지 2. 개주 고려성산성 궁전지

류, 토기류, 철기류, 석기류 등)과 건물지, 집수지, 성문지 등의 구체적
인 양상을 파악하였다(그림 14).[24]

9) 길림 용담산성

용담산성은 길림성 길림시 용담구龍潭區 북부 용담산공원 내에 위
치하는 고로봉식 산성이다(그림 15).[25] 용담산의 지형는 화분 모양의
분지이며 주위로 산등성이가 돌아가고 중간은 깊은 골짜기가 형성
되어 있다. 평면은 동서가 넓고 남북이 비교적 좁은 편이다. 축성법
은 토축과 토석혼축, 일부 석축구간이 있다. 길이는 동벽 1,082m, 남
벽 405m, 서벽 528m, 북벽 381m로 전체 둘레 2,396m이다. 성문은
서문, 북문, 남문 등 3개소이고 각루와 평대平臺는 4개소씩 있다. 이
중 평대는 동·서·남·북벽의 가장 높은 지점에 길이 20~25m, 너비
6~9m 크기로 하나씩 배치되어 있다. 평대는 요망대로 추정된다. 이
외 저수지인 '수뢰水牢'와 원형수혈유구인 '한뢰旱牢'가 있는데 '수뢰'
는 일명 '용담龍潭'이라 하며 용담산의 명칭은 여기서 유래되었다고
한다. 2013년 길림성문물고고연구소와 길림시박물관에서 성벽, 성
문, 집수지 등을 발굴하였다(그림 16).[26]

24 王飛峰, 2015, 「2015年度遼寧省盖州市高麗城山城調査和考古發掘收獲」, 중국사회과학원
고고연구소 홈페이지(www.kaogu.cn/zixun/2015nianzhongguoshehuikexueyuankao
guyanjiusuotianyekaogucchengguoxiliebaodao/2016/0203/53000.html).
25 李建才, 1995, 「吉林市龍潭山山城考」, 『博物館研究』 1995-2.
26 吉林省文物考古研究所·吉林市文物處·吉林市博物館, 2014, 「吉林市龍潭山鹿場遺址發掘
簡報」, 『北方文物』 2014-1.

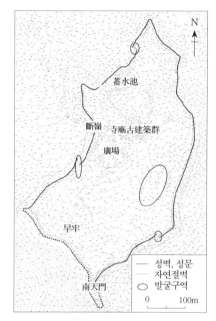

그림 15 길림 용담산성 현황도

길림성문물국 홈페이지(www.jiww.org)

그림 16 길림 용담산성 서문지 전경

길림성문물국 홈페이지(www.jiww.org)

10) 도문 성자산산성

성자산산성은 길림성 연변조선족자치주 도문시圖們市 장안진長安鎮 마반촌磨盤村 산성리둔山城里屯의 서쪽 해란강海蘭江과 포이합통하布爾哈通河가 합류하는 지점의 성자산(해발 390m)에 자리한 고로봉식 산성이다.[27] 산 위에 고성이 있어 성자산으로 불렸다. 전국중점문물보호단위로 승격되면서 '마반촌산성磨盤村山城'으로 개칭하였다. 성자산의 동·남쪽의 산세는 험준하고 서·북 양쪽은 약간 완만한 지형이고 평면은 불규칙한 타원형이다. 둘레는 4,454m이다. 성문은 서문, 동문, 북문의 3개소이고 북벽의 서단과 서벽의 북단의 암문 2개소가 있다. 점장대는 북문 골짜기 동측 경사면에 있다. 궁전지는 장방형의 평면으로 남북 길이 120m, 동서 길이 45m이다. 궁전지의 계단식 대지는 모두 9단으로 형성되었는데 이 중 6~7계단이 비교적 명확하게 남아 있다. 각 계단 너비는 약 10m, 길이는 약 17m 정도이다. 2014~2015년 길림성문물고고연구소에서 서문지와 동문지, 궁전지, 치성, 성벽 등에 대한 대규모 발굴조사를 진행하였다.

이외 고구려 산성은 집안 국내성[28]과 패왕조산성,[29] 휘남輝南 휘발

---

27 王禹浪·王宏北, 2007, 『高句麗·渤海古城址硏究匯編』上·下, 哈爾濱出版社; 魏存成, 2011, 「中國境內發現的高句麗山城」, 『社會科學戰線』 2011-1; 정영진, 1999, 「延邊地域의 城郭에 대한 연구」, 『고구려연구』 8.

28 吉林省文物考古硏究所·集安市博物館, 2012, 「集安國內城東·南城垣考古淸理收穫」, 『邊疆考古硏究』 11.

29 王春燕·鄭霞, 2008, 「覇王朝山城的調査與硏究」, 『東北史地』 2008-3.

그림 17 도문 성자산산성
전경 및 표지석, 북·동문지
바이두 홈페이지(baike.baidu.com)
1. 성자산산성 전경
2. 성자산산성 표지석
3. 성자산산성 북문지
4. 성자산산성 동문지

성휘발성輝發城,[30] 대련大連 성산산성城山山城,[31] 혼춘琿春 살기성薩其城 등과 북한의 평양성平壤城 외성外城, 평양 서산성西山城(적두산성)[32] 등이 발굴조사되었다.

안시성 연구 현황

1. 안시성 추적을 위한 전제 조건

한국은 고대부터 산의 지세를 활용한 방어시설을 잘 갖추어 왔으며 이는 우리 역사를 지탱해 온 대표적인 국방유적으로 자리 잡아 왔다. 위만조선의 왕검성王儉城, 王險城, 부여의 예성濊城, 고구려의 졸본성卒本城, 忽本城(紇升骨城), 국내성國內城과 환도산성丸都山城, 평양성平壤城(장안성長安城), 백제의 위례성慰禮城과 웅진성熊津城, 신라의 금성金城(월성月城) 등 도성이 있다. 또 같은 시기 지방에는 수곡성, 목저성, 관미성, 고모루성, 금현성, 삼년성, 굴산성 등이 축성되어 있었다. 이후 나당전쟁기에는 칠중성, 매소성, 천성 등과 고려시대에는 처인성, 충주성, 죽주성 등 많은 성곽들이 역사의 중심에 서 있었다.

하지만 이 산성들의 위치를 비정하거나 당지當地 축성술을 이해하는 데는 고고 자료가 뒷받침되지 않으면 그 위치나 구조 등을 파

---

30 吉林省文物考古研究所, 2014, 「2013年吉林省文物考古研究所考古發掘收獲」, 『考古與文物』 2014-3.

31 大連市文物考古研究所, 2006, 「大連城山山城2005年調査報告」, 『東北史地』 2006-4.

32 정경일, 2016, 「최근 북한학계에서 이룩한 고구려 고고학 성과」, 『先史와 古代』 47.

악하기에 많은 어려움이 뒤따를 수밖에 없다. 앞에서 언급한 고대의 성곽들만이 아니라, 나당전쟁기나 대몽항쟁기의 산성들도 그 위치 비정이나 구조, 축성술을 파악하는 데 많은 한계가 노정되어 있는 것도 사실이다.

비근한 예로 675년의 이근행 등 당군을 물리친 매초성, 대몽항쟁 기의 처인성이나 충주성 등의 위치 비정도 아직까지 많은 어려움이 있다. 매초성 전투는 양주 대모산성, 연천 대전리산성 등 양주 분지 와 연천 일대를 아우르는 한탄강과 신천의 합류지점 정도로 추정하 고 있을 뿐이다. 대몽항쟁기인 1232년(고종 19)에 백현원 승려였던 김윤후가 적장 살리타를 사살한 처인성 전투도 그렇다. 현재 경기도 용인시 처인구 아곡리의 둘레 350m의 방형 구릉성으로 비정하고 있지만 성벽과 성 내부에 대한 수차례 발굴하였는데도 그에 걸맞은 시기의 유구와 유물이 확인되고 있지 않다. 오히려 나말여초기의 유 구와 유물들이 대부분이다.

이후 충주산성 방호별감으로 파견된 김윤후가 활약한 1253년 승 첩지도 그 위치는 미지수이다. 처음에는 충주 남산성을 발굴하였는 데 모두 신라와 통일신라시대의 유구와 유물이 검출되었다. 남산과 계명산 사이의 마즈막재에 충주성 승첩비까지 새로 건립하였는데 도 말이다. 지금은 남산성 옆의 살미면 대림산성을 김윤후의 충주성 승첩지로 추정하고 있다. 고려시대의 축조 방법과 출토 유물이 지표 상에서 관찰되기 때문인데 역시 성벽과 성 내부에 대한 발굴은 이루 어지지 않았다. 대림산 정상부에는 조선시대 운영된 대림산봉수가 자리한다. 이 산성의 주차장 벽면에서는 최근에 그린 김윤후의 충주성 전투 기록화를 볼 수 있다. 대몽항쟁기의 충주성을 현재의 대림산성으로 오인하게 만든다. 이것은 계명산과 남산 사이의 마즈막재에 세워진 '1253 대몽항쟁전승기념탑'의 건립 위치 문제와 동일한 맥락으로 읽힌다. 앞으로 역사적 고증을 통한 문화유산 행정이 요구된다고 할 것이다.

이에 대한 방편으로 그간 우리가 비정한 성곽들에 대한 실체를 보다 면밀히 살펴볼 필요가 있다. 그 방법론 중의 하나가 당시 왕경이나 왕도 등 중앙의 축성술이 원형모델이 되어 지방이나 주변지역에 어떤 양상으로 나타나는지를 밝히는 것이다. 예를 들면 체성부 축조법, 성문 구조, 수구, 치성 등 시설물의 구조와 형태 등의 상이성과 상사성을 비교하여 그 특징을 추출하는 것이다.

또 다른 하나는 성곽 축성술의 통시적인 변천 과정을 파악하여 그 시기에 어떠한 축성법이 활용되었는지를 검토하는 것이다. 성곽 발전에 따른 축성 재료는 처음에는 목책이나 환호가 중심을 이루다가 이후 토성, 토성외면축석양식土築外面築石樣式, 석성 등으로 변화하였다. 신라의 경우 그동안 막연했던 5세기 후반의 보은 삼년산성, 문경 고모산성 등 석축산성이 축조되기 시작하여 6~7세기대에 함안 성산산성, 영월 정양산성, 충주 남산성, 단양 적성과 온달산성, 이천 설봉산성, 서울 호암산성, 인천 계양산성, 연천 대전리산성 등 한반도 남부의 대부분의 석축산성을 완성한 것으로 알려졌고 이제는 '통설'처럼 인식하는 상황이 되었다. 그러나 그 하부나 주변에는 별도의 토성이 있다가 석축화石築化되면서 오늘날의 석축성벽으로 나타나고 있음을 간과하지 말아야 할 것이다. 고구려의 경우도 국내성의 현재 석축성벽은 4세기 전반, 배후의 산성자산성은 5세기 중반을 상회하지 않는다는 점과 주변의 석축산성들은 대부분 6~7세기대에 축성되었다는 최근의 고고학적 성과를 염두에 둘 필요가 있다. 그리고 지방의 오녀산성 석축성벽, 고검지산성, 패왕조산성, 봉황산성, 나통산성 등과 같은 성곽들의 경우에도 이른 시기부터 석축산성들을 곳곳에 조성했었다는 통념을 이제는 다시 생각해 봐야 하지 않을까 한다.

고대 성곽들은 대부분 험한 산세를 이용한 자연적인 방어시설과 인공적인 방어시설물을 혼용하면서 발전하여 왔다. 축성 재료도 처음에는 목책성, 토축성, 석축성 순으로 변화되었는데 이 중 토축성에서 석축성으로의 전환기에 토축외면축석양식의 또 다른 단계가 설정된다는 사실이 최근의 고고학 조사를 통해 밝혀지게 되었다. 즉 '나무나 도랑 → 흙 → 흙+돌 → 돌'의 순으로 정리된다. 물론 지형지세를 이용하는 산성이 많이 축조되었기 때문에 여기에는 경사도가 급한 능선이나 자연 절벽 등은 별다른 가공 없이 그대로 이용되는 경우가 일반적이다.

이와 같은 성곽 발달사에 대한 이해를 바탕으로 우리 고대사의 국가 발전 단계와 접목시킨다면 어렵지 않게 당시의 축성술이나 성곽 구조물을 파악할 수 있게 될 것이다. 하지만 현재 우리가 접할 수 있는 고고학 자료는 그만큼의 여유를 가지고 있지 않다. 현재까지의 발굴 자료와 편년안을 중심으로 과거를 바라보기 때문이다. 그리고 현존하는 각종 성곽들은 초축 이후 수많은 수·개축 과정을 거쳐 오늘날 우리가 만나게 된다는 것을 명심해야 한다. 군사적으로 행정적으로 중요한 지역이나 지점에 방어시설물이 들어섰다면 당연히 후대에도 이곳을 이용할 수밖에 없다. 성곽이 가지는 가장 큰 특징은 이러한 '연용성沿用性'이다. 한번 요충지는 영원한 요충지라는 간단한 진리를 우리는 성곽을 통해 실감하지 못하고 있다. 앞으로 특정 시기와 특정 위치를 과감히 주장할 때는 그에 타당한 근거와 논거를 통해 실증적으로 접근하는 학문적 자세가 필요하다.

안시성의 구조적인 특징과 그 위치 비정 문제도 마찬가지이다. 안시성은 645년과 671년에 고당 전쟁과 부흥운동 시 문헌기록에 등장한다. 그렇다면 안시성은 어디에 위치하며 당시 어떠한 구조와 축성법을 보여 주는지가 궁금해진다. 안시성의 위치에 관해 북탕지설, 영성자산성설, 해룡천산성설, 고려성산설 등이 있는데 그중 가장 유력한 후보지는 해성 영성자산성이다. 역사지리적 관점에서 접근하여 많은 학자들이 이곳을 지시하고 있다. 하지만 고고학 조사는 단한 차례도 진행된 적이 없어 구조, 축성법, 유물 등을 실증적으로 주장하기가 어렵다. 자료의 증가를 기대할 수밖에 없다.

이상을 종합하여 원형모델의 지방 이입과 확산, 축성술 발전 단계 등을 염두에 둔다면 그간 위치 비정이 모호한 성곽들의 파악에 많은 도움이 될 것으로 생각된다. 물론 역사지리적 측면에서의 입지 분석은 기본적으로 수행되어야 한다.

2. 발굴 성과로 본 고구려 산성의 특징

지금까지 언급한 중국 내 고구려 산성의 발굴조사 현황과 조사내용을 정리하면 표 1과 같다. 이를 토대로 그 내용을 대략적으로나마 파악할 수 있는 주요 유구인 성벽, 성문, 수문과 배수시설, 치성, 등성시설, 수혈주거지, 그리고 출토 유물로 나누어 그 특징을 검토해보고자 한다.

1) 성벽

성벽은 협축식(양면 축조 방법)과 편축식(외면 축조 방법)으로 대별된다. 주로 곡간부나 주요 시설물이 있는 곳은 협축식으로, 능선부나 정상부는 편축식으로 축조하는 방법이 일반적이다.

축조 재료에 따라 석축과 토축, 토심석축, 목책 등으로 나누어진다. 최근 발굴조사에서는 성문과 함께 성벽에 대한 축조기법 파악에도 주력하고 있다. 심양 석대자산성, 통화 자안산성, 개주 고려성산성, 길림 용담산성, 도문 성자산산성 등이 조사되었다. 발굴 내용이 그나마 알려진 유적은 2006년 유하 나통산성 서성벽 조사와 2012년 보고서에 수록된 심양 석대자산성 등이다.

먼저 유하 나통산성 성벽은 나통산에서 채석한 석재를 가공하여 체성벽을 축조하였다. 현존 면석은 17단 정도 남아 있다. 지형을 따라 정연한 바른층쌓기로 구축하였고 성벽 기저부는 자연 암반을 그대로 사용하고 있다. 구배는 안쪽으로 약간 기울게 쌓아 올렸으며 면석과 뒷채움석이 상호 교차하도록 축조하여 견고성을 확보

표 1 중국 내 고구려 산성의 최근 발굴 현황

유적명	시·발굴 조사 내용		주요 전거
	조사 기관(조사 시기)	유구·유물	
서풍 성자산산성	요령성문물고고연구소 (2007~2008)	-서문지, 치성, 수문, 요망대, 주거지 등 -토기류, 기와류 등	周向永, 2011
심양 석대자산성	요령성문물고고연구소, 심양시문물고고연구소 (1997~2006)	-성벽(5), 성문(4), 치성(9), 배수시설(7), 집수시설 일체, 망대, 주거지(45), 수혈유구(190) 등 -토기류, 철기류 등	遼寧省文物考古研究所 外, 2012
등탑 연주성	요령성문물고고연구소 (2009~2010, 2015)	-성문(2), 치성(5), 배수시설 등 -토기류, 기와류, 철기류 등	蘇鵬力, 2011
환인 고검지산성	요령성문물고고연구소, 본계시박물관, 환인현문물국(2008~2009)	-북문지, 등성시설(2), 치성, 집수지(2), 석동 등 -토기류, 철기류 등	遼寧省文物考古研究所, 2012
봉성 봉황산성	요령성문물고고연구소 (2006, 2010)	-요망대, 성문(4), 치성, 초소, 건물지, 석동 등 -토기류, 기와류 등	李龍彬·司偉偉, 2008
통화 자안산성	길림성문물고고연구소, 통화시문물관리판공실 (2007~2009)	-성벽, 성문(5), 배수시설(2), 주거지 등 -토기류, 철기류 등	通化市文物保護研究所, 2010
유하 나통산성	길림성문물고고연구소 (2006 시굴, 2007, 2009)	-성벽, 집수지, 성문, 주거지(12) 등	李東, 2010
개주 고려성산성 (청석령산성)	중국사회과학원 고고연구소, 요령성문물고고연구소(2015~2021)	-성벽, 성문(2), 건물지, 우물 등 -토기류, 기와류, 철기류 등	王飛峰, 2015
길림 용담산성	길림성문물고고연구소, 길림시박물관(2013)	-성벽, 성문, 집수지 등	吉林省文物考古研究所 外, 2014
도문 성자산산성 (마반촌산성)	길림성문물고고연구소 (2014~2016)	-성벽, 성문(2), 건물지, 치성(2) 등 -토기류, 기와류 등	

하였다. 체성 외벽 기저부는 비탈진 경사면을 보강하기 위해 보축한 점이 특징적이다. 할석 혼입토를 판축한 것으로 높이는 1m가량이다. 규칙적이고 견고하여 외벽 기저부를 보강하는 데 충분한 역할을 하는 것으로 여겨지며 신라와 백제의 기단 보축과 비교되는 자료로 평가된다. 내벽은 외벽에 비해 규칙적이지 않다. 자연 암반을 정지한 후 양측 면석을 놓고 뒷채움돌을 채우는 방식으로, 잔존 너비는 3~4m가량이다. 보존 상태는 비교적 양호한 편이다. 이렇듯 나통산성 성벽은 기저부를 자연암반 위를 이용한 착암기법을 사용하였으며 그 위로 사각추형 성돌을 바른층쌓기로 구축하였다. 또 체성부단면은 상부가 약간 내경하는 구배를 두어 치성부의 구조적인 안정(안식각)을 유지하였으며, 면석과 뒷채움석을 상호 교차하도록 층단 엇물림식을 확인할 수 있었다. 구체적인 도면이나 사진은 공개되지 않았다.

심양 석대자산성 북벽의 구조와 축조 방법, 토층 상태를 확인하기 위하여 북벽 중간의 1호 치성 서측에 트렌치(97QTG1)를 설치한 후 절개조사를 진행하였다. 먼저 토층을 보면, 1층은 흑갈색 표토층, 2층은 황갈색 사질점토층으로 토기편과 할석 등 혼입, 3층은 점질토층으로 토기류, 철촉, 철도, 찰갑편, 오수전 등이 출토되었다(그림 18 3층 출토 유물 참조). 토기는 주로 니질의 회색토기이며 모래 섞인 홍색토기편도 있다. 기형은 호, 옹, 동이, 반, 파수 등으로 구분된다. 그림 18과 그림 19에서 보듯이 토벽을 석축성벽의 보축성벽으로 이해하였다.

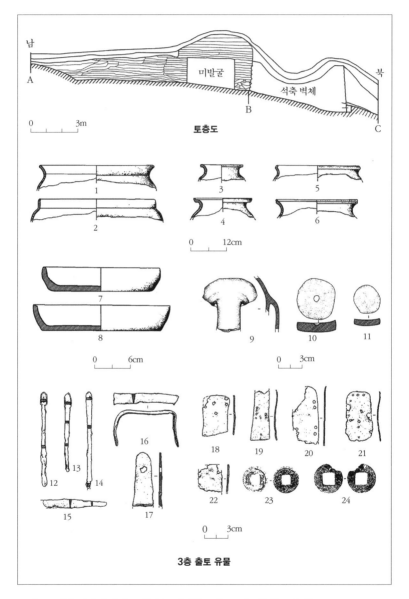

그림 18 심양 석대자산성 97QTG1 서벽부 토층도 및 3층 출토 유물

遼寧省文物考古硏究所·瀋陽市文物考古硏究所, 2012, 『石臺子山城』
1~8. 토기류 9~11. 토제품 12~22. 철제류 23·24. 오수전

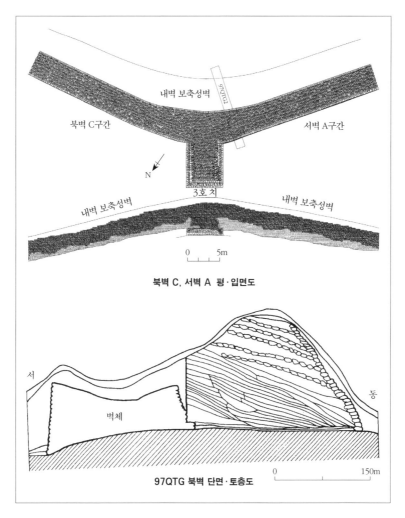

그림 19 심양 석대자산성 북벽 C, 서벽 A 평·입면도 및 97QTG 북벽 단면·토층도

遼寧省文物考古硏究所·瀋陽市文物考古硏究所, 2012, 『石臺子山城』

내측 토벽은 석벽과 동시에 축조하였으며 성벽 외측에 매립된 성
돌편들이 토벽 내부에서도 검출되고 있다. 토벽은 성벽 축조 시 석재
등 물자 운반로로 사용되었기 때문에 석벽이 높아짐에 따라 토벽도
함께 높아졌다고 할 수 있다. 이때 할석편이 토벽 층위에서 나타나는
것으로 여겨진다. 또 토벽 내 3층 출토 수오수전隋五銖錢이 출토된 사
실을 근거로 천리장성을 축조한 631~645년으로 추정하였다.[33]

한편 기저부를 할석과 혼입토를 판축하여 보축성벽을 새롭게
발굴한 점이 주목되는데, 석대자산성의 동벽 D구간 중간부의 2호
암거 성벽 외측에서도 보축성벽이 발견된 바 있다. 이 보축성벽은
06T6 서측 지층 퇴적층에서 성벽 안쪽에 토석혼축으로 확인되었다.
토질은 단단하고 할석재와 쇄산석이 혼합되어 있으며, 여러 층으
로 나누어지는 판축구조이다. 각 층의 두께는 18~24cm, 북측 높이
1.5m, 남측 높이 2.8m이다. 이와 같은 사직선 기초는 성벽의 하중으
로 인한 부동 침하와 성내의 토압으로 성벽이 좌굴되는 것을 방지하
기 위해 조성한 것으로 보인다. 그리고 나통산성이나 석대자산성 등
석성의 경우처럼, 산지지형의 계곡부 사면에서 확인되는 경우가 많
다. 조성 과정의 계곡부 암반 상면을 경사면 따라 정지한 후에 점질
토를 성토하는데 경우에 따라서는 석축 외벽부의 지하수가 침투되
거나, 연약 지반일 때는 대형 석재와 잡석으로 지정하여 설치한다.[34]

33 遼寧省文物考古研究所·瀋陽市文物考古工作隊, 1998, 「遼寧瀋陽市石臺子高句麗山城第一
次發掘間報」, 『考古』1998-10.
34 國立文化財研究所, 2011, 『韓國考古學專門事典 城郭·烽燧篇』, 585쪽.

2) 성문

성문은 개구부를 통해 성 내외를 연결하는 주요 통로이자 시설물이다. 문루, 개구부, 양측벽, 바닥부, 현문부, 내옹성, 내외측 연결 통로, 적대(치성), 등성시설 등 다양한 구조와 함께 제반 시설물이 들어서게 된다. 성 내외를 연결해 주는 가장 중요하면서도 취약한 지점이기 때문이다. 최근 고구려 산성 조사 시 성문을 우선적으로 발굴하는 경향이 강하게 나타나고 있다. 2008년과 2009년 두 차례 발굴된 고검지산성의 경우 비교적 소상히 간보가 나와 있다. 우선 층위를 보면, 크게 3층위로 나뉘는데 1층은 부식토층으로 두께 10~20cm이고, 2층은 석재 붕괴층으로 두께 50~100cm이다. 3층은 흑회색 사질점토층으로 두께 20~300cm이다. 그 이하는 생토층이다. 유물은 3층에서만 모래가 혼입된 황갈색토기류, 찰갑편, 철촉 등이 출토되었다. 생토층에서는 길이 1.8m, 너비 0.3m, 두께 0.05m의 탄화된 횡목橫木이 노출되었으며 양측벽 하부 가장자리에서도 각각의 탄화 목재가 남아 있었다. 문도의 동편에 길이 35cm, 너비 25cm 가량의 자연 석재 문확석門軸石이 놓여 있다. 문확석 상면에는 비교적 얕은 문장부門軸 홈이 있다. 따라서 생토층의 횡목은 문지방목 혹은 문인방목의 부재로 추정되며 이곳을 경계로 문도의 내외門里, 門外 구분이 가능하다. 문 안쪽 노면에서도 다량의 목탄과 소토 흔적이 연장되는데 이는 문루의 화재 흔적으로 보인다. 문구부 연결 등성시설坡道은 문지방門檻에서 서벽 외측 가장자리까지 석괴를 깔았는데 대략 두 개의 큰 계단 형상이다. 이는 문구부 바닥과 연결된 등성시설이 우수에 의해 훼손되는 것을 방기하기 위한 조처로 여겨진다. 그런데 문도 양쪽 체성벽은 쐐기형 면석을 사용하지 않고 할석재를 가지런하게 축조하였다. 또 서벽 너비는 5.6m, 동벽 너비는 7.2m로 차이를 보이며 동벽 북단 너비가 서벽보다 1.6m 정도 넓으며 활모양의 호상弧狀이다. 그 외측도 호상을 띠며 외측으로 돌출되어 있는데 대부분 후대 수·개축의 상황을 말해 주는 것으로 출토 유물의 비교를 통해 그 연용 시기를 밝힐 필요가 있다.

봉성 봉황산성 1호 문지는 2006년 북벽 중간부의 최저지점에 위치하며 평면은 나팔상의 '八'자 모양이다. 외측에 'ㄱ'자 모양의 옹성벽이 시설되어 있다. 문구부는 남북 길이 약 5.8m, 동서 너비 3.6m로 장방형 문확석이 남아 있다. 2호 문지의 평면은 '几'자 형이고 문구부는 길이 4m, 외측 입구 너비 3m, 측벽 잔고는 2.3m 정도이다. 3호 문지는 문도門道와 문기둥門柱, 보강석护坡石, 동서 보축벽, 동서 연접 체성부 등으로 구성되어 있다. 문도 내에서 성문과 관련된 탄화 목재들이 노출되는 것으로 보아 고구려시기 목조건물인 문루의 흔적이라고 추정하였다. 4호 문지는 문도 양측벽은 쐐기형 돌을 사용하였으며 바닥의 부석시설은 일정하지 않은 석재를 깔아 놓았다. 유구와 유물로 볼 때 4호 문지는 고구려부터 요·금시기까지 연용한 것으로 여겨진다(그림 20 참조). 유물은 문도 바닥과 연결부에서 토기류와 철기류가 수습되었다. 서풍 성자산산성 서문지, 심양 석대자산성 성문 4개소, 등탑 연주성 성문 2개소, 봉성 봉황산성 성문 4개소, 통화 자안산성 성문 5개소, 개주 고려성산성 성문 2개소, 도문

그림20 봉성 봉황산성 3·4호 문지 및 출토 유물

요령성문물고고연구소 홈페이지(www.inwwkg.com)

1. 봉황산성 3호 문지
2. 봉황산성 3호 문지 바닥
3. 봉황산성 4호 문도
4. 봉황산성 3호 문지 출토 감잡이쇠

성자산산성 동문지와 북문지, 길림 용담산성 서문지, 유하 나통산성 문지 등이 발굴되었다. 이들 산성의 발굴 내용이 공개되면 고구려 성문의 종류와 구조의 자료도 다양해질 것이다.

3) 요망대

요망대는 성내 높은 곳에서 적의 동정을 살피며 대응하는 곳으로 주로 지휘부가 전투를 총괄하는 장소를 말하는데 점장대라고도 불린다.

봉성 봉황산성의 남문 내 서측에 위치한 2호 요망대는 고대 본체 主體高臺, 기단부護臺, 계단臺階 등으로 구성되어 있다. 고대 본체는 정방형의 사릉 본체로 하부 약 8.35m, 상부 약 7.4m, 잔고 약 1.3m의 규모이다. 쐐기형 돌로 네 벽을 축조하였으며 층을 따라 퇴물림하는 들여쌓기를 하였다. 중간 내부는 모래 흙과 소량의 석괴로 채웠고 상면은 일정 크기의 석재를 평평하게 부석하고 있다. 기단부의 평면 역시 정방형에 가깝고 너비는 약 14.5m이다. 쐐기형 돌로 둘레를 규정적으로 축조하였다. 기단석렬(대면)은 중심에서 둘레를 향하여 경사진 모양을 이룬다. 석재를 가지런하게 깔았는데 그 위에 다량의 기와편이 퇴적된 상태였다. 계단은 기단부와 고대 본체를 연결하는 구조이며 현존 4단에 너비 약 1.75m, 저부 길이 약 2.2m이다. 또 고대 상면의 북벽과 서벽 가장자리의 쐐기형 돌과 함께 치석한 석조石槽가 남아 있는데 발굴자는 대정건축臺頂建築의 저부底部 흔적으로 추정하고 있다.

　요망대 주변에서는 연화문와당을 비롯해서 암키와, 수키와 등 다량의 고구려 기와류가 출토되었다. 암키와는 적색과 홍갈색을 띠며 문양은 승문繩文과 무문無文이 주를 이루고 있다. 길이 35cm, 너비 약 25cm 정도이다. 수키와의 대부분은 니질의 적색 태토로 소문화素文化가 이루어졌다. 연화문와당은 6엽으로 와당면의 지름은 약 15cm, 두께는 약 5cm이다. 조사자는 요망대 상부 건물이 무너지면서 퇴적된 것으로 파악하고 있다. 성내 북부지역에서 대형건물지 1동이 발굴되었으며 유물은 호, 옹 등의 토기류, 철겸, 철촉, 수레바퀴굴대축車軸 등 약 200여 점이 수습되었다. 집안 환도산성 점장대와 개주 고려성산성 요망대(금전산 유적)에서 발굴된 바 있다.

4) 수문과 배수시설

　수문은 곡간부의 유수가 배출되는 시설로 수구에 비해 규모가 크며 주로 대형 산성에서 관찰되고 있다.

　최근 서풍 성자산산성에서 2007~2008년 조사된 바 있다. 성내 가장 저지대에 위치하는 관계로 출입로와 배수로의 기능을 함께 수행하고 있다. 서벽 중간부의 북편에 치우쳐 있으며 해발 383m 지점이다. 구조는 양측 체성부兩翼城墻, 문구부 측벽門牆, 문도 부석시설, 내외 보강석축護坡石 등으로 구성되어 있다. 수문 북측벽은 하부 너비 9m, 높이 5m이고 면석은 19단이 남아 있다. 지상에서 4.25m 위로 너비 40cm의 계단상 평면에 한 겹의 부석이 놓여 있는데 그 아래로는 암반을 정지한 후 면석을 1단 놓고 있다. 축성법은 무너진 성벽의 단면을 통해 알 수 있다. 성벽 내·외벽은 잘 치석된 방형 또는 장방형 면석을 사용하였으며 이들 면석과 거칠게 다듬은 뒷채움석 할석을 층단 엇물림식으로 쌓았다. 단면은 사다리꼴이고 하부 너비 5m, 상부 너비 1.5~2m, 높이 5m 정도이다. 유사 예로 집안 환도산성 남수문이 있다.

배수시설은 성내 유수를 성외로 배출하는 데 필요한 일체의 시설을 말한다. 수문이나 집수시설과 세트를 이루는 경우가 대부분이다. 구조는 입수구와 출수구, 배수로, 도수로 등으로 나뉜다. 체성벽에는 입수구와 출수구, 그 사이 배수로로 구성되고 수문이나 집수지에서 입수구로 연결하는 수로는 도수로라고 별도 지칭하는 것이 일반적이다.

최근 발굴된 통화 자안산성 1호 배수시설은 북벽의 서쪽 구간에 해당하며 전체 길이 14.56m, 너비 0.75m, 높이 0.6m이다. 입수구의 양측 벽체는 모두 쐐기형 돌로 3층을 쌓았으며 입구洞口는 장방형의 입면이다. 상부에는 대형의 길쭉한 돌條石을 덮었다. 출수구의 형태와 규모는 입수구와 동일한 점이 특이하다. 바닥에는 길이 1.5m, 너비 1.4m, 두께 0.5m의 큰 석재巨形石를 깔고, 그 위에 길쭉한 돌과 쐐기형 돌로 양측 벽체를 축조하였다. 출수구 외면의 양쪽 벽체는 세장방형의 화강암을 3단 쌓아올렸다. 배수로에서 동경銅鏡 1점이 출토되었다. 2호 배수시설은 1호 문지의 통로를 따라 'S'자형의 길쭉한 모양을 띠고 있다. 현재 노출된 구간의 길이는 11m, 배수구의 너비는 0.5m이다. 문지 지점의 지하에 대형 석재로 6층을 축조했고, 저층에

그림21 통화 자안산성 1호 배수시설

通化市文物保護研究所, 2010, 「吉林省通化市自安山城報告」

서 계속 물이 유출되는 것으로 보아 2호 배수시설은 문지 부근에서 지하로 깊이 전입轉入된 것으로 판단되는데, 이는 문지와 도로의 충격과 파괴를 방지하기 위한 것으로 추정된다.

배수시설의 위치는 문지 하부나 측벽부에 시설하는 경우와 곡간부 체성벽에 시설하는 경우 등 두 가지로 대별된다. 전자는 서풍 성자산산성, 심양 석대자산성, 안성 망이산성 남문지, 하남 이성산성 동문지와 서문지,[35] 화성 당성 2차성 동문지,[36] 후자는 통화 자안산성, 충주 남산성 동벽부, 단양 온달산성 북벽부, 영월 정양산성, 하남 이성산성 남벽부 등이 이에 해당한다.

5) 집수시설

집수시설은 물이 모이게 하는 유구를 총칭하는 용어이다. 주로 성내 정상부와 곡간부에 위치한다. 고구려 산성의 집수시설은 심양 석대자산성, 길림 용담산성, 관전 호산산성[37] 등이 알려져 있는데 그 구조가 완벽하게 남은 유적은 심양 석대자산성이 독보적이다. 석대자산성은 집수지蓄水池, 제언堤堰, 攔水壩, 비탈길坡道, 여과지過濾池, 담장

---

35 한양대학교박물관, 2016, 「하남 이성산성 13차 발굴조사 약보고서」, 24~26쪽.

36 한양대학교 문화재연구소, 2017, 「당성 4차 발굴조사 현장설명회 자료집」, 39~40쪽.

37 관전 호산산성의 집수지(우물) 내에서는 다량의 목제류와 철기류 등이 출토되었다. 목제류는 3.7m에 달하는 목선(木船)과 여러 건의 목제 노(木槳), 삿대(鐵頭木篙), 목통(木桶), 구유(木槽), 목완(木碗), 자작나무통(樺樹皮桶), 목판(木板), 나무가 꽂힌 널빤지(木揷板), 목제 받침막대(木座杆) 등이 대표적이다. 이외 철제 저울(鐵錘), 철제 갈고리(鐵二齒鉤), 항아리(灰陶罐), 손잡이 2개 달린 큰항아리(雙橫耳大陶罐) 및 바가지(葫芦瓢), 갈대자리(葦席), 각종 새끼줄(繩索) 등이 있다. 馮永謙, 1997, 「高句麗泊汋城址的發現與考證」, 『北方史地研究』.

環墻 등 여러 시설로 구성되어 있다. 2012년 보고서에는 제언은 '1호 건축지', 집수지는 '2호 건축지'로 명명되어 있는데 이는 길림 용담산성의 '수뢰', '한뢰' 등과 같은 창고나 감옥 등의 용도로 파악했기 때문으로 여겨진다.

　석대자산성의 집수지는 원통형으로 안쪽 지름은 9m이다. 집수지 벽면은 면석과 같은 쐐기형 돌로 축조하였는데 18~22단이 잔존하며 깊이는 5m, 두께는 1.2m 정도이다. 벽체 외측으로는 황색 점질토를 바깥쪽으로는 1~1.5m 채워 넣었다. 제언 석축은 집수지의 서쪽에 접하고 현 지표 아래 3~4.75m 가량 낮은 곳에서 확인되었다. 평면은 'ㄹ'형에 가까우며 가운데가 넓고 양쪽은 좁은 형태로 길이는 20m, 최대 너비는 7.2m이다. 제언 상면은 평평하게 석재를 부석하였는데, 집수지의 현존 벽체보다 2m 정도 높다. 비탈길은 제언 서편과 연결되고 있다. 평면은 평행사변형에 가깝고 동단이 안쪽으로 약간 오목하게 들어가 있다. 전체 길이는 8.2m, 너비는 3.2~4m, 잔존 높이는 0.5~1m이다. 전체적으로 서쪽이 높고 동쪽이 낮다. 여과지는 제언의 북쪽과 남쪽에 1개소씩 남아 있다. 형태는 불규칙한 평면으로 소형 할석재를 이용하여 바닥에 부석처리하였다. 내부 퇴적토는 모두 6개 층위로 구분된다. 이들 토층은 비교적 안정적인 층위를 유지하고 있으며 층위와 출토 유물의 공반관계가 명확하게 조사·기록된 관계로 유구의 사용 시기를 알려 주는 좋은 자료가 된다. 유물은 5층과 6층에서 토기류, 철기류, 석기류, 골기류 등 96점의 고구려 유물이 집중적으로 출토되었다(그림 22).

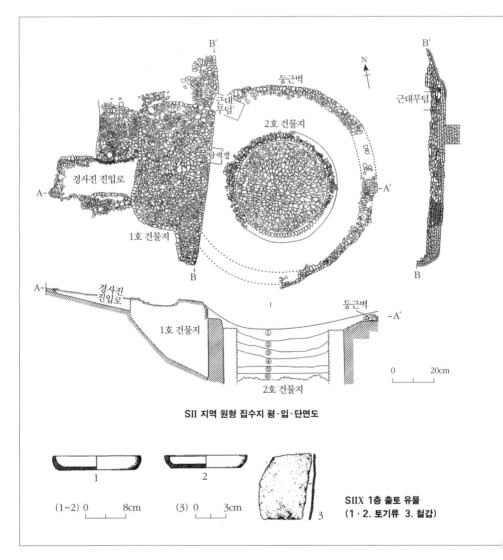

SII 지역 원형 집수지 평·입·단면도

(1~2) 0   8cm   (3) 0   3cm

SIIX 1층 출토 유물
(1 · 2. 토기류 3. 철갑)

그림 22 심양 석대자산성 SII 지역 원형 집수지 평·입·단면도 및 출토 유물

遼寧省文物考古研究所·瀋陽市文物考古研究所, 2012, 『石臺子山城』

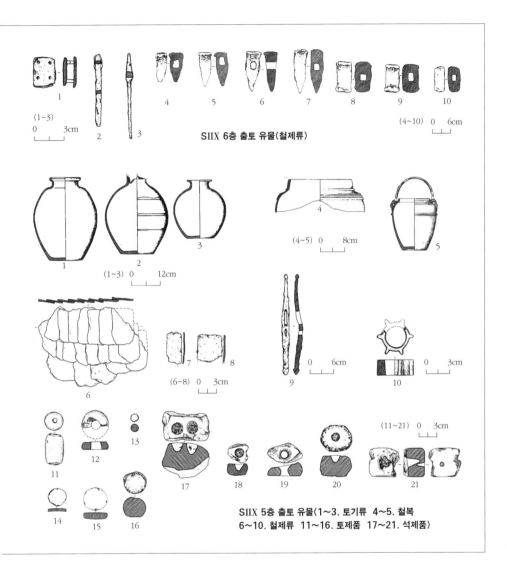

(1~3)
0　　　3cm

SIIX 6층 출토 유물(철제류)

(4~10)　0　　　6cm

(4~5)　0　　　8cm

(1~3)　0　　　12cm

(6~8)　0　　　3cm

(11~21)　0　　　3cm

SIIX 5층 출토 유물(1~3. 토기류　4~5. 철복
6~10. 철제류　11~16. 토제품　17~21. 석제품)

석대자산성의 운영 시기는 성벽과 성내 유구 출토 전륜오수전剪輪五銖錢과 수오수전 등으로 볼 때 상한은 6세기 말에서 7세기 초로 추정된다. 원형 집수지의 5층과 6층 유물 역시 이 범주에 포함된다. 이와 유사한 원형 석축 집수지는 인천 계양산성,[38] 청주 부모산성,[39] 거제 폐왕성,[40] 남해 대국산성[41] 등에서 발굴된 바 있다.

6) 치성

치성은 성벽과 능선이 교차하는 지점에 설치하는 방형의 방어시설물이다. 원형일 경우 곡성 또는 곡치라고 부른다. 곡성은 보은 삼년산성, 문경 고모산성, 대전 계족산성, 여주 파사성 등이 있다. 심양 석대자산성에는 북벽과 서벽, 남벽에 9개의 치성이 설치되어 있다 (그림 4, 23). 북문지 옆을 1호로 시작하여 서문지에서 4호, 남문지에서 9호가 편호되었다. 1·4·9호는 문지 옆에 설치되어 적대敵臺라는 명칭이 좀 더 어울릴 듯하다. 특히 1호와 4호 치성은 북문지, 서문지와 접해서 조성되었는데 이와 유사한 사례는 국내성 북벽 서문이 있다. 북벽 서문은 문구부 외축 양편에 서측 치성과 동측 치성을 나란히 두는 점에서 일정의 차이가 있다. 기본적인 문구부 외측면 배치는 같은 양상으로 보인다. 즉 계단식 기단부 치성, 각루, 수구와 배수시설 등의 각종 시설물의 원형 모델은 국내성에서 찾을 수 있다.

38 鮮文大學校 考古學研究所, 2008,『桂陽山城』.
39 忠北大學校博物館, 2016,『清州 父母山城 Ⅱ』, 33~118쪽.
40 東亞細亞文化財研究院, 2009,『巨濟 廢王城 集水池』.
41 慶南文化財研究院, 2011,『南海 大局山城 Ⅱ』.

석대자산성 치성의 상호 거리는 48.2~75.5m 범위 내이며, 형태는 방형 혹은 장방형이다. 치성은 기단부의 유무에 따라 무기단식과 유기단식으로, 다시 유기단식은 계단식 기단부와 사직선 기단부로 나누어진다. 석대자산성은 7개소가 방형이나 장방형의 계단식 기단부 치성이며, 6호 치성 한 개소만이 원형 계단식 기단부 치성이다. 2호 치성은 무기단식인데 기단부가 약간 돌출한 '凸'자형이다. 면석은 쐐기형 돌로 뒷채움석이 비교적 큰 북꼴돌楞形石을 맞물리게 축조하였다. 외벽면의 우각부折角處에는 방형석재를 사용하였고 체성부와의 연결지점은 서로 엇물리게 만든 견아형犬牙形 구조이다.

고검지산성의 치성은 북벽 서쪽 구간의 외측에 자리하며 북문지 옆에 위치하기 때문에 그 기능은 석대자산성 1·4·9호 치성과 마찬가지로 적대敵臺로 구체화할 수 있다. 그리고 2호 등성시설과 성벽을 중간에 두고 맞대어 축조하였다. 이 지점은 작은 봉우리의 정상으로 사방을 조망하기에 최적의 입지이다. 동서 양쪽의 경사면과 북문을 한눈에 감제하기에 유리하다. 치는 전반적으로 심하게 허물어져 삼면의 기단석만 노출된 상태였다. 평면은 사다리꼴梯形로 서측 하부 너비 약 5.8m, 동측 하부 너비 약 7.4m, 동서 너비 약 6.8m가량이다. 체성과 서측 입면 남단은 6단의 면석이 정연하게 남아 있는데 모서리 기단부에서 위로 약 1.1m 지점에서 체성과 치성을 상호 교차하며 쌓은 방법이 확연히 관찰된다. 이로 보아 고구려시기로 판단된다. 그리고 유구 조성 시기는 다르지만, 평면은 아차산성 망대지, 보은 삼년산성 북문지와 구조적인 유사성이 보인다.

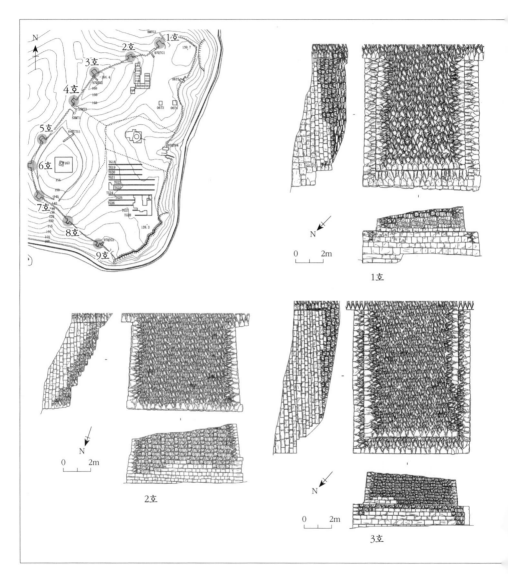

그림 23 심양 석대자산성 1~7호 치 평·단·입면도
遼寧省文物考古硏究所·瀋陽市文物考古硏究所, 2012,『石臺子山城』

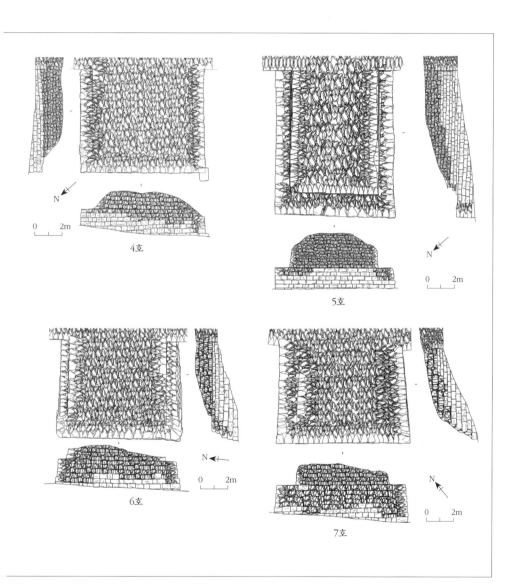

4호

5호

6호

7호

7) 등성시설

등성시설은 체성벽에 오르기 위한 시설로 성벽의 진행 방향과 평행하게 시설되는 것이 일반적이다. 주로 협축식 성벽의 내벽에 시설된다. 지금까지 고구려 산성 중 등성시설이 발굴된 유적은 고검지산성이 유일하다.

고검지산성 1호 등성시설은 장방형의 평면에 길이 7m, 너비 3m, 높이 3.5m가량이다. 체성벽과 결합되지 않으며 석재 역시 성벽과 다른 면석을 사용하는 것으로 보아 고구려의 축성법으로 보기에는 무리가 있다. 바닥면에서 철제 칼鐵削 1점과 철제 솥鐵釜 2점이 수습되었다.

2호 등성시설은 삼각형의 평면을 띠며 길이 약 9m, 너비 3m, 높이 3m의 크기이다(그림 24). 바닥면은 계단 모양으로 크게 두 구간으로 분류된다. 하나는 동쪽 가장자리에서 1단 돌계단까지의 약 3.1m 구간이다. 경사도는 비교적 완만하며 정연한 돌계단을 만들지 않고 있다. 말 그대로 파도坡道이다. 다른 하나는 1단 돌계단에서 바닥면이 끝나는 북단까지다. 규칙적인 돌계단을 조성하였고 돌계단 북단의 첫 번째 면석은 체성벽의 면석과 상호 결합하며 하나의 구조체를 이루게 되었다. 견고성과 내구력의 확보에도 유리한 구조이다. 남벽 하부에서 철제 솥편이 수습되었다. 이처럼 1호와 달리 2호 등성시설은 체성벽과 상호 교차하는 방법으로 축조되어 있다. 2호는 북벽 서쪽 구간에 자리하는데 치성과 성벽을 사이에 두고 맞대어 설치되어 있다. 이들 구조물은 동시기인 고구려 때 조성한 것으로 판

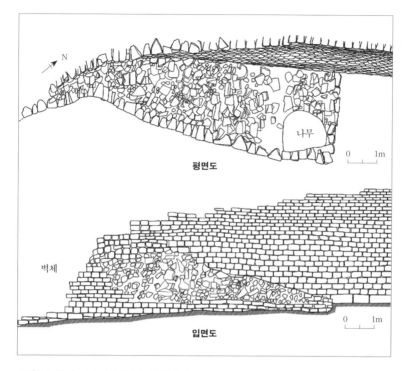

그림 24 환인 고검지산성 2호 등성시설

遼寧省文物考古研究所, 2012, 「2008~2009年遼寧桓仁縣高儉地高句麗山城發掘簡報」

단된다.

　이와 유사한 등성시설이 2016년 하남 이성산성 13차 발굴조사에서 확인되었다.[42] 발굴지점은 추정 서문지 및 인접 성벽구간으로 1차, 2차 성벽 그리고 등성시설이 노출되었는데 등성시설은 서에서 동으로 길게 이어졌으며 1차 성벽에 덧대어 조성되었다. 동서 방향

42　한양대학교박물관, 2016, 앞의 글, 20~23쪽.

잔존 길이는 13.3m로 7~19단이 남아 있다. 문지의 서측 내측벽과 같은 라인으로 볼 때 1차 성벽과 동시기인 것으로 추정하였다. 남한 지역의 고대 산성 중 유일하게 등성시설이 조사되었다는 데 의미가 있다.

8) 수혈주거지

서풍 성자산산성의 주거지는 평면 원형에 단면은 솥 하부와 비슷한 형태를 보여 준다. 지름은 9m이고 깊이는 3m이다. 유구는 부식토 아래의 황갈색사질+자갈혼합층으로 매우 건조하고 단단하게 조성되었다. 주거지 내 북편과 서편에서는 'ㄱ'자 형태의 2줄 고래 온돌이 노출되었다. 아궁이는 주거지 중앙에 자리하며 고래와는 'ㄱ'자 형태로 연결되고 있다. 아궁이 평면은 원형에 가깝고 지름은 85cm, 깊이는 27cm이다. 아궁이 가운데의 석재들은 조리와 관련된 부뚜막 시설로 여겨진다. 굴뚝은 주거지 서쪽편에 불규칙한 타원형으로 남아 있는데 최대 지름은 48cm이며, 최소 지름은 15cm이다(그림 25).

이러한 주거지는 심양 석대자산성, 흑구산성, 환인 고검지산성, 최진보산성, 봉성 봉황산성, 삼송산성 등의 사례가 있다. 발굴자는 이들 수혈유구들이 단순한 구덩이가 아닌 온돌시설을 갖춘 주거지(병영지)를 확인하였다는 데 큰 의미를 두고 있다.[43]

---

43 조사자는 이 유적을 사용한 주체에 대해서 『晉書·四夷傳』, 『後漢書·挹婁傳』 등 문헌 기

그림 25 서풍 성자산산성 F1 수혈주거지

9) 출토 유물 검토

유물은 심양 석대자산성과 주변 고분군, 환인 고검지산성, 통화 자안산성, 봉성 봉황산성 등에서 토기류, 기와류, 철기류, 석기류 등이 출토되었다. 2005년부터 2016년까지 새로 발굴된 성과에 힘입어 추가된 유물들로 기존에 보고된 유물과 대체로 유사한 양상을 보인다. 여기에서는 2012년 발굴보고서가 간행된 석대자산성과 주변 고분군[44] 그리고 최근 발굴된 간보의 내용을 토대로 출토 유물을 언급하겠으며 말미에 필자의 몇 가지 단상을 정리하고자 한다.[45]

록을 근거로 '혈거(穴居)' 습속을 가지고 있던 말갈인이 남긴 것으로 추측하였다.

44 遼寧省文物考古研究所, 2012,『石臺子山城』上·下, 文物出版社.

45 유물 검토는 다음 문헌을 참고하였다. 白種伍, 2004,「臨津江流域 高句麗 평기와 研究」,

(1) 토기류

석대자산성 토기류는 문지와 건물지 주변에서 1,100여 점이 출토되었다. 대부분 니질의 회색토기로 회전성형으로 제작한 형태가 많으며, 모래나 활석이 혼입된 적갈색토기 또는 유약이 발라진 도기류도 눈에 띤다. 비교적 구연부의 형태는 다양하고 바닥은 평저가 대부분을 차지한다. 발굴보고서에는 옹甕, 관罐, 동이盆, 시루甑, 반盤, 발鉢, 완碗, 호壺 등의 기종을 형태에 따라 2~5식으로 형식 분류하였는데, 기형 변천 과정에 대한 분석은 실행하지 않았다.

이들 기종은 호, 옹, 동이 등 저장용기와 발, 완, 접시 등 식기류, 시루로 대표되는 조리용 토기 등인데 모두 성곽 내 거주 시 사용한 생활도구로 장식이 거의 없고 실용적인 형태로 제작되었다. 태토는 이전 중기에 비해 니질화가 심화되고, 보다 높은 온도에서 소성되었으며, 점토테쌓기로 성형하고 회전대를 이용하여 정면한 형태가 많다. 토기 문양은 무문이 가장 많지만 여러 줄의 음각 선문弦文, 刻劃文, 중호문垂幛文, 수파문水波文, 인장문戳印文, 복합문弦文水波組合文, 격자문 형태의 암문暗文 등이 확인된다. 표면은 회색이나 회흑색이 주를 이루며, 황갈색이나 홍갈색도 출토된다. 또 성내에서 대형 기종인 옹류가 다량 출토되었는데 이는 저장기능이 강화된 것이며, 일부 파손

『文化史學』 21; 白種伍, 2006, 「高句麗 國內城期 평기와 考察」, 『文化史學』 25; 송계현, 2005, 「환인과 집안의 고구려 갑주」, 『북방사논총』 3; 양시은, 2007, 「중국 내 고구려유적에서 출토된 고구려토기 연구」, 『중국사연구』 50; 이유경, 2010, 「고구려 찰갑에 대한 연구」, 고려대학교 석사학위논문; 김보람, 2013, 「고구려 철촉 연구」, 고려대학교 석사학위논문.

된 토기는 구멍을 뚫어 보수하여 사용한 흔적도 관찰된다. 이들 호, 옹, 시루 등 대형 기종을 중심으로 구연부가 짧고 파수가 부착된 형태가 많다. 호는 목이 좁은 형태로 병과 유사한데, 성 내에서 액체류를 담아 보관하는 데 사용한 기종으로 고구려 중기에 출현하여 후기까지 사용된다.

환인 고검지산성에서는 평저발형호, 대상파수가 달린 호, 세로손잡이가 달린 호竪耳罐, 분盆, 옹甕 등 기종이 확인되어 오녀산성 3기와 유사한 것으로 보고되었다. 대부분 회갈색 또는 황갈색의 모래가 혼입된 무문토기로 전형적인 니질의 고구려 토기보다 앞선 시기의 것으로 여겨진다. 개주 고려성산성과 통화 자안산성에서는 호, 옹, 발, 시루 등 저장용 및 취사용 토기가 다수 출토된 점도 주목된다.

한편 석대자산성 주변 고분군에서 출토된 호, 완, 발류는 무순시기 고분군, 육정산, 사리파, 대해맹 유적에서 출토된 토기와 유사하고, 공반된 금속유물의 시기로 보아 고구려 후기보다는 발해시기에 제작되었을 가능성이 큰 것으로 알려져 있다.

(2) 기와류

기와류는 와당과 평기와가 주를 이룬다. 『구당서舊唐書』의 "오직 궁궐과 사찰, 신묘와 무덤에만 사용한다"는 기사에서 보듯이 기와류는 국가 권위 건축물에만 쓰인다는 사실에서 성과 건물의 위상을 알 수 있는 유물로 평가할 수 있다.

와당은 서풍 성자산산성과 개주 고려성산성, 봉성 봉황산성 등에서 출토되었다. 서풍 성자산산성 출토품은 양각과 음각 선문이 3엽 씩 시문된 6엽의 조합연화문와당, 봉성 봉황산성 출토품은 8엽의 단판연화문와당, 개주 고려성산성 출토품은 6분의 1 정도만 남은 잔편이지만 4구획 복선의 4엽의 연화문와당으로 추정된다. 이외에도 대련 대흑산산성, 단동 애하첨고성, 수암 낭낭성산성에서 출토되어 유적의 연대를 추정할 수 있는 근거를 제공하였다.

평기와 가운데 암키와에는 배면에 승문이 시문되거나 문양을 지운 것이 많으며, 수키와는 2차 정면으로 소문화한 것이 대부분이다. 이는 동절기 물의 침습에 의한 동파 방지를 염두에 둔 제작 기법으로 여겨진다. 내면에는 포흔이 남아 있고 색조는 회갈색, 갈색, 적색 등 다양하게 나타난다. 이러한 형태는 남한지역의 연천 호로고루와 두루봉보루 그리고 당포성과 무등리보루, 서울 홍련봉1보루 등 고구려유적에서도 흔히 관찰되는 양상이다. 그러나 심양 석대자산성의 경우 성내 전체 면적을 대대적으로 발굴하였음에도 기와류가 거의 보이지 않는 점이 매우 특이하다.

(3) 철기류

석대자산성 철기류는 화살촉鏃·칼刀·창矛·도자削·도끼斧 등 무기류, 찰갑札甲·투구胄 등 갑주류, 고리環·등자馬鐙·재갈馬銜·허리띠고리帶扣 등 마구류, 낫鎌·보습犁·괭이钁·살포鍤·송곳錐·경첩鑽·못釘·낚싯바늘魚鉤·갈고리掛鉤와 같은 농공구와 도구 등이 출토되었다. 이 가운데 화살촉과 찰갑편甲片을 중심으로 살펴보자.

철제 화살촉鐵鏃은 모두 유경식으로 촉두鏃鋒, 촉신鏃身, 경부莖部로 구분된다. 촉두의 형태에 따라 규형圭形, 방추형方錐形, 창모양矛形, 유엽형柳葉形, 삼익형三翼形, 산형鏟形 등으로 세분된다. 이들은 촉두가 넓은 광형廣形과 촉두가 좁은 세형細形으로 양분되며, 광형에서 세형으로 점차 변화하고, 촉신이 길어지며 세장해지는 것으로 알려져 있다. 이번에 출토된 철촉은 유엽형이 다수인데, 이는 화살촉의 길이로 보아 장궁長弓의 화살에 쓰였을 것으로 추정된다. 방추형方錐形은 고구려 후기에 출현한 무기로 여러 형태의 촉두에 원형 슴베를 가졌으며 크기가 5cm 전후로 쇠뇌弩에 사용된 것으로 보인다. 따라서 석대자산성 출토품은 고구려 후기의 화살촉으로 파악할 수 있다.

석대자산성의 찰갑은 소찰을 수십, 수백 매 연결하여 전투 시 활동성을 극대화하도록 만들었으며, 목頸甲, 어깨肩胛, 위 팔뚝上膊胛, 아래 팔뚝肱甲, 가슴胸甲, 허리腰甲, 골반裳甲, 허벅지大腿甲, 정강이脛甲 등에 사용된 갑옷의 부속품이다. 소찰은 여러 형태의 얇은 철판으로 제작되며, 가죽끈을 이용하여 결구하였다. 착장 부위에 따라 편평한 것平札, 가운데가 잘록하고 긴 것腰札, 아주 작은 소형 소찰로 구분되며, 세장한 형태의 투구편도 발굴되었다. 보고서상에는 설형舌形, 조형條形, 제형梯形, 타원형橢圓形, 장방형長方形 등으로 구분하였으며 전체적으로 상원하방형이 많은 점은 오녀산성 출토 찰갑 소찰과 유사한 양상으로 대략 6세기대의 것으로 추정된다.

이외 환인 고검지산성, 통화 자안산성, 통화 적백송고성 등 성곽에서는 찰갑, 칼, 차관, 화살촉과 같은 무기류가 중심이다. 화살촉은

자안산성에서 50여 점이 출토되었는데 형태상 환도산성과 오녀산
성 4기, 국내성 고구려 중기에 해당하는 출토품과 유사하여, 5세기
를 전후한 시기의 것으로 비정된다. 산성에서는 무기류 외에도 괭
이, 가래, 낫 등 농기구의 비율도 높게 나타난다. 특히 적백송고성에
서 출토된 농공구는 형태상 병기로 전용되었을 가능성도 있는데, 낙
양洛陽 소구한묘燒溝漢墓 출토품과 오녀산성 3기, 유수 노하심선비묘
중층의 출토품 등과 유사하여 사용 연대가 서한 말기를 전후한 시기
로 비정되어 고구려 초기에 사용된 것으로 보고되었다.

(4) 청동류와 석제류

석대자산성 주변 고분군에서는 청동제 팔찌手鐲, 고리環, 반지指環,
귀걸이耳墜, 장식飾件 등이 확인되었는데, 특히 반지와 귀걸이는 고구
려 말기부터 발해시기까지의 제작 형식을 잘 보여 주고 있다. 석기
류 중 돌로 만든 절구石臼가 최근 발굴된 여러 성곽에서 출토되는 점
이 특징적이다. 심양 석대자산성, 개주 고려성산성, 봉성 봉황산성
등에서 확인되었다.

(5) 기타

심양 석대자산성의 집수지 출토 철복鐵鍑과 수혈주거지 수습 고
구려 와편瓦片 1점, 그리고 통화 자안산성 배수로 출토 동경銅鏡 등에
대하여 몇 가지 단상斷想을 간략히 정리하면 다음과 같다.

철복은 심양 석대자산성의 집수지 5층에서 출토되었으며,[46] 구경

10.8cm, 복경 16.4cm, 저경 8.8cm, 높이 17cm이다. 구연부는 직구이며 구순은 각이 져 있다. 동체부는 복부 상단에서 최대경을 이루다가 저부로 완만하게 내경하며 내려간다. 견부에는 두 귀고리가 대칭을 이루며 손잡이와 연결되어 있다. 3조의 음각 선문이 돌아가고 중복부에 1조의 원권 테두리를 돌리고 있다. 저부는 오목굽이다.

또한 환인 오녀산성 출토품은 JC:2 철기 저장 구덩이에서 수습되었으며,[47] 구경 11.2cm, 견부 직경 13.6cm, 저경 7.2cm, 높이 14.7cm이다. 주조품으로 구연부는 안으로 약간 내경하고 구순은 첨형이다. 견부가 넓고 복부가 기울어지며 저부까지 내려간다. 저부는 오목굽이다. 구연부 양단에는 반환고리와 손잡이가 연결되어 있다. 견부에는 여러 줄의 음각 선문이 돌아가고 북부에 1조의 원권 테두리를 돌리고 있다.

최근 세종시 금이성金伊城에서도 2016년 서벽 구간의 내벽 중간부에서 철복 1점이 발굴되었는데,[48] 앞서 언급한 심양 석대자산성과 환인 오녀산성 출토품과 좋은 비교자료가 되며, 세종시 금이성의 축성과 활용 시기의 설정에도 중요한 지표가 될 것으로 여겨진다.

통화 자안산성의 1호 배수시설 내에서 동경이 출토되었는데[49] 지

46 遼寧省文物考古研究所·瀋陽市文物考古研究所, 2012, 『石臺子山城』, 文物出版社, 184~185쪽.
47 遼寧省文物考古研究所, 2004, 『五女山城』, 文物出版社, 168쪽.
48 한국고고환경연구소, 2016, 「세종특별자치시 금이성 복원정비사업 문화재 시발굴조사 학술자문회의 자료집」, 16쪽.
49 通化市文物保護研究所, 2010, 「吉林省通化市自安山城調査報告」, 『北方文物』 2010-3, 37쪽.

름 4.6cm, 두께 0.2cm로 소형이다. 청동제 주조품으로 앞면은 소문에 약간 편편한 단뉴單紐이고 거울면은 활모양으로 조금 휘어져 있다. 이 동경은 일반적인 거울보다 매우 작고 물과 관련된 배수시설에서 출토되는 점을 감안한다면 의식적인 매납품이 아닐까 한다.

심양 석대자산성의 SIII04DF1 주거지에서 철촉, 철제 손잡이와 함께 고구려 평기와편 1점이 출토되었다.[50] SIII04DF1 주거지는 아궁이가 유실되고, 고래와 굴뚝 기초부만 남아 있었는데, 두 줄 고래에 'ㄱ'자 평면을 하고 있다. 크기는 동서 길이 8.7m, 남북 너비는 5.6m이다. 석대자산성의 경우 1990~1991년의 시굴조사, 1997~2006년까지 대규모의 발굴조사를 진행한 중국 내에서 보기 드문 고구려 유적이다. 하지만 기와류는 수혈주거지에서 단 1점만 수습되었다는 점이 매우 특이한 사례이다. 이 기와는 내면에 태승문을 시문하였으며, 내면에는 마포흔과 모골흔이 뚜렷이 관찰된다. 태토는 니질이며 홍갈색이다. 남은 길이 10cm, 너비 8cm, 두께 2.2cm이다.

3. 안시성 비정지와 안시성 전투

1) 안시성 비정지

여기서는 안시성으로 비정되는 중국 요령성에 소재한 해성 영성

---

50 遼寧省文物考古研究所·瀋陽市文物考古研究所, 2012, 앞의 책, 221~223쪽.

자산성, 개주 고려성산성과 적산산성, 동적산산성, 봉성 봉황산성 등을 개황적으로 소개하고자 한다.

먼저 영성자산성은 안시성으로 가장 유력시 되는 산성이다. 현재 해성시에서 동남쪽으로 약 7.5km 떨어진 팔리진八里鎭 영성자촌英城子村에 위치한다. 이 산성의 명칭은 영성자촌의 동면 산 위에 자리 잡았기 때문에 붙여진 것이다. 처음에는 고려영성자高麗營城子라고 불렸다. 성 북쪽은 해성하海城河 지류인 사철하沙鐵河가 동남에서 서북으로 흐르다가 다시 해성하에 유입된다. 하천과 산성 간의 거리는 350m 정도이고 사철하 상류를 따라 남쪽으로 나아가면 충적 평지와 산봉우리가 끝없이 이어지면서 험준해지다가 천산산맥 본줄기를 만나게 된다. 천산산맥을 넘어 대양하大洋河 유역으로 진입하면 봉성鳳城을 비롯한 요동반도 남해안, 압록강 방면으로 나아갈 수 있다.

성의 동·북·남쪽 등 삼면은 지세가 비교적 높고, 서쪽만 낮게 되어 있다. 산성은 중간에 있는 얕은 골짜기에 의해 남북 두 부분으로 나누어지는데, 산세에 따라 산능선에 성벽을 쌓기도 하고 가파른 경사면을 그대로 이용하기도 하였다.

성벽은 전체를 토축하였는데, 평면 형태는 불규칙한 타원형이며, 전체 둘레는 2,472m가량이다. 동고서저의 지형을 하고 있기 때문에 서벽쪽으로는 모든 우수가 모이게 되어 있으며, 따라서 서벽에는 서문지와 수문이 있다. 성벽은 대체로 저부 폭이 3~6m에 이르며, 높이는 3~5m에 이르고 있다. 성벽 상부의 폭은 1~1.5m 정도다.

성문은 동·서·북쪽에 남아 있는데, 서벽쪽은 많이 붕괴되어 성문의 너비를 알 수 없지만 나머지 동문과 북문은 현재 약 7m의 크기로 남아 있다. 서벽에는 수문도 있는데, 현재는 약 40m 너비로 되어 있다. 망대는 모두 5개소 확인되었고, 성안의 우물은 4개소가 남아 있다. 성내에서는 회색의 승석문 벽돌과 붉은색·회색 기와 등이 수습되었으며, 이들 유물을 참고로 이 산성의 축조 시기를 5세기경으로 추정하는 견해가 있다.[51]

다음으로 개주 고려성산성은 개주시 청석령향青石嶺郷 고려성자촌高麗城子村 동쪽의 석성산石城山(해발 300m)에 위치한다. 이 산은 고려성산高麗城山이라고도 불리는데 최근 전국중점문물단위로 지정되면서 명칭을 청석령산성으로 변경하였다.

산성의 평면은 불규칙적이고 둘레는 5km 정도로 동서 길이 약 1.5km, 남북 폭 1.3km가량이다. 성벽은 산줄기의 주향을 따라서 석축하였다. 산성의 남·북쪽은 산줄기를 따라 인공적으로 다듬은 장방형의 석재를 쌓았으며 지세가 험한 곳은 절벽을 그대로 이용하여 천연 장막으로 삼았다. 또한 동서 양측의 성벽은 흙을 다져서 축성하였다. 현존하는 성벽의 높이는 2m이며, 너비는 6m 정도이다. 성문은 모두 3개소가 남아 있는데 동문이 자리한 곳의 지세가 비교적 높고, 서벽에는 2개소의 문지를 두었다. 또한 서벽의 중간 부분에서는 수문 한 개소가 확인되었고, 성문 양측에는 석벽에 기대어 참호

---

51 國立文化財研究所, 2011,『韓國考古學 專門事典(城郭·烽燧篇)』; 동북아역사재단, 2020,『중국 소재 고구려 유적과 유물 Ⅶ(요동반도-태자하 유역)』.

를 구축하였다. 산성 내부의 중앙부에는 자그마한 둔덕이 하나 솟아 있는데, 이 둔덕 상부에서 회색세승문전灰色細繩文塼과 홍색승문와紅色 繩文瓦, 방격문와편方格文瓦片, 회도기잔편灰陶器殘片 등이 수습되었다. 남 벽과 북벽의 고지대에도 적색승문기와, 격자문기와편 등이 흩어져 있다. 성내에는 여전히 물이 고여 있는 저수지와 우물지 2개소가 남 아 있다.[52] 고구려의 '건안성建安城'으로도 비정되고 있다.

봉성 봉황산성은 봉성시鳳城市 봉황산鳳凰山에서 고려성자산에 걸 쳐 축성한 산성이다. 봉황산은 봉성시에서 동쪽으로 약 5km 거리에 자리하고 있는데, 봉황산 정상부인 찬운봉(해발 836.4m)과 그 주변 의 능선을 따라 포곡식으로 축조되었다. 성벽의 둘레는 15,955m로 대단히 큰 규모의 산성이다. 규모가 커서 그런지 성벽을 인공적으로 쌓은 부분도 있고, 천연 절벽岾壁墻을 그대로 이용하고 있는 구간도 있다. 돌로 쌓은 구간은 총 7,525m이다. 그중 보존 상태가 양호한 곳 은 2,355m인데, 저부 폭 4~5m, 성벽 높이 5~7m의 크기로 남아 있 다. 축성에 사용된 성돌은 4각추형으로 다듬은 것인데, 대체로 길이 50~70cm, 너비 30~40cm이며, 두께는 20~25cm의 크기로 되어 있 다. 천연 절벽을 그대로 이용하고 있으며 이들 봉우리 사이의 낮은 구간을 연결하여 축조하였다.

성문은 동문·남문·북문 등 3개의 성문과 1개의 수문이 있다. 남 문과 북문은 남벽과 북벽의 중앙에 자리하고 있다. 그중 남문은 정

---

52 王禹浪·王宏北, 2007, 『高句麗·渤海古城址硏究匯編』, 哈浜出版社.

문으로, 당시의 많은 사람과 마차가 출입했던 곳이다. 성문은 두 산봉山峰 사이에 자리하고 있는데, 너비가 5m에 이른다. 성문 양쪽으로는 인공으로 만든 8m 높이의 흙산이 있고, 이 흙산 위에 성벽을 쌓았는데, 높이가 13m에 이른다. 다시 남문 밖으로는 흙으로 쌓은 옹성시설이 있다. 동문과 북문은 약 4m의 너비이다. 수문은 남문 서쪽 80m 지점에 위치하는데 현재도 성내의 골짜기 물은 이곳을 통해 처리되고 있다. 너비는 20m 정도이다.

이 밖에 성내와 그 주변에는 장대지, 우물, 채석장, 적석총, 기와가마터 등이 있다. 성내에서는 토기편과 기와편, 연화문와당 등이 출토되었다. 고구려 '오골성烏骨城'으로 비정한 견해도 있다.

개주 동적산산성은 개주시 나둔향羅屯鄉 귀자구촌貴子溝村 동적산東赤山 정상부에 위치한다. 산성 동쪽은 해발 1,130m의 보운산步雲山과 접해 있고, 서쪽은 벽류하碧流河 상류의 지류에 연해 있다. 북쪽과 동쪽은 기복이 심한 산줄기들이 이어져 있다. 이 지역 일대는 산세가 수려한 천산산맥天山山脈에 속한다.

산성의 평면 형태는 불규칙적이며, 둘레는 5km 정도이다. 성벽은 산세에 따라 석축하였고, 3개의 성문을 설치하였다. 골짜기의 입구에 마련된 서문이 산성의 정문이 된다. 성내에서는 저수지와 건물지 및 고대지高臺址 등의 시설물 등이 남아 있다. 벽류하의 상류지대를 통제하며, 벽류하 하류의 고력성산산성高力城山山城과 서로 마주 보고 있다.[53] 고력성산산성도 역시 개주시 십자가향十字街鄉 전둔촌田屯村 동산 정상부에 위치한다. 산성의 서쪽은 천산산맥과 접하고, 동쪽은 벽류하의 하곡지대에 연해 있어, 벽류하를 사이에 두고 동적산산성과 대응하는 형세를 보인다. 이 두 석성은 마치 두 마리 돌사자가 하천의 상원하곡上源河谷 양쪽 편에 웅거한 듯 자리 잡고서, 천산산맥으로 통하는 길목을 제어한다.

산성의 서쪽은 자연적으로 형성된 낭떠러지와 절벽이 천연 장벽을 이루어 따로 성벽을 쌓지는 않았다. 그러나 동·북·남 3면은 석재를 쌓아서 성벽을 축조하였고, 성문은 동벽에 설치하였다. 산성의 전체 둘레는 3.5km이고, 평면은 부정형의 모양을 보여 준다.[54]

또 개주 적산산성은 개주시 만복진萬福鎭 귀자구촌貴子溝村에 자리한다. 전체적으로는 불규칙한 장방형으로 성벽, 성문, 치, 건물지, 고대, 저수지, 샘 등이 남아 있다. 산성 북쪽은 5기의 산봉우리가 천연장벽을 이루고, 산 아래는 벽류하 지류가 있는 등 매우 험준한 지형을 초벽장으로 사용하고 있다. 인공 성벽은 주로 동·서·남쪽에 있는데, 이곳은 산등성이의 지세를 따라 둥그렇게 굽어져 있어 기복이 심한 편이다. 성벽은 쐐기형 돌을 어긋나게 중첩하였는데 현존 너비는 2.5~4.5m이고, 잔존 높이는 4.6m가량이다. 동벽은 적산 제1좌 고봉인 삼청봉三淸峰을 기점으로 비교적 양호하게 보존되어 있다. 성석은 암질이 청석靑石인 점이 이채롭다. 옥석수고玉石水庫가 있다. 남벽은 성벽이 잔존한 6개의 산봉우리 정상부에 5개소의 초대哨臺가

53 王禹浪·王宏北, 2007,『高句麗·渤海古城址研究匯編』, 哈浜出版社.
54 王禹浪·王龍北, 1994, 앞의 책.

확인된다. 서벽은 5개의 작은 산봉우리를 공유하고 있으며 성문에서 하천을 따라 서쪽으로 약 50m 정도 가면 대량의 강돌과 편마암片狀巖 계열 석재들이 노출된 상태이다.

2) 안시성 전투

이 책의 다른 글들에서 많은 논거가 제시되었기에 여기에서는 안시성 전투를 전후한 6~7세기 고구려와 백제, 신라 그리고 수당과의 전쟁 기사를 제시하고자 한다. 또 안시성 전투 당시의 공성기계攻城器械 및 수성기계守城器械 등에 대해 개설적으로 정리하여 독자들의 편의를 도모하도록 하겠다.

(1) 안시성 전투와 6~7세기 고구려 전쟁 기사

6~7세기는 삼국이 정립되면서 각축을 벌이는 시기이다. 아울러 고구려의 경우 수와 당을 상대로 꾸준히 그들의 침략을 막아 냈다. 당시의 역동적이고 긴박한 상황은 다음 자료를 통해 보다 구체적으로 확인할 수 있다. 고수 전쟁과 고당 전쟁의 원인과 전개, 결과까지도 연대기를 가지고 어렵지 않게 풀이할 수 있다. 그 내용을 7세기를 중심으로 제시하면 다음과 같다.[55]

598년 2월 고구려, 요서지방을 공격함. 6월 고구려, 수隋의 문제文帝

---

55 백태남, 2016, 앞의 책, 12~130쪽.

가 30만군으로 침입해 옴. 9월 고구려, 수의 침입을 격파함.

603년 8월 고구려, 신라의 북한산성北漢山城을 공격함.

607년 3월 백제, 수에 사신을 보내 고구려 정벌을 요청함. 5월 고구려, 백제의 송산성松山城과 석두성石頭城을 공격함. 6월 고구려, 수의 양제煬帝가 왕의 입조入朝를 강요해 옴.

608년 4월 고구려, 신라 우명산성牛鳴山城을 함락함; 신라, 수에 사신을 보내 고구려 정벌을 요청함; 원광圓光이 걸사표乞師表를 지음.

611년 2월 백제 국지모國知牟, 수에 사신으로 가 고구려 정벌을 요청함. 8월 백제, 적암성赤嵒城을 축조함. 10월 백제, 신라 가잠성椵岑城(거창 추정) 함락; 성주 찬덕讚德을 죽임; 신라, 수에 걸사표 보내 군사 출동을 요청함; 수의 양제 이를 허락하고 군사를 일으킴.

612년 2월 고구려, 수의 군대가 요동성을 포위함. 7월 을지문덕乙支文德 살수薩水(청천강)에서 수의 군사를 섬멸함(살수대첩); 여수장우중문시與隋將于仲文詩를 지음.

613년 2월 고구려, 수가 다시 침입해 옴. 4월 수 양제가 요동성에 침입해 옴. 6월에 철수.

614년 2월 신라, 사벌주沙伐州 폐지하고 일선주一善州를 설치함. 7월 고구려, 수 양제가 회원진懷遠鎭에 도착함. 8월 고구려, 수의 군대를 격파함.

628년 9월 고구려, 당에 봉역도封域圖를 보냄.

631년 2월 고구려, 천리장성千里長城을 축조하기 시작함.

638년 10월 고구려, 신라 칠중성七重城(적성지역)을 공격함. 11월 신라, 고구려군을 격파함.

640년 2월 고구려, 왕자 환권桓權을 당에 보냄. 5월 당, 고창高昌을 멸함; 안서도호부安西都護府 설치.

641년 3월 백제, 무왕 사망; 의자왕 즉위; 고구려, 당의 사신 진대덕陳大德이 와서 지리를 정찰함.

642년 8월 백제, 신라의 대야성大耶城, 陜川을 점령함; 신라 김품석金品釋, 죽죽竹竹 전사. 10월 고구려 연개소문淵蓋蘇文 정권을 장악함; 영류왕 시해하고 보장왕寶藏王 옹립.

643년 3월 신라 자장, 당에서 돌아와 대국통大國統이 됨; 고구려, 당으로부터 도교道敎가 전래됨. 11월 백제, 고구려와 함께 신라의 당항성黨項城을 점령함.

644년 11월 당 태종, 고구려 원정을 선포함.

645년 3월 신라, 황룡사9층탑 건립. 5월 신라, 당과 함께 고구려를 공격함. 6월 고구려, 당의 군대가 안시성安市城을 포위함. 9월 성주 양만춘楊萬春이 격퇴함. 11월 신라, 비담毗曇을 상대등에 임명함.

646년 5월 고구려, 당에서 화의 요청을 거절함. 고구려 천리장성을 완성함.

647년 12월 고구려, 당의 이세적李世勣 군사를 대파함.

648년 8월 고구려, 당의 수군이 압록강 입구 박작성泊灼城에 침입해 옴.

655년 1월 고구려, 백제·말갈과 함께 신라 33개 성을 빼앗음. 7월 백제, 마천성馬川城을 중수함. 9월 신라, 백제의 조비성造比城을 공격함.

658년 6월 고구려, 당의 설인귀薛仁貴 군사와 요동에서 전투를 벌임.

(2) 안시성 전투의 공성기계 및 수성기계

안시성 전투와 관련되는 공성기계와 수성기계는 누거樓車, 충거衝車, 포거抛車, 砲車, 운제雲梯, 토산土山, 지도地道, 목책木柵 등이 있다.[56] 이들 기계는『구당서舊唐書』,『신당서新唐書』,『책부원귀冊府元龜』,『자치통감資治通鑑』,『삼국사기三國史記』등 각종 문헌에 등장한다.

먼저 누거는 공성탑의 일종으로 성 밖에서 성안을 굽어볼 수 있도록 높게 만든 기계이다. 매 층단을 두어 적정을 살피거나 공격도 병행할 수 있다. 비루飛樓나 충팡衝輣으로도 부른다. 충거는 주로 성문을 공파할 때 사용되는데 가운데 철두를 씌운 충목衝木을 둔다. 성벽이나 성루 등을 쳐부수기도 한다. 이것은 성문이나 성벽 등에 근접하기 때문에 견고성과 방어망이 보장되어야 한다. 동거揀車 혹은 충제衝梯라고도 한다. 포거는 투석할 때 쓰는 전거의 한 가지를 말하는데 일종의 투석기이다. 서양의 투석기Catapult와 유사하다. 다만 인력으로 움직이는지 아니면 탄성력으로 작동하는지의 차이가 있다. 그리고 성벽을 타고 오르거나 넘는 공격용의 높은 사다리로 운제가 있다. 일반적으로 사다리 자체로만 쓰는 경우와 하부 시설에 바퀴와

---

56 이 시기 무기류에 관한 주요 문헌은 다음과 같다. 方相鉉, 1982,「朝鮮前期城郭機能考」,『史學志』16; 국방군사연구소, 1994,『한국무기발달사』; 이정빈, 2010,「6~7세기 고구려의 쇠뇌 운용과 군사적 변화」,『군사』77; 김주성, 2011,「7세기 삼국 고대 전투모습의 재현」,『군사』87; 송영대, 2015,「삼국사기를 통해 본 6~7세기 신라의 무기체계」,『사학연구』117; 이상훈, 2016,「661년 북한산성 전투와 김유신의 대응-」,『국학연구』31; 이정빈, 2018,『고구려 수 전쟁』, 주류성; 정동민, 2022,『고대 동아시아 최대의 충돌 고구려 수 전쟁』, 신서원; 송영대, 2022,「고구려 원정에 나타난 隋·唐의 공성전술」,『한국고대사연구』107.

판벽을 설치하여 지지력과 함께 방어력을 보강한 경우도 있다. 지도
는 땅을 파서는 적을 치는 길을 일컫는다.

토산은 성벽보다 높게 둔덕을 쌓아 고루高壘에서 적을 상대하는
방식이다. 앞에서 언급한 기계들은 이동성이 위주였지만 토산은 성
채와 마찬가지로 또 하나의 육축 구조물을 축조한다는 차이가 있다.
그만큼 많은 인력과 시간이 소요된다는 단점도 있다. 이와 반대로
지도는 땅굴을 파서 적의 성벽이나 진지로 넘어가는 방법인데 이때
나온 흙을 이용해 토산을 만들기도 한다. 목책은 나무 울타리인 울
짱을 말하는데 성벽의 외곽에 해자와 같이 일차적인 방어막을 형성
하기도 하고 적의 공격으로 유실된 성벽을 보강하는 시설로 이용되
기도 했다.

또한 목뢰木檑와 야차뢰夜叉檑는 수성하는 아군이 성문과 성벽 위
에서 통나무와 돌덩이 등을 교차絞車에 매달아 떨어뜨리기를 반복하
는 수성기계 중에 하나이다. 함마갱陷馬坑은 성문 내외나 성벽 주변
에 설치하는 함정의 일종이며 철질려鐵蒺藜는 적이나 기병의 접근을
차단하는 마름쇠를 말한다. 오늘날의 지뢰와 같은 역할을 하였다.
이외 지도 방어무기, 쇠뇌弩, 성문 및 성벽 방어기계들이 있다.

이들 기계들은 공격전의 전개와 방어무기 체계라는 측면에서 상
호간의 입장 차이에 따라 다양하게 운용되었다고 할 수 있다. 그림
26과 그림27은『무경총요』에 나타난 공성기계 및 수성기계 도면
이다.

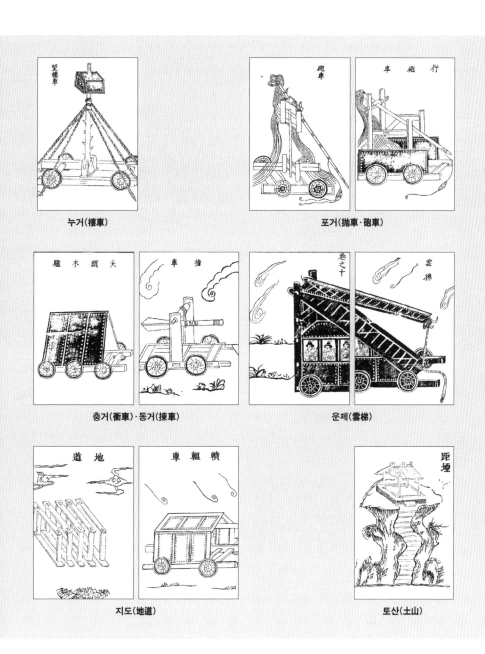

누거(樓車)

포거(抛車·砲車)

충거(衝車)·동거(揀車)

운제(雲梯)

지도(地道)

토산(土山)

그림26 공성기계(『무경총요』)

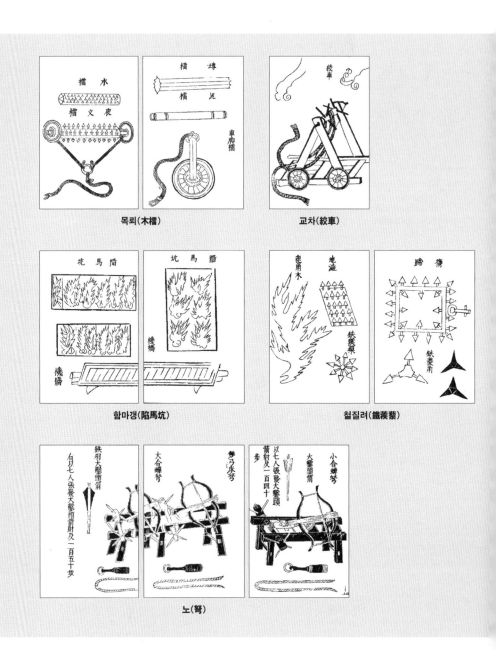

그림 27 수성기계(『무경총요』)

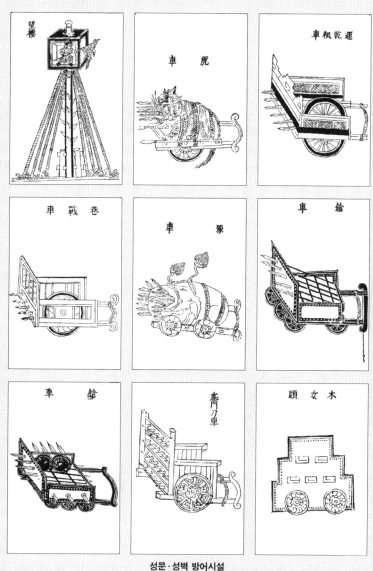

성문·성벽 방어시설

맺음말

이상과 같이 안시성의 위치 비정과 그 구조적 특징을 파악하기 위해 중국 내 고구려 산성의 최근 발굴 성과를 살펴보았다. 우선 주요 유구와 유물은 6~7세기대가 대부분을 차지하기 때문에 앞으로의 안시성 연구에도 많은 참고가 될 것으로 생각된다. 특히 문헌 사료 및 고고 자료의 영성함을 극복하기 위해서는 원형모델prototypical model을 통한 왕경과 지방 거점성과의 축성술을 비교하는 것도 한 방법론이 된다는 것을 확인하였다. 즉 중앙축성양식이 지방으로 적용되고 확산되는 과정의 검토와 함께 토축성→토축외면축석성→석축성으로의 계기적인 변화가 6~7세기를 중심으로 나타난다는 점도 유념할 필요가 있다는 것이다.

토축성土築城 → 토축외면축석성土築外面築石城 → 석축성石築城
토축외면축석양식(土築外面築石樣式)
토성외면축석양식(土城外面築石樣式)

그리고 안시성 비정을 위한 고고학적 전제 조건, 고구려 산성의 축성법과 시설물들의 특징을 검토하였으며, 고수 전쟁과 고당 전쟁 기간의 연대표와 『무경총요』에 실린 공성 및 수성 기계 등도 소개하였다. 또 요동지역에서 발굴된 산성들의 상사점과 상이점을 추출한 후, 6~7세기대 고구려성의 특성을 도출해 보았다. 이러한 작업은 안시성 전투라는 역사적 현장의 추적과 위치 비정을 보다 구체화 시킬 수 있는 연구 방법이 될 것으로 믿는다.

현재까지 우리가 접할 수 있는 중국 소재 고구려성에 대한 발굴 자료는 이 정도가 전부이다. 향후 원활한 학술 교류 및 고고학 자료의 증가를 기대한다.

안시성 관련 자료

고구려와 당의 전쟁(지도·연표)

요하 유역 고구려 성곽(지도·사진)

1. 고구려와 당의 전쟁

645년 4월, 당군이 요하를 건너 현도성을 급습했다.
이어 당군의 공세가 이어졌고, 고구려는 요동성,
개모성 등을 함락당했다. 이러한 상황 아래 안시성의
항전이 전개되었다. 안시성민은 고립무원인 채로
중과부적의 당군을 상대로 승리를 거두었다.
당군은 요동 방어선을 돌파하지 못한 채 퇴각했다.

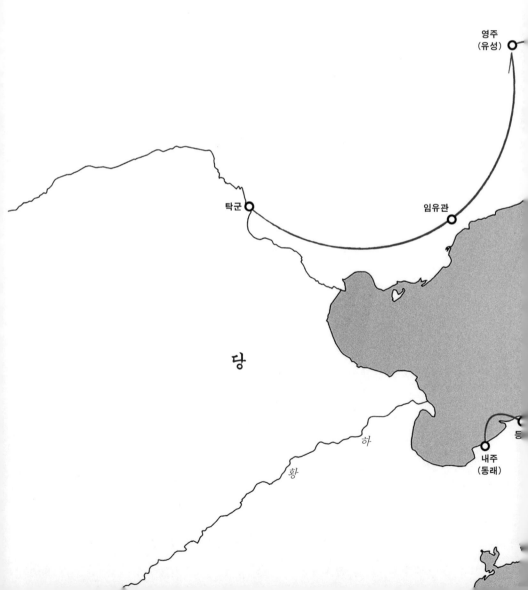

영주
(유성)

탁군

임유관

당

하

황

내주
(동래)

등

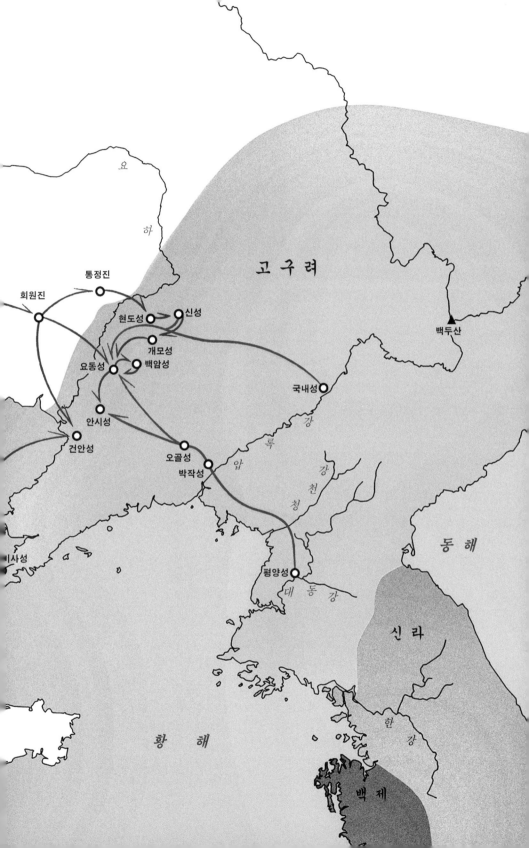

고구려	연표	당
영류왕 등극	618	이연(고조), 당 건국
당에 사신 파견	619	
	622	고구려와 고수전쟁 당시 포로 교환
당에 책력 반포 요청	624	
	626	
	7월	이세민(태종)의 정변, 황태자 이건성 살해, 고조의 양위로 즉위
	628	중원 통일. 돌궐 격파
영류왕, 당과의 외교 끊음(~640), 천리장성 축조(~646)	631	고구려가 수와의 전쟁에서 거둔 승리를 기념해 세운 경관 파괴
	634	토욕혼 정벌
	638	토번 정벌
태자 환권을 당에 사절로 파견	640	고창 정벌
	641	설연타 정벌. 진대덕을 보내 고구려의 허실을 엿봄
	642	
연개소문의 정변, 영류왕 시해, 왕의 조카를 보장왕으로 옹립	10월	사자를 보내 영류왕의 죽음 애도
	643	
당에 사절 파견. 도교 청함	1~윤6월	도사와 노자도덕경을 고구려에 보냄. 고구려를 안심케 한 뒤 침공하기로 결정. 보장왕 책봉
	644	
	7월	400척의 배 제작, 군량 운송 준비. 하북과 하남에서 군량 징발, 공격군의 보급 계획 수립
	11월	태종, 낙양에서 장량에게 4만여 명의 병력으로 평양도행군을 이끌고 바다를 건너 평양으로, 이세적에게 보기 6만 명과 항호(降胡) 병력으로 구성된 요동도행군을 이끌고 요동으로 진격하라고 명령
	11월 30일	고구려 침공 조서 발표
	12월 14일	신라·백제·해·거란에게 병력을 내서 고구려를 함께 칠 것을 명령

645

2월	태종, 6군을 이끌고 요동으로 출발
4월 1일	이세적 군이 요하를 건너 무순의 현도성 급습
4월 5일	요동도행군부대총관 이도종이 신성으로 진군. 이 무렵 영주도독 장검이 요하를 건너 건안성 공격
4월 15일	이세적 군, 개모성 공격(4월 26일 함락) 장량 군, 비사성 공략(5월 2일 함락)
5월 2일	이세적 군, 요동성으로 진군
고구려군 보기 4만, 요동성 구원, 이도종의 요격으로 패배	**5월 8일**
	5월 10일 태종, 요동성에 이르러 본영 설치, 요동성 총공격
당군의 총공격으로 요동성 함락. 고구려군 1만 전사, 1만 병력과 4만의 백성이 포로가 됨	**5월 17일**
	5월 28일 백암성으로 진군
오골성에서 보낸 백암성 구원군, 패배	**5월 29일**
당군의 포위 공격에 백암성주 항복	**6월 1일**
	6월 11일 태종, 대군을 이끌고 요동성에서 안시성으로 출진
	6월 20일 안시성 외곽에 도착
고연수·고혜진이 이끄는 고구려군 15만 명이 안시성 구원을 위해 성 밖 40리 지점에 도착. 당군의 유인에 속아 안시성 동남 8리 지점까지 진출	**6월 21일**
주필산 전투에서 고구려군 대패	**6월 22일**
고연수·고혜진, 3만 6천여 병력으로 항복	**6월 23일**
	7월 5일 안시성 동쪽 고개로 진영을 옮김. 이 무렵 장량 군, 건안성의 고구려군과 교전
	8월 10일 태종, 진영을 안시성 남쪽으로 이동
	9월 18일 성을 공략하며 동남쪽에 토산을 쌓았으나 안시성 군에게 탈취당함. 3일간 총공격, 실패. 철군을 결정하고 회군 시작

2. 요하 유역 고구려 성곽

6~7세기 고구려의 대중국 방어선은 요하를 중심으로
형성되어 있었다. 그 첫 관문이 요동성이고 그다음은
개모성, 신성, 백암성, 안시성, 건안성, 비사성 등이었다.
요하와 요택을 자연 해자로 삼아 방어선을 형성하였는데
이후 천리장성으로 보다 체계적인 다중의 방어체계를
완성한 것으로 추정된다.

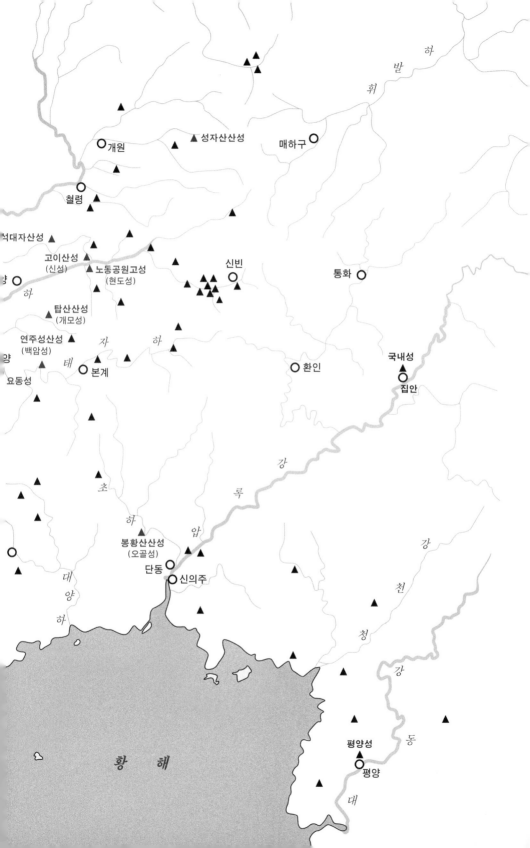

석대자산성 ▲

성자산산성 ▲

매하구 ◉

개원 ◉

철령 ◉

고이산성
(신성)

노동공원고성
(현도성)

신빈 ◉

통화 ◉

탑산산성
(개모성)

양 ◉

하

연주성산성 ▲
(백암성)

자

하

환인 ◉

국내성
▲

집안 ◉

요동성

태

본계 ◉

강

록

초

하

압

봉황산산성
(오골성)

단동 ◉

신의주

대

양

하

천

청

강

동

평양성
▲

평양 ◉

황　해

대

영성자산성英城子山城

중국 요령성(遼寧省) 해성시(海城市) 동남쪽으로 7.5km
떨어진 팔리진(八里鎭) 영성자촌(英城子村) 동쪽 200m의
산 위에 위치하며, 안시성으로 비정한다.
사진은 서편에서 바라본 산성 전경으로, 산등성이가
양쪽에서 내려와 오목해진 부분이 서문지이다.

1 영성자산성 안. 남쪽에서 북쪽 방향 2 영성자산성 안. 동북쪽에서 서남쪽 방향

3 영성자산성 안. 동쪽에서 서쪽 방향 4 영성자산성 바깥. 서남쪽에서 동북쪽 방향

해룡천산성海龍川山城

중국 대석교시(大石橋市) 동부 주가진(周家鎭)
동금사촌(東金寺村) 해룡천산(海龍川山)에 위치한다.
사진은 북쪽 산 위에서 내려다 본 산성 안의 모습이다.

1 해룡천산성 안의 도교사원
2 서편에서 바라본 해룡천산성 내부

고려성자산성高麗城子山城

중국 개주시(蓋州市) 동북 7.5km 떨어진
청석령진(靑石嶺鎭) 고려성자촌(高麗城子村)의
동쪽 산에 위치하며, 건안성으로 비정한다.
사진은 북벽과 성 안의 모습이다.

1 고려성자산성 서벽의 토축 구간과 서문지
2 고려성자산성 안의 모습(서남쪽에서 동북쪽 방향). 야트막한 언덕은 금전산

3 고려성자산성 서북벽 위 돌구멍들
4 고려성자산성 바깥에서 바라본 서북벽 석축 구간

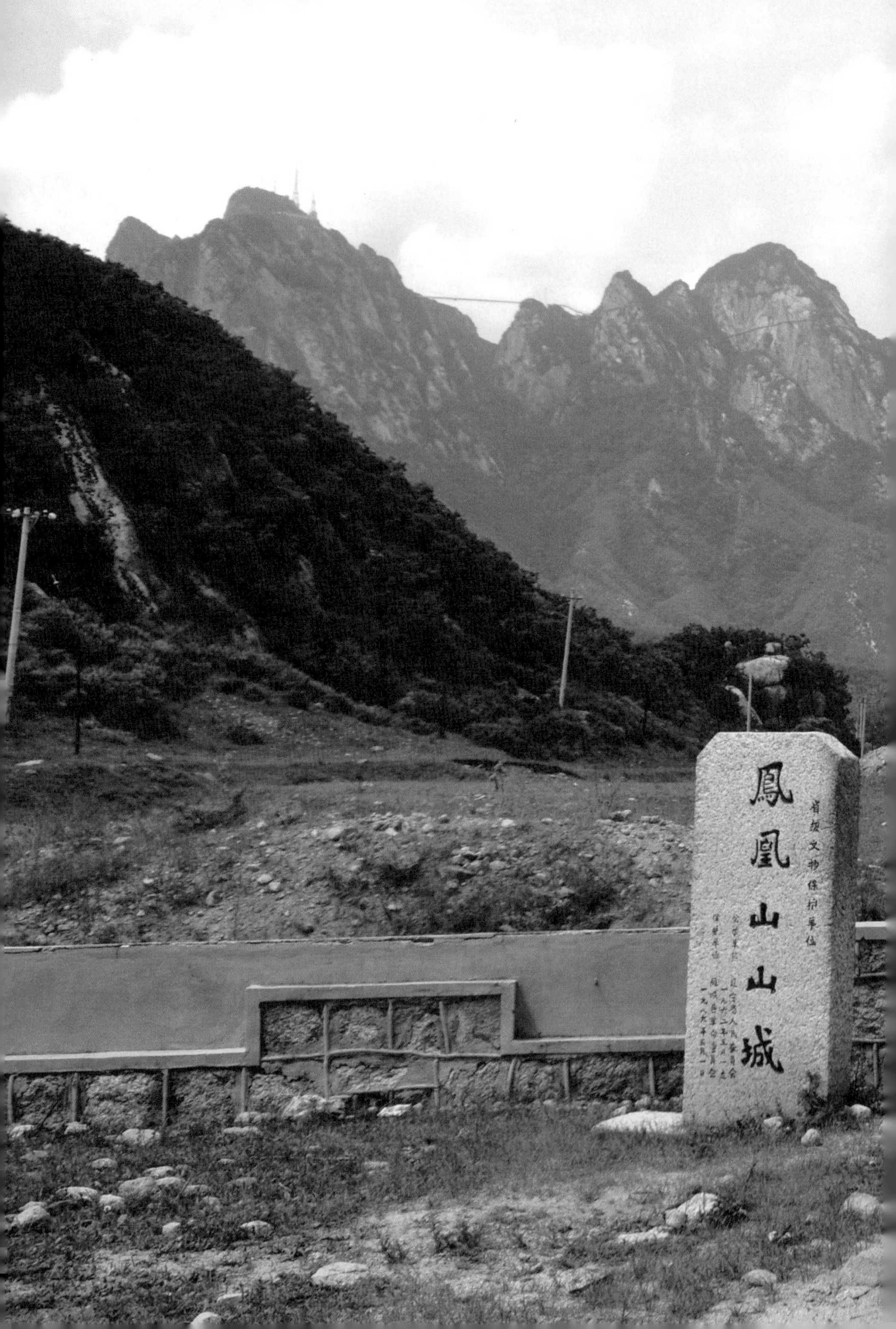
鳳凰山山城
省级文物保护单位

봉황산산성鳳凰山山城

중국 요령성(遼寧省) 봉성시(鳳城市) 동남쪽 5km
거리의 봉황산(鳳凰山)과 고려산(高麗山)의 능선을
따라 축조되어 있으며, 오골성으로 비정한다.
사진은 남문지에서 바라본 성 안의 모습이다. 험준한
산지를 서벽으로 두고 널다란 평지가 펼쳐져 있다.

1 봉황산산성 북문과 옹성 2 봉황산산성 북벽
3 봉황산산성 장대 4 봉황산산성 북벽 위에 보이는 돌구멍

대흑산산성大黑山山城

중국 요령성(遼寧省) 대련시(大連市) 금주구(金州區)
시가지에서 동북쪽으로 20km 떨어진 우의향(友誼鄉)
팔리촌(八里村) 인근 대흑산(大黑山)에 위치하며,
비사성으로 비정한다. 사진은 복원된 서북쪽 성문에서
바라본 장대의 모습이다.

1 대흑산산성 남쪽 성벽에서 바라본 장대

2 대흑산산성 남벽

3 대흑산산성 남벽 원경

연주성산성燕州城山城

중국 요양시(遼陽市)에서 30km 떨어진 등탑시(燈塔市)
동남부 서대요진(西大窯鎭) 성문구촌(城門口村)의 동쪽 산
정상부에 위치하며, 백암성으로 비정한다. 사진은 서편에서
바라다본 성의 전경이다.

1

1 태자하 건너편에서 바라다본 연주성산성의 동남쪽 구간
2 연주성산성 바깥에서 바라본 북벽 구간

3 연주성산성 서벽과 치 　4 연주성산성 치 　5 연주성산성 서벽과 성 안
6 연주성산성 서벽(북쪽에서 남쪽 방향). 성문구촌과 태자하가 보인다.

후성산산성後城山山城
중국 요령성(遼寧省) 장하시(莊河市) 서부
산간지대에 위치. 협하산산성으로도 불린다.
사진은 서벽의 전경이다.

1 후성산산성 서북벽의 석축
2 후성산산성 서남벽. 축성 당시의 작업 상황이 그대로 남아 있어
급하게 축조되었던 상황을 엿볼 수 있다.

3 후성산산성 서벽 위 돌구멍
4 후성산산성 서벽 구간
5 후성산산성 북문과 옹성

참고문헌

고구려 안시성 관련 연구사

『三國史記』,『新增東國輿地勝覽』,『於于集後集』,『冷齋集』,『玄谷集』,『休翁集』.

『蓋平縣志』,『舊唐書』,『武經總要』,『新唐書』,『遼東志』,『遼史』,『地理叢考』.

김락기, 2013, 「17~19세기 고구려 안시성 인식과 '城上拜'-「연행록」과 「문집」을 중심 으로-」,『역사민속학』 42.

김세호, 2014, 「연행을 통해 되살아난 안시성과 梁萬春/楊萬春」,『漢文學報』 31.

김정배, 2007, 「『三國史記』 寶藏王紀 史論에 보이는 '柳公權 小說' 問題」,『한국사학보』 26.

남재철, 2014, 「安市城主의 姓名 '양만춘' 考證(I)-姓名의 出處 樣相 檢討를 中心으로-」, 『동아시아고대학』 35.

문영철, 2021, 「645년 고구려군과 당군의 주필산 전투 고찰」,『한국고대사연구』 102.

서영교, 2015, 「駐蹕山 전투와 安市城」,『동국사학』 58.

이병도, 1986, 『국역 삼국사기』, 을유문화사.

이승수, 2006, 「燕行路上의 공간 탐색, 鳳凰山城-安市城說과 관련하여-」,『정신문화연 구』 29-2.

이전복 저, 차용걸·김인경 역, 1994, 『중국내의 고구려유적』, 학연문화사.

정호섭, 2014, 「白巖 朴殷植의 고구려사 서술에 대한 비판적 검토」,『한국사학보』 54.

정호섭, 2020, 「고구려 안시성의 위치와 안시성주 전승의 추이」,『고구려발해연구』 67.

金毓黻, 1976, 『東北通史』, 洪氏出版社.

閻萬章, 1984, 「漢代安市縣與高句麗安市城非一地考」,『地名學研究』 1984-1.

王綿厚, 2002, 『高句麗古城研究』, 文物出版社.

王咏梅, 2000, 「關於安市城址的考察與研究」,『北方文物』 2000-2.

王禹浪, 2009, 「營口市靑石嶺鎭高句麗山城考察報告」,『黑龍江民族叢刊』 2009-5.

王禹浪·王宏北 編, 1994, 『高句麗·渤海古城址研究匯編』, 哈爾賓出版社.

王禹浪·劉冠櫻, 2009, 「大石橋市海龍川山城考察報告」, 『黑龍江民族叢刊』 2009-3.

王天姿, 2018, 「高句麗遼東安市城, 建安城聯句」, 延邊大學 博士學位論文.

張士尊, 2013, 「高句麗 "安市城" 地點再探」, 『鞍山師範學院學報』 15.

崔德文, 1992, 「遼代鐵州故址新探」, 『北方文物』 1992-2.

崔豔茹, 1998, 「對英守溝漢城址觀點的商榷」, 『東北亞歷史地理研究』, 中州古籍出版社.

馮永謙 主編, 1996, 『營口市文物志』, 遼寧民族出版社.

島田好, 1927, 「高句麗の安市城の位置に就て」, 『歷史地理』 49-1.

田中俊明, 1995, 『高句麗の歷史と遺蹟』, 中央公論社.

고구려의 대당방어체제와 645년 전쟁

김강훈, 2020, 「618-629년 영류왕의 대외정책과 고구려-당·신라 관계의 변화」, 『고구려발해연구』 66.

김강훈, 2021, 「고구려 영류왕 후기 대외정책의 변화와 연개소문의 정변」, 『歷史學報』 249.

김진한, 2009, 「榮留王代 高句麗의 對唐關係와 西北方情勢」, 『정신문화연구』 117.

金鐸民 主編, 2003, 『譯註 唐六典』 上, 신서원.

金鐸民 主編, 2005, 『譯註 唐六典』 下, 신서원.

노태돈, 2003, 『삼국통일전쟁사』, 서울대학교출판부.

동북아역사재단 편, 2020, 『중국 소재 고구려 유적과 유물 Ⅶ(요동반도-태자하 유역)』.

동북아역사재단 편, 2020, 『중국 소재 고구려 유적과 유물 Ⅸ(석대자산성)』.

李成制, 2013, 「高句麗의 西部 國境線과 武厲邏」, 『大丘史學』 113.

李成制, 2014, 「高句麗 千里長城에 대한 기초적 검토-장성의 형태와 성격 논의를 중심으로-」, 『嶺南學』 25.

李成制, 2021, 「榮留王의 王權 강화와 淵蓋蘇文 政變-高乙德 일가의 官歷을 통해 본 영류왕대 政局-」, 『한국고대사연구』 104.

문영철, 2021, 「645년 고구려군과 당군의 주필산 전투 고찰」, 『한국고대사연구』 102.

방용철, 2011, 「고구려 榮留王代의 정치 동향과 對唐 관계」, 『大丘史學』 102.

방용철, 2015, 「연개소문의 집권과 고구려의 대외정책 변동」, 『한국고대사연구』 80.

서영교, 2003, 「고구려의 대당전쟁(對唐戰爭)과 내륙아시아 제민족-安市城 전투와 薛延陀-」, 『軍史』 49.

徐榮洙, 1987,「三國時代 韓中外交의 展開와 性格」,『古代韓中關係史의 研究』, 三知院.

徐仁漢, 1994,『韓民族戰爭通史 Ⅰ-古代篇-』, 국방군사편찬연구소.

申澄植, 1997,「高句麗 千里長城의 研究」,『白山學報』49.

양시은, 2016,『高句麗城 研究』, 진인진.

余昊奎, 2000,「高句麗 千里長城의 經路와 築城背景」,『國史館論叢』91.

여호규, 2006,「책봉호 수수(授受)를 통해 본 수·당의 동방정책과 삼국의 대응」,『역사
　　와 현실』61.

尹秉模, 2009,「고구려의 對唐戰爭과 遼西 및 동몽골 진출」,『몽골학』27.

윤성환, 2011,「영류왕, 대당온건파로 꿰맞춰진 오류」,『내일을 여는 역사』44.

윤성환, 2018,「624~642년 고구려의 대당(對唐)외교와 정국동향」,『동북아역사논총』59.

이강래, 2016,「경험과 역사-고구려 멸망에 관한 고대적 사유를 단서로-」,『韓國史研
　　究』173.

이정빈, 2018,『고구려-수 전쟁』, 주류성.

임기환,「고구려 천리장성은 없다(2)」,『매일경제』, 2019.11.14.

임기환, 2006,「7세기 동북아시아 국제질서의 변동과 전쟁」,『전쟁과 동북아의 국제질
　　서』, 일조각.

丁善溶, 2008,「隋·唐 초기 中國的 世界秩序의 변화과정과 삼국의 대응」,『新羅史學報』12.

정원주, 2011,「榮留王의 對外政策과 政局運營」,『高句麗渤海研究』40.

千寬宇, 1982,「人物로 본 韓國古代史」,『高句麗-唐 戰爭』, 正音文化事.

최희준, 2021,「621년 나당수교와 그 전개 양상」,『新羅史學報』52.

大連市文物考古研究所, 2006,「大連城山山城 2005年 調査報告」,『東北史地』2006-4.

梁振晶, 1994,「高句麗千里長城考」,『遼海文物學刊』1994-2.

遼寧省文物考古研究所, 2012,『石臺子山城』上·下, 文物出版社.

遼寧省文物考古研究所·瀋陽市文物考古工作隊, 1998,「遼寧沈陽市石臺子高句麗山城第一
　　次發掘間報」,『考古』1998-10.

李健才, 1987,「東北地區中部的邊崗和延邊長城」,『遼海文物學刊』1987-1.

張福有·孫仁杰·遲勇, 2010,『高句麗千里長城』, 吉林人民出版社.

周向永·趙守利·邢傑, 1993,「西豊城子山山城」,『遼海文物學刊』1993-2.

陳大爲, 1989,「遼寧省境內高句麗遺跡」,『遼海文物學刊』1989-1.

陳大爲, 1992,「撫順高爾山城結構布局辨析」,『遼海文物學刊』1992-2.

吉田光男, 1977,「『翰苑』註所引『高麗記』について」,『朝鮮學報』85.

籾山明, 1999, 『漢帝國と邊境社會-長城の風景-』, 中公新書.

田中俊明, 1995, 『高句麗の歷史と遺跡』, 中央公論社.

田村晃一, 1988, 「高句麗の城郭について」, 『百濟文化』 18.

阪倉篤秀, 2000, 「余子俊と邊墻-明代における[長城]修築の轉換點-」, 『關西學院創立 111週年記念論集』.

안시성의 위치와 안시성주 전승의 추이

『三國史記』, 『月汀漫筆』, 『月汀先生集』, 『同春堂先生別集』, 『自著』, 『著菴集』, 『唐書志傳通俗演儀』, 『宣祖實錄』, 『梧陰遺稿』, 『休翁集』, 『荷潭破寂錄』, 『東史綱目』, 『康節先生皇極經世書東史補編通載』, 『涪溪記聞』, 『靑莊館全書』, 『五洲衍文長箋散稿』, 『餘冬序錄』, 『星湖全集』, 『戊午燕行錄』, 『星湖僿說』, 『續陰晴史』, 『四佳集』, 『東文選』, 『無名子集』, 『承政院日記』, 『玄谷集』, 『稼亭集』, 『東人詩話』, 『大東野乘』, 『東史約』, 『韓溪遺稿』, 『南溪集』, 『三淵集』, 『屛山集』, 『直菴集』, 『耳溪集』, 『熱河日記』, 『燕巖集』, 『薊山紀程』, 『心田稿』, 『燕轅直指』, 『出疆錄』, 『夢經堂日史』, 『宋子大全隨箚』.

『漢書』, 『晉書』, 『魏書』, 『舊唐書』, 『新唐書』, 『資治通鑑』, 『冊府元龜』, 『太平御覽』, 『玉海』, 『通典』, 『唐會要』, 『太平寰宇記』.

김락기, 2013, 「17~19세기 고구려 안시성 인식과 '城上拜'-「연행록」과 「문집」을 중심으로-」, 『역사민속학』 42.

김세호, 2014, 「연행을 통해 되살아난 安市城과 梁萬春/楊萬春」, 『漢文學報』 31.

김정배, 2007, 「『三國史記』 寶藏王紀 史論에 보이는 '柳公權 小說' 問題」, 『한국사학보』 26.

김주성, 2011, 「7세기 삼국 고대 전투모습의 재현」, 『軍史』 81.

남재철, 2014, 「安市城主의 姓名 '양만춘' 考證(Ⅰ)-姓名의 出處 樣相 檢討를 中心으로-」, 『동아시아고대학』 35.

서영교, 2015, 「駐蹕山 전투와 安市城」, 『동국사학』 58.

이병도, 1986, 『국역 삼국사기』, 을유문화사.

이승수, 2006, 「燕行路上의 공간 탐색, 鳳凰山城-安市城說과 관련하여-」, 『정신문화연구』 29-2.

정호섭, 2013, 「백암 박은식의 고구려사 서술」, 『백암 박은식의 고대사 서술』, 백암 박은식 선생 서거 88주년 기념 학술회의.

정호섭, 2014, 「白巖 朴殷植의 고구려사 서술에 대한 비판적 검토」, 『한국사학보』 54.

한명기, 2006, 「조선시대 韓中 지식인의 高句麗 인식-고구려의 '强盛'과 조선의 고구려 계승 인식을 중심으로-」, 『한국문화』 38.

허태용, 2006, 「17세기 중·후반 중화회복의식의 전개와 역사인식의 변화」, 『韓國史研究』 134.

허태용, 2006, 「임진왜란의 경험과 고구려사 인식의 강화」, 『歷史學報』 190.

金毓黻, 1976, 『東北通史』, 洪氏出版社.

閻萬章, 1984, 「漢代安市縣與高句麗安市城非一地考」, 『地名學研究』 1984-1.

王綿厚, 2002, 『高句麗古城研究』, 文物出版社.

王咏梅, 2000, 「关于安市城址的考察與研究」, 『北方文物』 2000-2.

王禹浪, 2009, 「營口市青石岭鎮高句麗山城考察報告」, 『黑龍江民族叢刊』 2009-5.

王天姿, 2018, 「高句麗遼東安市城, 建安城研究」, 延邊大學 博士學位論文.

張士尊, 2013, 「高句麗安市城地点再探」, 『鞍山師範學院學報』 15.

崔德文, 1992, 「遼代鐵州故址新探」, 『北方文物』 1992-2.

崔艷茹, 1998, 「對英守溝漢城址觀點的商榷」, 『東北亞歷史地理研究』, 中州古籍出版社.

馮永謙 主編, 1996, 『營口市文物志』, 遼寧民族出版社.

島田好, 1927, 「高句麗の安市城の位置に就て」, 『歷史地理』 49-1.

당 태종의 고구려 원정기, 『당서지전통속연의』

『月汀漫筆』, 『涪溪記聞』, 『戊午燕行錄』, 『青莊館全書』, 『五洲衍文長箋散稿』, 『石洞集』, 『東國歷代總目』, 『東史綱目』, 『無名子集』.

『資治通鑑』, 『資治通鑑綱目』.

남재철, 2014, 「安市城主의 姓名 '양만춘' 考證(I)-姓名의 出處 樣相 檢討를 中心으로-」, 『동아시아고대학』 35.

노태돈, 2009, 『삼국통일전쟁사』, 서울대학교출판부.

서영교, 2014, 「연개소문의 對설연타 공작과 당태종의 안시성 撤軍-『資治通鑑』 권198, 貞觀 19년 8·12월조 『考異』의 「實錄」 자료와 관련하여-」, 『동북아역사논총』 44.

이승수, 2006, 「燕行路上의 공간 탐색, 鳳凰山城-安市城說과 관련하여-」, 『정신문화연구』 29-2.

정호섭, 2020, 「고구려 안시성의 위치와 안시성주 전승의 추이」, 『고구려발해연구』 67.

江蘇省社會科學院文學研究所, 1990, 『中國通俗小說總目提要』, 中國文聯出版社.

羅陳霞, 1998, 「『唐書誌傳』・『兩朝誌傳』的史傳傾向分析」, 『鹽城師專學報』 1998-1.

雷勇・蔡美雲, 2021, 「明代隋唐歷史題材小說的文體探索」, 『明淸小說研究』 139.

方彦壽, 1987, 「明代刻書家熊宗立述考」, 『文獻』 1987-1.

蘇亮, 2013, 「熊大木書坊主身份的考證尚難動搖－與陳旭東先生商榷」, 『中南大學學報』 2013-4.

孫楷第, 1981, 『日本東京所見中國小說書目』, 人民文學出版社.

張兵, 2005, 『五百種明淸小說博覽』 上, 上海辭書出版社.

張秀民, 1979, 「明代印書最多的建寧書坊」, 『文物』 1979-6.

陳大康, 1991, 「關於熊大木字, 名的辨正及其他」, 『明淸小說研究』 1991-3.

陳大康, 2000, 「熊大木現象: 古代通俗小說傳播模式及其意義」, 『文化遺産』 2000-2.

陳旭東, 2012, 「熊大木身份新考」, 『福建論壇・人文社會科學版』 2012-7.

彭知輝, 2007, 「『唐書誌傳』"按鑒演義"考辨」, 『山西師大學報』 34.

胡士瑩, 1980, 『話本小說概論』 下冊, 中華書局.

胡士瑩, 2011, 『話本小說概論』 下冊, 商務印書館.

黃冬柏, 2011, 「日本內閣文庫所藏熊龍峰四種小說考論」, 『中正大學中文學術年刊』 2011-1.

『삼국사기』 안시성 기록에 보이는 '유공권 소설'의 원전

『三國史記』, 『舊唐書』, 『新唐書』, 『資治通鑑』, 『隋唐嘉話』, 『詩話總龜』, 『詩人玉屑』, 『史通』, 『說郛』, 『大唐傳載』, 『唐語林』, 『唐國史補』, 『直齋書錄解題』, 『邵氏見聞後錄』, 『大唐新語』, 『貞觀政要』.

高柄翊, 1969, 「『三國史記』에 있어서의 歷史敍述」, 『金載元博士回甲紀念論叢』.

金長煥, 1992, 『魏晉南北朝志人小說研究』, 延世大學校 博士學位論文.

魯迅, 2005, 『中國小說史略』, 上海世紀出版集團.

苗壯, 1998, 『筆記小說史』, 浙江古籍出版社.

吳禮權, 1993, 『中國筆記小說史』, 臺灣商務印書館.

程國賦, 2000, 『唐代小說與中古文化』, 文津出版社.

程毅中, 1979, 『唐代小說史』, 文化藝術出版社.

程毅中, 1982, 「唐代小說瑣記」, 『社會科學戰線』.

程毅中, 1990, 『唐代小說史話』, 文化藝術出版社.

鄭憲春, 2004, 『中國筆記文史』, 湖南大學出版社.

齊裕焜, 『中國歷史小說通史』, 江蘇教育出版社.

周勛初, 1993, 「隋唐嘉話考」, 『中國典籍與文化論叢』 1, 中華書局.

韓雲波, 2002, 「論唐代 '史化小說' 的形成和發展」, 『西南師範大學學報』 28-3.

韓雲波, 2002, 『唐代小說觀念與小說興起研究』, 四川民族出版社.

侯忠義 主編, 1986, 『中國歷代小說辭典』 1, 雲南人民出版社.

侯忠義, 1989, 『漢魏六朝小說史』, 春風文藝出版社.

侯忠義, 1997, 『隋唐五代小說史』, 浙江古籍出版社.

神田信夫·山根幸夫 編, 1989, 『中國史籍解題辭典』, 燎原書店.

안시성 전투에 대한 인식의 흐름

김기봉, 2007, 「팩션(faction)으로서 역사서술」, 『역사와 경계』 63.

김락기, 2013, 「17~19세기 고구려 안시성 인식과 '城上拜'-「연행록」과 「문집」을 중심으로-」, 『역사민속학』 42.

김세호, 2014, 「연행을 통해 되살아난 안시성과 梁萬春/楊萬春」, 『漢文學報』 31.

김철웅, 2018, 「고려시대의 안시성 위치 인식과 당 태종 눈 부상설의 검토」, 『軍史』 109.

김한종, 2006, 「주체사관과 북한의 한국사 인식」, 『역사교육과정과 교과서 연구』, 선인.

남재철, 2009, 「당나라 한시에 나타난 여당전쟁(麗唐戰爭)과 그 상흔」, 『민족문학사연구』 41.

남재철, 2009, 「隋唐 漢詩에 나타난 遼東에서의 麗隋戰爭과 그 傷痕」, 『震檀學報』 107.

남재철, 2014, 「安市城主의 姓名 '양만춘' 考證(Ⅰ)-姓名의 出處 樣相 檢討를 中心으로-」, 『동아시아고대학』 35.

노태돈, 1999, 『고구려사 연구』, 사계절.

양윤모·이효인, 2021, 「2000년대 사극영화의 신화적 속성 연구: 프라이의 대위법적 양식이론과 애니미즘 개념으로 본 〈명량〉, 〈안시성〉, 〈황산벌〉」, 『아시아영화연구』 14-3.

여호규, 2007, 「고구려 드라마 열풍의 허와 실-드라마 〈주몽〉을 중심으로-」, 『한국사시민강좌』41.

이강래, 2018, 「『삼국사기』의 '고구려 멸망' 관련 사론의 맥락」, 『한국고대사연구』90.

이기형, 2010, 「영상미디어와 역사의 재현 그리고 '기억의 정치학': 안중근 의사의 순국 100주년 기념 텔레비전 역사다큐멘터리들을 중심으로」, 『방송문화연구』22-1.

이승수, 2006, 「燕行路上의 공간 탐색, 鳳凰山城-安市城說과 관련하여-」, 『정신문화연구』29-2.

이승호, 2020, 「동북공정 이후 중국 대중미디어의 고구려 서사 방식: TV 역사드라마를 중심으로」, 『동서비교문학저널』53.

이준성, 2020, 「1950~60년대 『조선통사(상)』 간행과 북·소 역사학계 갈등」, 『사학연구』137.

이준성, 2020, 「북한의 문화유산 정책 변화와 고구려사-『민족문화유산』을 중심으로-」, 『고구려발해연구』66.

임기환, 2012, 「대중교육과 대중매체에 나타난 광개토왕대 고구려 역사상」, 『한국고대사연구』67.

정호섭, 2020, 「고구려 안시성의 위치와 안시성주 전승의 추이」, 『고구려발해연구』67.

정호섭, 2022, 「『唐書誌傳通俗演義』의 간행과 '太宗東征記'의 성격」, 『동양학』88.

조관연, 2008, 「역사 다큐멘터리에서의 재현과 진정성의 문제」, 『역사문화연구』31.

조정미·최희수, 2017, 「역사사료의 역사콘텐츠 창작사례연구」, 『글로벌 융합의 시대, 지역학과 인문학의 역할』, 글로벌문화콘텐츠학회 학술대회자료집.

최희수, 2016, 「체험형 역사콘텐츠와 한국고대사-역사적 상상력의 제고를 중심으로-」, 『한국고대사연구』84.

허태용, 2006, 「17세기 중·후반 중화회복의식의 전개와 역사인식의 변화」, 『韓國史研究』134.

고구려 산성 발굴 현 단계와 안시성

朝鮮總督府, 1915, 『朝鮮古蹟圖譜』.

國立文化財研究所, 2011, 『韓國考古學專門事典 城郭·烽燧篇』.

국방군사연구소, 1994, 『한국무기발달사』.

김보람, 2013, 「고구려 철촉 연구」, 고려대학교 석사학위논문.

김세종, 2017, 「湖南地方 古代 石築山城 研究」, 목포대학교 석사학위논문.

김정배, 2000, 『韓國古代史와 考古學』, 신서원.

김정배, 2006, 「고구려 역사의 一史兩用論 비판」, 『北方史論叢』 21.

김정배, 2018, 『한국과 중국의 북방사 인식』, 세창출판사.

김주성, 2011, 「7세기 삼국 고대 전투모습의 재현」, 『軍史』 81.

김주형, 2022, 「고구려 후기 요동지역 고구려성의 위계와 방어체계」, 고려대학교 석사 학위논문.

김현숙, 2005, 『고구려의 영역지배방식 연구』, 모시는 사람들.

노태돈, 1999, 『고구려사 연구』, 사계절.

백종오, 2004, 「臨津江流域 高句麗 평기와 研究」, 『文化史學』 21.

백종오, 2006, 「高句麗 國內城期 평기와 考察」, 『文化史學』 25.

백종오, 2006, 『고구려 기와의 성립과 왕권』, 주류성.

백종오, 2017, 「高句麗 城郭 築城術의 擴散에 대한 豫備的 檢討」, 『고구려발해연구』 59.

백종오, 2017, 「中國內 高句麗 山城의 發掘 現況과 主要 遺構 遺物의 檢討 -2005年~ 2016年 發掘調査를 중심으로-」, 『先史와 古代』 53.

백종오, 2019, 「6세기 중반 신라 丹陽 赤城의 景觀」, 『先史와 古代』 61.

백종오, 2020, 「인천 문학산성의 연구성과와 역사적 가치」, 『역사문화연구』 76.

백종오, 2020, 「한국고대 산성의 집수시설과 용도-한강유역 석축 집수지를 중심으로-」, 『木簡과 文字』 25.

백종오, 2022, 「沃川 已城山城의 城内 施設物 檢討와 築城史的 意味」, 『韓國史學報』 87.

백태남, 2016, 『한국사 연표』, 다홀미디어.

송계현, 2005, 「桓仁과 集安의 고구려 갑주」, 『북방사논총』 3.

송영대, 2015, 「『삼국사기』를 통해 본 6~7세기 신라의 무기 체계」, 『사학연구』 117.

송영대, 2022, 「고구려 원정에 나타난 隋·唐의 공성전술」, 『한국고대사연구』 107.

양시은, 2007, 「中國 內 高句麗遺蹟에서 出土된 高句麗土器 研究」, 『중국사연구』 50.

양시은, 2014, 「고구려 성의 방어체계 변천양상 연구」, 『한국상고사학보』 84.

양시은, 2016, 『고구려 성 연구』, 진인진.

여호규, 2008, 「鴨綠江 중상류 연안의 高句麗 성곽과 東海路」, 『역사문화연구』 29.

이경미, 2017, 「태자하-요동반도 일대 고구려 성의 분포 양상과 지방통치」, 『역사문화 연구』 61.

이상훈, 2016, 「661년 북한산성 전투와 김유신의 대응」, 『국학연구』 31.

이성제, 2005, 『고구려 서방정책 연구』, 국학자료원.

이성제, 2013, 「高句麗의 西部 國境線과 武厲邏」, 『大丘史學』113.

이성제, 2014, 「高句麗 千里長城에 대한 기초적 검토-장성의 형태와 성격 논의를 중심으로-」, 『嶺南學』2.

이성제, 2016, 「高句麗와 北朝의 경계-고구려의 遼西 동부지역 확보와 그 시기-」, 『고구려발해연구』54.

이성제, 2016, 「최근 조사자료를 통해 본 중국 소재 고구려 성곽의 운용양상-이해의 한계와 새로운 접근의 가능성을 중심으로-」, 『동북아역사논총』53.

이성제, 2017, 「高句麗와 遼西橫斷路-遼河 沿邊 交通路와 관리기구-」, 『韓國史研究』178.

이유경, 2010, 「고구려 찰갑에 대한 연구」, 고려대학교 석사학위논문.

이정빈, 2010, 「6~7세기 고구려의 쇠뇌 운용과 군사적 변화」, 『軍史』77.

이정빈, 2011, 「6세기 후반~7세기 초반 고구려의 서방 변경지대와 그 변화-요서 지역 고구려의 라(邏)와 수의 진(鎭)·수(戍)를 중심으로-」, 『역사와 현실』82.

이정빈, 2018, 『고구려-수 전쟁』, 주류성.

이준성, 2014, 「서양, 중국, 한국에서 쇠뇌(弩)의 역사와 전술적 운용 고찰」, 『군사연구』137.

이준성, 2021, 「軍事施設 所在 古代 關防遺蹟의 관리·활용 방안-임진강·한탄강 유역을 중심으로-」, 『고조선단군학』45.

이효종, 2006, 「석대자 고구려 산성의 복원 연구」, 『고구려발해연구』22.

임기환, 2015, 「요동반도 고구려성 현황과 지방지배의 구성」, 『한국고대사연구』77.

田中俊明, 1999, 「성곽시설로 본 고구려의 방어체계」, 『高句麗研究』8.

정경일, 2016, 「최근 북한학계에서 이룩한 고구려 고고학 성과」, 『先史와 古代』47.

정동민, 2016, 「612년 고구려 원정과 隋軍의 군단 편성과 兵種 구성」, 『한국고대사연구』82.

정동민, 2022, 『고대 동아시아 최대의 충돌, 고구려-수 전쟁』, 신서원.

정영진, 1999, 「延邊地域의 城郭에 대한 연구」, 『高句麗研究』8.

정원철, 2012, 「2008-2009年 遼寧 桓仁縣 高儉地高句麗山城 發掘簡報」, 『白山學報』93.

정원철, 2016, 「석대자산성의 구조와 축조방식」, 『古朝鮮學報』4.

정원철, 2017, 『고구려 산성 연구』, 청아.

정호섭, 2011, 『고구려 고분의 조영과 제의』, 서경문화사.

정호섭, 2018, 「고구려 연개소문 가문의 궤적과 복원」, 『동방학지』185.

정호섭, 2019, 「고구려 州·郡·縣에 대한 재검토-중·후기 지방편제의 이해와 관련하여-」, 『사학연구』133.

정호섭, 2020, 「고구려 안시성의 위치와 안시성주 전승의 추이」, 『고구려발해연구』 67.

정호섭, 2022, 「『唐書誌傳通俗演義』의 간행과 '太宗東征記'의 성격」, 『동양학』 88.

조법종, 2011, 「고구려의 郵驛制와 교통로-國內城 시기를 중심으로-」, 『한국고대사연구』 63.

조영광, 2018, 「고구려 지배하의 요동 지역 상황에 대한 소고」, 『국학연구』 37.

趙容煥, 2015, 「高句麗 建物址 硏究」, 고려대학교 석사학위논문.

홍밝음·강동석, 2021, 「GIS를 활용한 고구려 국내성 시기의 관방체계 검토-압록강 중상류~요하 중류를 중심으로-」, 『문화재』 54-1.

吉林省文物考古研究所, 2014, 「2013年吉林省文物考古研究所考古發掘收獲」, 『考古與文物』 2014-3.

吉林省文物考古研究所·吉林市文物處·吉林市博物館, 2014, 「吉林市龍潭山鹿場遺址發掘簡報」, 『北方文物』 2014-1.

吉林省文物考古研究所·集安市博物館, 2004, 『國內城』, 文物出版社.

吉林省文物考古研究所·集安市博物館, 2004, 『丸都山城』, 文物出版社.

吉林省文物考古研究所·集安市博物館, 2012, 「集安國內城東,南城垣考古清理收穫」, 『邊疆考古研究』 11.

大連市文物考古研究所, 2006, 「大連城山山城2005年調查報告」, 『東北史地』 2006-4.

徐坤, 2011, 「自安山城的考古收穫與初步認識」, 吉林大學 碩士學位論文.

徐坤·聶勇·張迪, 2012, 「再論吉林省通化自安山城的年代」, 『博物館研究』 2012-2.

蘇鵬力, 2011, 「燈塔市燕州城城址」, 『中國考古學年鑑』, 文物出版社.

瀋陽市文物考古研究所, 2007, 「瀋陽石臺子山城2004年 Ⅲ 區發掘簡報」, 『瀋陽考古文集』 1, 科學出版社.

瀋陽市文物考古研究所, 2007, 「瀋陽石臺子山城西門址的補充發掘」, 『瀋陽考古文集』 1, 科學出版社.

瀋陽市文物考古研究所, 2007, 「瀋陽市石臺子高句麗山城2002年 Ⅲ 區發掘簡報」, 『北方文物』 2007-3.

梁志龍·王俊輝, 2011, 「遼寧省桓仁縣高儉地高句麗山城調查」, 『東北史地』 2011-1.

王飛峰, 2015, 「2015年度遼寧省盖州市高麗城山城調查和考古發掘收獲」.

王禹浪·王海波, 2009, 「營口市靑石嶺鎭高句麗山城考察報告」, 『民族歷史』 2009-5.

王禹浪·王宏北, 2007, 『高句麗·渤海古城址研究匯編』 上·下, 哈爾濱出版社.

王春燕·鄭霞, 2008, 「覇王朝山城的調查與研究」, 『東北史地』 2008-3.

遼寧省文物考古研究所, 2004,『五女山城』, 文物出版社.

遼寧省文物考古研究所, 2012,「2008~2009年遼寧桓仁縣高儉地高句麗山城發掘簡報」,『東北史地』2012-3.

遼寧省文物考古研究所·瀋陽市文物考古工作隊, 1998,「遼寧瀋陽市石臺子高句麗山城第一次發掘間報」,『考古』1998-10.

遼寧省文物考古研究所·瀋陽市文物考古工作隊, 2001,「遼寧瀋陽市石臺子高句麗山城第二次發掘簡報」,『考古』2001-3.

遼寧省文物考古研究所·瀋陽市文物考古研究所, 2010,「瀋陽市石臺子高句麗山城蓄水設施遺址」,『考古』2010-12.

遼寧省文物考古研究所·瀋陽市文物考古研究所, 2012,『石臺子山城』, 文物出版社.

魏存成, 2011,「高句麗國內城西墻外排水涵洞及相關遺蹟考察」,『邊疆考古研究』10.

魏存成, 2011,「中國境內發現的高句麗山城」,『社會科學戰線』2011-1.

李建才, 1995,「吉林市龍潭山山城考」,『博物館研究』1995-2.

李東, 2010,「羅通山城考古調査與試掘」,『中國考古學年鑑-2009』, 文物出版社.

李龍彬, 2007,「遼寧丹東鳳凰山山城首次發掘取得重大收穫」,『中國文物報』2007-3.

李龍彬·司偉偉, 2008,「鳳凰市高句麗鳳凰山山城」,『中國考古學年鑑』, 文物出版社.

李曉鍾·劉長江·伩俊岩, 1993,「瀋陽石臺子高句麗山城試掘報告」,『遼海文物學刊』1993-1.

周向永, 2009,「西豐城子山城始建年代再考」,『東北史地』2009-2.

周向永, 2011,「西豐城子山, 鐵嶺催陣堡兩山城中戌卒營地的相關問題」,『東北史地』2011-1.

周向永·許超, 2010,『鐵嶺的考古與歷史』, 遼海出版社.

池內宏, 1938,『通溝』上.

崔玉寬, 1994,「鳳凰山山城調査簡報」,『遼海文物學刊』1994-2.

通化市文物保護研究所, 2010,「吉林省通化市自安山城調査報告」,『北方文物』2010-3.

山上次男·田村晃一, 1990,『北關山城』, 中央公論美術出版社.

熊本縣教育委員會, 2012,『鞠智城跡Ⅱ-鞠智城跡第8次~32次調査報告』.

길림성문물국 홈페이지(www.jiww.org).

중국사회과학원고고연구소 홈페이지(www.kaogu.cssn.cn).

요령성문물고고연구소 홈페이지(www.inwwkg.com).

찾아보기

저자 소개

김정배   고려대학교 사학과를 졸업하고 고려대학교 총장, 고구려연구재단 이사장, 한국학중앙연구원 원장, 국사편찬위원회 위원장을 역임하였다. 주요 저서로는『한국과 중국의 북방사 인식』(세창출판사, 2018),『고조선에 대한 새로운 해석』(고려대학교민족문화연구원, 2010),『한국고대의 국가기원과 형성』(고려대학교출판부, 1986),『한국 민족문화의 기원』(고려대학교출판부, 1973) 등이 있다.

조영광   경북대학교 사학과를 졸업하고 현재 전남대학교 역사교육과에 재직 중이다. 주요 저서로는『고구려 초기 사회 연구』(전남대학교출판문화원, 2023),『고구려 초기 국가체제와 대외관계』(공저, 동북아역사재단, 2022), 「고구려 시조 주몽의 출자지에 대한 시론적 검토」(『한국사연구』186, 2019) 등이 있다.

이성제   서강대학교 사학과를 졸업하고 현재 동북아역사재단에 재직 중이다. 주요 저서로는『고대 동아시아 석각자료 연구』상·하(동북아역사재단, 2018),『高句麗의 西方政策研究』(국학자료원, 2005),「新出 墓誌資料를 통해 본 遼西 豪族의 존재 양상과 隋·唐의 懷遠鎭鎭守」(『先史와 古代』70, 2022),「榮留王의 王權 强化와 淵蓋蘇文 政變－高乙德 일가의 官歷을 통해 본 영류왕대 政局－」(『韓國古代史研究』104, 2021) 등이 있다.

정호섭   고려대학교 한국사학과를 졸업하고 현재 고려대학교 한국사학과 교수로 재직 중이다. 주요 저서로는『한국고대사 관련 동아시아 사료의 연대기적 집성』(주류성, 2018),『고구려사와 역사인식』(새문사, 2016),『고구려 고분의 조영과 제의』(서경문화사, 2011) 등이 있다.

이준성   연세대학교 사학과를 졸업하고 현재 국사편찬위원회에 재직 중이다. 주요 저서로는『『한원』번이부의 세계』(공저, 학연문화사, 2022),「7세기 초·중반 당－삼국 사이의 '會盟' 추진과 그 함의」(『역사학보』249, 2021),「고구려 초기 읍락의 성격과 '部'의 성립-'本有五族'의 의미를 중심으로-」(『한국사연구』190, 2020) 등이 있다.

백종오   단국대학교 역사학과를 졸업하고 현재 한국교통대학교 교양학부 한국사 전공 교수 및 박물관장으로 재직 중이며 한국고대학회 회장, 문화재청 문화재위원 등으로 활동 중이다. 주요 저서로는『중국소재 고구려 유적과 유물 I~X』(공저, 동북아역사재단, 2020~2022),『요하유역의 청동기문화와 고조선』(지식산업사, 2018),『발해 유적 사전』(공저, 한국학중앙연구원, 2015),『고구려 기와의 성립과 왕권』(주류성, 2006), *THE HISTORY AND ARCHAEOLOGY OF THE KOGURYO KINGDOM*(공저, HAVARD UNIVERSITY, 2018) 등이 있다.